Monika Müller / Sylvia Brathuhn / Matthias Schnegg

ÜbungsRaum Trauerbegleitung

Methodenhandbuch für die Arbeit mit Trauernden

Unter Mitarbeit von Sigrun Müller

Mit 19 Abbildungen, 2 Tabellen sowie Kopiervorlagen als Download-Material

Vandenhoeck & Ruprecht

Bibliografische Information der Deutschen Nationalbibliothek:
Die Deutsche Nationalbibliothek verzeichnet diese Publikation in der
Deutschen Nationalbibliografie; detaillierte bibliografische Daten sind
im Internet über http://dnb.de abrufbar.

© 2019, Vandenhoeck & Ruprecht GmbH & Co. KG, Theaterstraße 13, D-37073 Göttingen
Alle Rechte vorbehalten. Das Werk und seine Teile sind urheberrechtlich
geschützt. Jede Verwertung in anderen als den gesetzlich zugelassenen Fällen
bedarf der vorherigen schriftlichen Einwilligung des Verlages.

Umschlagabbildung: Anton Hagen/photocase.com

Satz: SchwabScantechnik, Göttingen
Druck und Bindung: ⊕ Hubert & Co. BuchPartner, Göttingen
Printed in the EU

Vandenhoeck & Ruprecht Verlage | www.vandenhoeck-ruprecht-verlage.com
E-Mail: info@v-r.de

ISBN 978-3-525-40639-7

Inhalt

Einführung 7

Schlüsselwörter und Begleitübungen
(MM = Monika Müller / SB = Sylvia Brathuhn / MS = Matthias Schnegg)

Abschied SB	14	Idealisierung und	
Abwesenheit MM	18	Glorifizierung MM	105
Aktionismus MM	21	Identität MM	108
Die Anderen MM	23	Isolation MM	110
Anfang von Begleitung MM	26	Jahrestage MS	115
Angst (1–3) MM	28	Jetzt MM	117
Anwaltschaft MS	34	Kinder MS	120
Arbeitsplatz, Trauer am SB	38	Klagen MM	123
Begegnung SB	41	Kreativität MS	126
Beistand MS	44	Mut SB	129
Besetzung MS	46	Mythen MM	132
Bleiben MM	51	Nachruf MS	135
Bodensatz SB	54	Nachsterbewunsch SB	137
Chaos MM	57	Neid MS	142
Dankbarkeit SB	63	Neuland SB	144
Einsamkeit MM	66	Nimmermehr SB	148
Ende von Begleitung MM	68	Normalität SB	152
Erinnerung MM	71	Ohnmacht SB	156
Ertrauerte Fähigkeiten MM	76	Pause SB	160
Flucht MM	78	Plötzlich SB	163
Fragen SB	80	Quellen der Kraft SB	167
Geduld MM	84	Rationalisierung MS	170
Gegenstände MM	87	Ratschläge SB	173
Glück MM	90	Resonanz MM	177
Gott MS	93	Ressourcen SB	179
Halluzinationen MM	96	Scham MS	184
Halt MM	100	Schmerz SB	187
Hoffnung MS	102	Schuld MS	190

Schweigen SB	193	Verschiedensichtlichkeit und		
Sehnsucht MS	198	Ungleichzeitigkeit MM		238
Selbstmitleid MM	201	Versteinerung MS		242
Sexualität MM	204	Warum? SB		245
Sinn(e) SB	206	Weinen/Tränen SB		249
Spiel MS	209	Weltverlust SB		253
Suchen SB	213	Wüste SB		257
Trost MM	216	Wut MM		260
Unfassbar SB	223	XY-Ungelöst SB		263
Untröstbarkeit SB	227	Zeit SB		267
Verdrängung MM	230	Zukunft SB		271
Verliebt SB	234			

Zusammenfassende Ergebnisse aus der Studie »TrauErLeben« 276

Einführung

Zahlen und Gedanken zur Trauer

Jedes Jahr sterben in Deutschland mit einer in den nächsten Jahren noch zunehmenden Tendenz zwischen rund 830 Tausend (2005) und 925 Tausend (2015) Menschen (Statistisches Bundesamt, 2016). Wenn man davon ausgeht, dass bei jedem sterbenden und verstorbenen Menschen durchschnittlich drei ihm nahestehende Personen von Trauer betroffen sind, dann erleben derzeit jedes Jahr rund drei Millionen Menschen in Deutschland akute Trauer. Und da Trauerprozesse nicht etwa nach einem Jahr abgeschlossen sind, sondern teilweise sehr viel länger andauern und auch mit ernstlichen Beschwernissen verbunden sein können, sind zwischen 6 und 10 % der Bevölkerung mutmaßlich durchgängig den Einflüssen und Wirkungen von Trauer ausgesetzt.

Wir gehen von folgendem Trauerverständnis aus:
Trauer
- ist eine angemessene, den ganzen Menschen erfassende und sein gesamtes Leben durchtönende Reaktion – eine (un-)mittelbare Antwort – auf einen erlittenen Verlust;
- wird ausgelöst durch den Verlust eines Menschen[1] oder einer Sache, zu dem/der eine sinnerfüllte Beziehung bestand;
- ist eine angeborene Fähigkeit;
- wird als schmerzhaft bis qualvoll empfunden;
- verläuft als äußerer und innerer Realisierungsprozess;
- zeigt sich als eine dynamische Befindlichkeit, die nicht endet, jedoch ihren Charakter mit der Zeit verändert;
- ist unberechenbar;
- hebt das Thema »Endlichkeit« aus der Sphäre des Denkwissens in die Erfahrung hinein;
- ist keine Krankheit, sondern Leiden im Gesunden.

---

[1] In diesem Buch beschränken wir uns auf die Trauer, die durch den Tod eines nahestehenden Menschen ausgelöst wird und mit der Eindeutigkeit des »nie wieder« einhergeht.

Natürlich kann Trauer, wenn sie nicht beachtet und wahrgenommen wird, krank machen. So ist es Realität, dass zahlreiche Diagnostiken von Patienten und Patientinnen, die an einer Depression, an Colitis, Asthma, Angina pectoris, an Alkohol- und Medikamentenmissbrauch, an suizidalen Krisen leiden, dies auf eine frühere, nicht mitgeteilte, nicht entäußerte Trauer und somit auf einen nicht in Gang gekommenen Trauerprozess zurückführen. Epidemiologische Studien (Spektrum Kompakt, 2016) zeigen, dass die erfolgreiche Be-arbeitung (nicht: Ver-arbeitung) von Trauer ein erhöhtes Krankheitsrisiko für Depressionen verhindert. Gerade die oftmals vorhandene Angstsymptomatik konnte deutlich gelindert werden. Die Begriffe »Verarbeitung« und »Bewältigung« von Trauer müssen in Zukunft deutlicher hinterfragt beziehungsweise beschrieben werden. Beratung und Begleitung können Verharren, Intensivierung und Somatisierung von Elementen normaler Trauerreaktionen verhindern. Besonders das Zulassen von Wut, Aggression, Schuld, Zweifel und Angst im eigenen Aussprechen und die bewertungsfreie Annahme dieser Reaktionen durch die Begleiterin[2] können den Ablauf des Trauerprozesses verkürzen und Blockaden zugunsten der Weiterentwicklung lösen. Leere und das Empfinden von Leere sind ein direktes Begleitphänomen der Trauer. Sowohl die Welt der Trauernden ist arm und leer geworden als auch das Ich der Trauernden selbst (vgl. Freud, 1916–17, S. 200). Damit die durch den Tod provozierte, erlittene und erlebte Leere wieder mit Leben und Lebendigkeit gefüllt werden kann, bedarf es in der Regel keiner langwierigen, professionellen Therapie, wohl aber gut befähigter und vor allem in der Praxis begleiteter und supervidierter kompetenter Personen.

Trauerbegleitung und ihre Wirkung

Die elementaren theorie- und praxisbezogenen Fragen – Was ist eigentlich Trauerbegleitung? Wer leistet sie auf welche Weise? Welche Wirkungsabsichten werden damit angestrebt und welche Wirkungen treten tatsächlich ein? – bilden den Kern des Projekts »TrauErLeben« (2013). Neben eigenen Erfahrungen in der Begleitung trauernder Menschen waren die Ergebnisse dieses Projekts hilfreich und handlungsleitend beim Entstehen dieses Buches. Da uns diese Studie sehr aufschlussreich für das Verständnis von Trauer und vor allem der Beglei-

---

2 Wir haben uns entschieden, in diesem Buch die weiblichen Formen von »Begleiterin« und »Trauernde« zu verwenden, da dies die Begleitrealität am ehesten abbildet. Selbstverständlich sind auch Begleiter und männliche Trauernde gemeint.

tung trauernder Menschen scheint, haben wir eine ausführliche Darstellung der erlangten Studienergebnisse unserem Übungsteil angeschlossen (siehe letztes Kapitel »Zusammenfassende Ergebnisse aus der Studie ›TrauErLeben‹«, S. 274 ff.).

Warum ein Übungsbuch für Trauerbegleitung?

Der Tod eines nahen Menschen löst die Aufhebung aller Routine aus und leitet damit einen Zustand des Nichtwissens und der Unsicherheit ein. Sich in dieser unbekannten Situation in einem geschützten Raum in das Neu-Leben einüben zu dürfen, ist Ziel aller Trauerbegleitung. Die erwähnte Studie »TrauErLeben« zeigt an mehreren Stellen die Bedeutsamkeit der subjektiven Einschätzung und der Darstellung von Leidfaktoren durch die Trauernde selbst. Demzufolge hat eine differenzierte Umgangsweise mit diesen persönlichen Darstellungen und Aussagen hohe Priorität. Die Unterschiede zwischen den einzelnen Personen im Hinblick auf ihre Verlusterfahrungen und -biografien, auf ihre persönlichen Eigenschaften und Zustände erfordern unterschiedliche Zugangswege sowie vielförmige Übungen[3] und Methoden[4].

Auch wenn die Haltung der Zuwendung, des Interesses, des Respekts und der Ermutigung als Hauptwirkfaktor zwischenmenschlicher Trauerbegleitung genannt werden will, ist der Einsatz anderer Methoden – ergänzend zum Zuhören – wünschenswert und sinnhaft. Die Fähigkeit, sich selbst (wieder) bewusst wahrzunehmen, die veränderte Realität zu erkennen, den anflutenden Impulsen von innen oder außen nicht (länger) ausgeliefert zu sein, bedarf der Übung, die – wenn sie erfahrungsbasiert ist – eine deutliche Auswirkung hat. Das Üben trägt auf dem Boden von Wahrnehmen und Erkennen, von Annehmen und gestaltendem Erproben dazu bei, dass der individuelle Mensch (wieder) eigene Steuerungsfähigkeit entwickelt und sich dadurch als selbstwirksam erfährt (vgl. Brathuhn, 2006, S. 91–148). Die Erforschung der Neuroplastizität des Gehirns und der wissenschaftlichen Untersuchung der Wirkung von erfahrungsbasierten Übungsformen, etwa aus dem Bereich der Achtsamkeit und Meditation, haben evidenzbasierte Ergebnisse erbracht. Es wurde bewiesen, dass die Fähigkeit des Einzelnen, Einfluss auf den Körper, die Gedanken und Gefühle zu nehmen, so

---

3 Übungen sind der Schlüssel, um Fertigkeiten und Fähigkeiten sowie Wissen und Verstehen zu erlangen.
4 Die Herkunft des Begriffs »Methode« geht zurück auf das Griechische *methodos,* was so viel heißt wie »*Weg zu etwas hin*«. Die Methode ist demnach die Art und Weise, wie eine Trauerbegleiterin etwas tut, um das definierte gemeinsame Ziel zu erreichen.

nachhaltig entwickelt werden kann, dass über die Übungsphasen hinaus eine Veränderung hinsichtlich der Emotionsregulation, der Glaubenssätze oder Aufmerksamkeitssteuerung erreicht werden kann. Dieses ganz konkrete Tun verändert die Denkstrukturen und verstärkt die Fähigkeit, den lebenshinderlichen oder lebenserschwerenden Impulsen nicht dauerhaft ausgeliefert zu sein. Dies ist pädagogisches Erfahrungs- und Grundlagenwissen, das für die Trauerbegleitung höchste Relevanz besitzt.

Wie ist dieses Buch zu lesen?

Trauer folgt keiner vorgegebenen Zeitstruktur, keiner Schrittfolge, keinem konkreten Ablauf, keinem Modell. Trauer *ist*. Sie ist kein Drama in fünf Akten, das in seiner Dramaturgie vorhersehbar ist, sondern sie gleicht eher einem Improvisationsstück, das die Trauernden selbst vor enorme Herausforderungen stellt und auch von Begleitenden ein Höchstmaß an Aufmerksamkeit, Interesse und Achtsamkeit fordert. Unser Begleitverständnis geht von Gefühlen oder Situationen trauernder Menschen aus, die der Begleiterin mitgeteilt werden, und nicht von Emotionen oder Zuständen, die vermutet werden oder in der Fachliteratur als möglich beschrieben sind. Die in Begleitgesprächen und Trauergruppen aufleuchtenden Themen oder Schlüsselworte sind der Ausgangspunkt unserer Kurzreflexionen und Übungsimpulse in diesem Buch. Für Begleitende bedeutet es, dass nur das, was tatsächlich Thema der zu Begleitenden ist, im Begleitprozess aufgegriffen und übungsmethodisch bedacht wird. Die jeweiligen Übungen berücksichtigen die Unterschiedlichkeit und Individualität von Trauernden und natürlich auch ihrer jeweiligen Begleitenden.

Es gibt Übungen, die eher kognitiv und rational orientiert sind. Wieder andere sind auf Krea(k)tivität und Experiment ausgerichtet, und manche Übungen orientieren sich an Körpererfahrungen. Allen Übungen gemeinsam ist, dass sie den Charakter von *Anregungen* haben, die wie unter dem einzelnen Schlüsselwort beschrieben angewandt oder auch individuell abgewandelt genutzt werden können. So kann eine Trauernde beispielsweise über ihre momentane Situation in folgenden Worten berichten: »Heute ist mal wieder so ein Tag, an dem gar nichts klappt. Ich fühle mich überfordert und habe null Ahnung, wie es weitergehen soll. Mir ist gar nicht mehr richtig klar, warum ich überhaupt noch lebe!« Hier wird zum einen die Frage nach Sinn gestellt (Schlüsselwort »Sinn«), die Warum-Frage taucht auf (Schlüsselwort »Warum«) und zum anderen spielt das Thema »Zukunft« eine Rolle (Schlüsselwort »Zukunft«). Das aufmerksame Beachten und Aufgreifen der entäußerten Themen, das Hören und Benennen von Wörtern, die bedeutsam für die Trauernde sind, kann nun in eine Übung münden.

Wir haben uns in diesem Handbuch für eine alphabetische Reihung der Schlüsselwörter entschieden, da hieraus deutlich wird, dass es keine Hierarchie innerhalb der Phänomene gibt, sondern dass diese alle und zu jeder Zeit auftauchen können. Das Alphabet dient im eigentlichen Sinne dem Erlernen des Lesens und Schreibens. Übertragen in unserem Verständnis bedeutet es, dass jede Trauerbegleiterin dazu aufgerufen ist, sich im Lesen der (nicht selten verschlüsselten) Botschaften ihrer Trauernden zu üben. Wir laden herzlich dazu ein, die Schlüsselwortsammlung individuell zu erweitern und eigene Übungen zu kreieren oder weiterzuentwickeln.

Der Aufbau des Buches

Jedes der genannten Trauerphänomene beziehungsweise Schlüsselwörter wird mit einer kleinen Reflexion der Autor*innen eingeleitet. Diese sind ebenfalls als Impuls zu verstehen und laden dazu ein, sich weiter mit dem jeweilgen Thema zu beschäftigen.

Nach den Eingangsüberlegungen folgen zu jedem Schlüsselwort ausgewählte Impulszitate. Diese sind einerseits aus der Literatur entnommen und andererseits Auszüge aus unseren Gesprächen mit Trauernden. Wenn es auch in diesem Buch nicht explizit angeleitet wird, so können auch die Zitate selbst als Übungsmaterial genutzt werden. Zunächst sollen sie jedoch zeigen, dass die Begriffe mehr als bloße Wörter sind, sondern Phänomene, die auf erlebte und gelebte Trauer verweisen.

Die unterschiedlichen Übungen sind kürzer oder länger und immer mit etwaigen, aus Erfahrungswerten gewonnenen Zeitangaben versehen. Diese können natürlich variieren, je nach Intensität und Mitwirkung der Trauernden.

Jeder Übung ist eine Zielformulierung vorangestellt. Einerseits ist Trauerbegleitung vom Geist der Absichtslosigkeit (vgl. Müller, 2017) geleitet und muss sich einlassen auf das, was ihr begegnet. Andererseits muss das, was die Trauerbegleiterin aufgreift und anwendet, auch mit einem bewussten (gemeinsamen) Ziel verbunden sein. So ist es zum Beispiel ein deutlicher Unterschied, ob die Trauernde gestärkt oder zu einem Perspektivwechsel angeregt werden soll. Beides kann richtig und passend sein.

Die kurzen Ausführungen unter der Rubrik ▶ Beachte weisen auf Alternativen und/oder andere Einsatzorte hin. Sie können auch Hinweise zum beschränkenden Umgang mit der jeweiligen Übung beinhalten. Verwendete Arbeitsblätter sind als Download-Material ausdruckbar, das Sie auf der Website www.vandenhoeck-ruprecht-verlage.com im Download-Bereich zu diesem Buch finden.

Haltung vor Methode

Trauerbegleitung setzt bei der Begleiterin eine spezifische innere Haltung voraus. Gemeint ist hier eine Grundhaltung, die in aufgeschlossener und respektvoll-wertschätzender Weise die Zerbrechlichkeit und Ausgesetztheit menschlichen Lebens ernst- und annimmt sowie gleichzeitig die Bereitschaft in sich trägt, die Trauernde so zu sehen und anzunehmen, wie sie ist. In eine Kurzformel gebracht wird hiermit ausgesagt, dass Haltung vor Methode geht. »Diese Einstellung ist entscheidend für den Umgang mit […] Trauernden und prägt die Begleitung« (Müller u. Schnegg, 1997, S. 165). Die Begleiterin lässt einerseits vertrauend geschehen, was geschieht und was geschehen soll, andererseits erkennt sie die Trauernden in ihrer Gebrochenheit an, bejaht sie und ist sich der Verantwortung bewusst, die hieraus an sie erwächst. Letztlich bedeutet dies, dass die Haltung der Begleiterin grundlegend geprägt ist von Aufmerksamkeit, Offenheit, Akzeptanz, Empathie, Kongruenz, Behutsamkeit, Verständnis, Phantasie, Kreativität und Wertschätzung. Ebenfalls zur Haltung gehören kommunikative – verbale, para- und nonverbale – Kompetenz und reflektierte eigene Lebenserfahrung, nicht zuletzt auch in Bezug auf Schweigen, auf Umgang mit eigenem Leid und spiritueller Kraft. Erst dann kann das theoretische Trauerwissen, das methodisch-didaktische Know-how einen empfangsbereiten Raum in der Begleitung eröffnen, in dem sich die Begleiterin den inneren Bezugsrahmen der Zurückbleibenden erschließen und auch verstehen kann. Verstehen impliziert in diesem Verständnis nicht, dass die Trauerbegleiterin die Situation des Trauernden durchschaut und anhand psychologischer Koordinatensysteme analysiert oder im Raster der unterschiedlichen Trauermodelle deutet. Sondern Verstehen ist hier dialogisches Denken und soll als eine Haltung aufgefasst werden, die der Hinterbliebenen dabei behilflich ist, ihre Gefühle und ihre Erfahrungen, die sie in der Zeit der Trauer erlebt und macht, einzuordnen in ihren eigenen Werdeweg. Alles, was die Begleitende einbringt in den Prozess, dient der Trauernden bei dem Umgang mit den vor ihr liegenden Anforderungen und Aufgaben und bietet ihr Raum und Möglichkeiten, ihrer individuellen Trauer Ausdruck zu verleihen. Die Haltung der Begleiterin und das dazugehörige Wissen mit allen Fertigkeiten ermöglichen der Trauernden im *Übungsraum Trauerbegleitung* ein Klima des Wachsens und Werdens (vgl. Brathuhn u. Adelt, 2015).

Literatur

Brathuhn, S. (2006). Trauer und Selbstwerdung. Eine philosophisch-anthropologische Grundlegung des Phänomens Trauer. Würzburg: Königshausen & Neumann.
Brathuhn, S., Adelt, T. (2015). Vom Wachsen und Werden im Prozess der Trauer. Neue Ansätze in der Trauerbegleitung. Göttingen: Vandenhoeck & Ruprecht.
Freud, S. (1916–17). Trauer und Melancholie. Studienausgabe, Bd. 3. Frankfurt a. M.: Fischer.
Müller, M. (2017). Dem Sterben Leben geben. Die Begleitung sterbender und trauernder Menschen als spiritueller Weg. Gütersloh: Gütersloher Verlagshaus.
Müller, M., Schnegg, M. (1997). Unwiederbringlich – vom Sinn der Trauer. Hilfen bei Verlust und Tod. Freiburg u. a.: Herder.
Spektrum Kompakt (2016). Tod und Trauer. An der Grenze des Lebens. Berlin: Spektrum der Wissenschaft.
Statistisches Bundesamt (2016). Pressemitteilung vom 30. Juni 2016–225/16. 2015: Mehr Geburten, Sterbefälle und Eheschließungen. Zugriff am 21.09.2018 unter https://www.destatis.de/DE/PresseService/Presse/Pressemitteilungen/2016/06/PD16_225_126pdf.pdf;jsessionid=91AA6F-D56ABDD35BD83BA1F6EDFDA8F8.InternetLive1?__blob=publicationFile
TrauErLeben (2013). Wirkungen von Trauerbegleitung im Rahmen der emotionalen und sozialen Bewältigung von tiefgehenden und komplizierten Trauerprozessen [TrauErLeben]. Institut für Angewandte Forschung (IAF), Hochschule Ravensburg-Weingarten. Leitung: Prof. Dr. Michael Wissert.

Abschied

Einführung

Wenn ein nahestehender Mensch stirbt, heißt es für den Zurückbleibenden Abschied zu nehmen. Der Abschied, der jetzt ansteht, ist anders als der, der im alltäglichen Leben jeden Tag vollzogen wird: »Tschüss, mein Schatz, bis heute Abend!«, »Auf Wiedersehen, bis bald!«, »Pass auf dich auf«, »Fahr vorsichtig«, »Ruf an, wenn du angekommen bist«, oder der flüchtig, schon fast im Vorübergehen hingehauchte Kuss beim Verlassen des Hauses, mit wenig Bewusstheit oder Aufmerksamkeit, aus der Gewohnheit heraus, in Gedanken schon woanders. All diese kleinen Abschiede, die wir tagtäglich bewusst oder unbewusst vollziehen, sind getragen von der unausgesprochenen, unbewussten Gewissheit, dass der Andere von seinem Weggang zurückkommt, dass seine Abwesenheit vorübergehend ist, nicht auf Dauer gestellt, revidierbar und vom Wiedersehen gekrönt und gerundet wird. Der Abschied, der durch den Tod eingefordert wird, entlarvt diese unbewussten Annahmen auf grausame Weise. Alles Warten auf Rückkehr läuft ins Leere, wird jeden Moment des Tages ad absurdum geführt und neu enttäuscht: »Die Tür geht nie mehr auf; das Bett wird nie mehr beschlafen; die Hand wird nie mehr mein Gesicht berühren; diese Lippen werden nie mehr zu mir sprechen.« Das Einzige, was nun wartet, ist die Aufgabe zu realisieren, dass der verstorbene Mensch nie, nimmer, nimmermehr wiederkehrt.

Diesen Realisierungs- und Erkenntnisprozess zu vollziehen, erfordert vom trauernden Menschen eine fast übermäßige Kraft, die ihn oftmals entkräftet. Wie schaffen es Menschen, diesen ungeheuren Kraftakt zu vollziehen, dieses Ungeheuer in der Gestalt eines auf Dauer gestellten Abschiedes anzunehmen, ohne dabei verrückt zu werden? Trauernde berichten immer wieder, dass sie von ihren Verstorbenen träumen, dass sie sie in manchen Momenten noch sehen, hören, riechen, fühlen und in diesen Augenblicken das Gefühl haben, sie wären noch da, bis sich der Eindruck wieder verflüchtigt, sich entzieht und sie wieder und wieder Abschied nehmen müssen. Diese irreale innere Präsenz des Verstorbenen gibt der Seele, dem Herzen und vielleicht auch dem Verstand Raum und Zeit, die äußere Absenz langsam zu begreifen, und ringt der Seele auf diese Weise langsam das Einverständnis ab, sich darauf einzulassen, dass dieser Abschied endgültig, für immer und für ewig ist: Der Mensch, der verstorben ist, kommt nicht mehr zurück. Es ist ein unbewusster Weg, der nun eingeschlagen wird und der gleichzeitig, wenn er ins Bewusstsein gerät, mit dem Gefühl einhergeht, verrückt zu sein oder es zu werden.

Hinzu kommt, dass es erschwerende Faktoren rund um das Thema »Abschied« geben kann. Immer wieder berichten Trauernde, dass sie genau zum Zeitpunkt des Sterbens das Zimmer verlassen haben – sei es, um einen Kaffee zu trinken, zur Toilette zu gehen oder einfach nur vor die Tür zu treten. Der letzte Lebensmoment wurde verpasst. Dies geht häufig damit einher, dass sich trauernde Menschen schuldig wähnen. »Ich hätte nicht gehen dürfen, um mir einen Kaffee zu nehmen und mich mit der Schwester zu unterhalten. Genau in diesem Moment ist meine Frau gestorben.« »Wäre ich fünf Minuten länger geblieben, hätte er nicht alleine sterben müssen.« Solche und ähnliche Aussagen verweisen auf den Schmerz, der mit der fehlenden Abschiedsmöglichkeit verbunden ist. Hier kann es hilfreich sein, Trauernden ein anderes Deutungsmuster anzubieten, zum Beispiel dass die kurze Abwesenheit auch hilfreich für den Sterbenden gewesen sein kann, da nicht jeder Sterbende in Anwesenheit eines anderen Menschen – unabhängig davon, wie vertraut er ihm ist – sterben kann (oder will), dass es vielleicht zu schwer oder zu schmerzhaft für den Sterbenden ist, diese Welt zu verlassen, wenn der geliebte Mensch an seiner Seite wacht.

Impulszitate

»Mein Mann war während unserer 40-jährigen Ehe immer wieder weg, so dass mir die erste Zeit nach seinem Tod gar nicht so schlimm vorkam. Ich hatte dieses ›für immer‹ nicht realisiert. Hinzu kam, dass ich nachts seinen Schlafanzug unter meinem Kopfkissen liegen hatte. Ich roch ihn, und dadurch war er bei mir. Jeden Abend war es, als wäre er noch da. Die Monate vergingen, er kam und kam nicht mehr wieder, das Haus blieb leer, und sein Geruch war immer weniger wahrnehmbar. Langsam erschloss sich mir die grausame Wahrheit: Das bleibt jetzt für immer so. Das ist gelebtes ›Nie mehr‹. Mittlerweile hatte ich schon wieder ein ganz kleines bisschen Fuß in meiner neuen Welt gefasst und konnte dieser grausamen Gewissheit standhalten. Wirklich verstanden habe ich es bis heute nicht, doch ich lebe weiter und ich lebe wieder. Abschied ist seitdem für mich immer etwas Besonderes, denn es könnte der letzte sein« (Gerda W., 68 Jahre, zwei Jahre nach dem Tod ihres Lebensgefährten)

»Nach dem Tode eines Menschen sind die Umstehenden immer wie betäubt. So schwer ist es, den Hereinbruch des ewigen Nichts zu begreifen und sich dem Glauben daran zu ergeben« (Gustave Flaubert, Frau Bovary, Kapitel zehn. Übersetzt von Arthur Schurig auf Grundlage der Ausgabe des Insel-Verlages 1912. E-Book, S. 343).

Übung: Einen Abschiedsbrief schreiben

ZEIT 60 Minuten

VORBEREITUNG Verschiedenartiges Briefpapier; verschiedenfarbige Fineliner; verschiedenfarbige Briefumschläge; Abschiedsgedicht »Ein Ton« (▶ Download-Materialien).

Ein Ton

Alle meine Lieblingslieder
Hab ich heute durchgesungen.
Doch der Ton kommt immer wieder,
Der mir jäh ins Ohr geklungen.

Jener Ton aus deinem Munde,
Als du Abschied hast genommen,
Und ich weiß in dieser Stunde,
Du wirst niemals wiederkommen.
(Ludwig Jacobowski, Gedichte. Leuchtende Tage. Neue Gedichte 1896–1898.
Minden: J.C.C. Bruns' Verlag, 1901)

ZIEL Dem Abschied Worte geben und eventuell Ungesagtes noch zum Ausdruck bringen.

DURCHFÜHRUNG Zunächst wird das Thema »Abschied« aufgegriffen. Die Trauerbegleiterin stellt Fragen, wie Abschiede im Leben vor dem Tod aussahen. Nachdem hierüber ein kurzer Austausch stattgefunden hat, führt die Trauerbegleiterin in das Thema »Abschiedsbrief« ein. Hier kann gefragt werden, ob die Trauernde schon mal einen Abschiedsbrief gelesen oder vielleicht selbst verfasst hat. Dann liest die Trauerbegleiterin das Abschiedsgedicht »Ein Ton« von Ludwig Jaobowski vor. Die Trauernde kann zuhören oder mitlesen. Im Anschluss daran wird die Trauernde eingeladen, einen Abschiedsbrief an ihren verstorbenen Menschen zu schreiben, der mit den Worten beginnt:

Lieber/Liebe ..., ich weiß in dieser Stunde, Du wirst niemals wiederkommen. Und doch gibt es noch ein paar Abschiedsgedanken, die ich Dir mitgeben möchte. ...

Die Trauernde wählt sich sowohl Briefpapier als auch Stifte aus und bekommt ca. 15 Minuten Zeit, in völliger Unzensiertheit aufzuschreiben, was ihr an Abschiedsgedanken wichtig erscheint. Wenn der Schreibfluss versiegt, wird die Übung beendet. Die Trauernde bekommt die Gelegenheit, ihre eigenen Worte nochmals durchzulesen. Hier sind nun verschiedene Varianten möglich, die der Trauernden zur Wahl gestellt werden:
1. Der Brief wird leise in Gedanken gelesen.
2. Der Brief wird dem verstorbenen Menschen laut vorgelesen.
3. Die Trauerbegleiterin liest den Brief vor.

Der Brief wird nicht kommentiert, sondern es wird nur gefragt, welches Gefühl nun vorhanden ist. Anschließend wird ein Umschlag gewählt, der Brief gefaltet und in den Umschlag gesteckt. Der Umschlag wird zugeklebt und wird von der Trauernden mit den Worten beschriftet: »Abschiedsworte von mir an Dich.« Da ein solcher Brief einen guten Platz braucht, wird gemeinsam überlegt, wo dieser sein kann. Als Anregung kann gefragt werden, ob es ein Foto vom verstorbenen Menschen in der Wohnung gibt, hinter welchem der Brief befestigt werden kann. Damit wird die Übung beendet.

▶ Beachte: Es ist wichtig hervorzuheben, dass der Brief auch nur Gedankenfragmente enthalten kann, dass Fragen gestellt werden dürfen und dass auch nie Gesagtes oder was im Leben vermisst wurde mitgeteilt werden darf. Diese Übung kann auch dann durchgeführt werden, wenn beispielsweise der Körper des Verstorbenen nicht gefunden oder möglicherweise so entstellt war, dass von einer »direkten« Abschiednahme abgeraten wurde.

Abwesenheit

Einführung

Die bleibende, unumstößliche Abwesenheit des verstorbenen Menschen lässt die Zurückbleibenden die große Lücke spüren und verursacht tiefen Schmerz. Das »Nie mehr« ist kaum zu ertragen. Es gibt Momente, da können keinerlei Anstrengung, kein Willenszwang dem Gefühl des Auf-immer-zurückgeblieben-Seins etwas entgegensetzen. Trauernde fühlen sich ausgeliefert und spüren die Angst vor dem Alleinsein in diesem Erdenleben und gäben nahezu alles, den geliebten Menschen noch einmal zu sehen, koste es, was es wolle. Aber dieser Mensch bleibt verschwunden. Und doch gibt es manchmal selige Augenblicke, des Nachts, im Tagtraum, im Alltag, wo eine Art Anwesenheit gespürt wird.

Impulszitate

»Abwesenheit ist verdichtete Anwesenheit.« (Emily Dickinson)

»Wenn du nicht da bist, verschwindet die Farbe aus dem Leben, wie Wasser aus einem Schwamm; und ich existiere nur noch, trocken und staubig« (Virginia Woolf an ihre Schwester Vanessa Bell. Virginia Woolf, Gesammelte Werke. Briefe 2. 1928–1941. Hrsg. von Klaus Reichert. Deutsch von Brigitte Walitzek. © S. Fischer Verlag GmbH, Frankfurt am Main, 2006, S. 501).

Übung 1: Wenn mein(e) Tote(r) mein Schutzengel wäre …

ZEIT 50 Minuten

VORBEREITUNG Ein Platz, auf dem die Trauernde bequem sitzen, gegebenenfalls auch liegen kann. Möglichkeit, das Licht etwas zu dimmen oder wegzudrehen.

ZIEL Der/dem Toten einen neuen Platz in der Gegenwart geben, in ihr/ihm »ein gutes Objekt« zur Lebensstütze finden.

DURCHFÜHRUNG Die Trauerbegleiterin bietet eine Tagtraumreise an. Einleitende Atementspannung. Frage von der Trauerbegleiterin an die Trauernde: »Wo befinden Sie sich jetzt?« Dann gilt es, diesen Ort zu erwärmen. »Wo ist er? Wie sieht der Ort aus? In welcher Umgebung befindet er sich? Welche Jahreszeit, welche Farben gibt es? Gibt es Gerüche, hören Sie Geräusche …?« Und dann folgt die Aussage: »Hier an diesem Ort können Sie Ihrem/r Toten begegnen. Wo ist er/sie? Laden Sie ihn/sie zum Mitgehen ein.«

Nächste Frage der Trauerbegleiterin: »Wer ist bei Ihnen? Sie schweigen zunächst miteinander, Sie beide gehen nur. Vielleicht stellen Sie ihm/ihr nun eine Frage, die Sie beschäftigt, oder Sie erzählen, wie es Ihnen geht. Dann hören Sie die Stimme Ihres Mitgehenden. Was antwortet er/sie Ihnen? In welcher Körperhaltung, in welchem Tonfall?«

Die Trauerbegleitung hört dem Bericht der Trauernden zu und gibt dann wieder, was der/die Mitgehende gesagt hat. Die Trauernde lauscht, wartet einen kleinen Augenblick und antwortet dann auf dieses Zitat.

Die Trauerbegleiterin holt die Klientin aus der Reise zurück. Es folgt eine Aussprache über das Erlebte und Gehörte. Die Begleiterin beendet die Übung mit der Frage: »Kommen Ihnen Situationen in den Sinn, in denen Sie dieses Gespräch, diese Aussagen ›nutzen‹ könnten?«

▷ Beachte: Diese Übung ist nicht zu jeder Zeit zu machen, es empfiehlt sich ein sorgsames Abwägen, ob die Trauernde sich einer solchen Begegnung stellen mag.

Es ist wichtig, dass die Begleiterin nach der Übung klarmacht, dass das eine Phantasiereise und eine punktuelle Begegnung in der Vorstellung war, um den Verstorbenen nicht in eine Daueranwesenheit zu zwingen, die der Trauernden nicht guttut. Dennoch soll die Trauerbegleiterin verdeutlichen, dass wir Menschen auch in der Vorstellung richtig hören und fühlen und dass das darin Erfahrene Berechtigung und Bestand hat. Vielleicht kann eine Verabschiedung am Ende der Reise hilfreich sein mit den nachgesprochenen Worten: »Danke. Ich gehe nun (wieder) alleine weiter.«

Übung 2: Textarbeit mit einem Zitat zum Thema

ZEIT 40 Minuten

VORBEREITUNG Den kleinen Text von Marcel Proust (siehe unten das kursiv gesetzte Zitat) kopieren (▶ Download-Materialien) und auf einem schönen Blatt mittig platzieren.

ZIEL In etwas ambivalenten oder herausfordernden Beziehungen mit dem/der Verstorbenen darf der Gedanke angeboten werden, dass gerade wegen der Abwesenheit der Wert und die Reinheit der Beziehung und der Erinnerung erhalten und geschützt werden können. Dass das frühere Alltagsleben und darin gegenseitige Anforderungen und/oder Enttäuschungen den Blick auf die grundsätzliche Liebe zueinander haben verstellen können und dass wie bei einer langen Fernreise des Partners die Würdigung und Akzeptanz manchmal erst auf die Entfernung und Unverfügbarkeit gespürt werden können.

DURCHFÜHRUNG Den Text »*Ist nicht die Abwesenheit für denjenigen, der liebt, die sicherste, die wirkungsvollste, lebendigste, unzerstörbarste und treueste Anwesenheit?« (Marcel Proust[5])* austeilen und langsam vorlesen. Dann die Trauernde in der ihr eigenen Form den Text ein- bis zweimal vorlesen lassen und sie bitten, zwei Wörter zu benennen, die besonders wichtig sind in dieser von Proust formulierten Frage (zum Beispiel »treu« oder »unzerstörbar«). Darüber in ein ausführliches Gespräch kommen.

▶ Beachte: Diese Übung eignet sich für Trauernde, die ihre Beziehung reflektiert haben und aus dem ersten Impuls der Verherrlichung des Verstorbenen hinaus sind und für die Literatur ein Ausdrucksmittel ist.

---

[5] Marcel Proust: Tage der Freuden. Villingen-Schwenningen: Nexx Verlag, 2014, S. 77.

Aktionismus

Einführung

Bei vielen Trauernden öffnen sich zusätzlich alte, bisher nicht geheilte Lebenswunden. Das Erschrecken darüber sitzt tief, lässt die Trauer noch undurchstehbarer erscheinen, als es bei der normalen Trauer schon der Fall ist. Da droht neben der Verlusttrauer noch tiefer das befürchtete schwarze Loch, als da längst abgelegt geglaubte Verletzungen und Ängste und Zweifel wieder wach werden. So kann der Trauer zunächst nicht begegnet werden, sie anzuschauen ist nicht möglich. Da stürzen sich Menschen manches Mal in einen gewaltigen Aktionismus, der das schmerzliche Spüren verhindert. Nicht umsonst gibt es den Begriff des blinden Aktionismus. Alles wird im wahrsten Sinne des Wortes in Bewegung versetzt. Und gleichzeitig erleben sie dieses ständige Tun und Laufen und Machen oft als auszehrend und tief ermüdend, der hohe Druck des Agierens und die Hektik sind auf Dauer nicht aushaltbar.

Impulszitate

»Es darf einfach nicht wahr sein. Im Laufen vergesse ich das alles. Bloß nicht stehen bleiben ...« (Hedda G., sechs Monate nach dem Mord an ihrer Tochter).

»Ein übergroßes Leiden schließt die Veränderung und das Lernen aus. Ein übergroßer Schmerz produziert [...] blinde und kurzfristige Aktionen« (Dorothee Sölle, Mutanfälle. Texte zum Umdenken. Hamburg: Hoffmann und Campe, 1993, S. 89).

Übung 1: Rast-Übung

ZEIT 60 Minuten

VORBEREITUNG Ein ausreichend großer Raum, der Bewegung ermöglicht. Bei gutem Wetter ist die Übung auch draußen möglich.

ZIEL Es geht um die Verdeutlichung, dass der Aktionismus für den trauernden Menschen (zunächst) einen Sinn haben und hilfreich sein kann, um den Blick auf das Geschehene zu verhindern oder nur ganz kurz, sozusagen im Vorüberhetzen, zu erlauben. Gleichzeitig darf er entscheiden, ob und wann das Agieren zu anstrengend wird. In der Übung dürfen beide Seiten, das Tun und die Rast, als unbewertete Möglichkeiten im Umgang mit Verlust erfahren werden.

DURCHFÜHRUNG Die Trauernde klagt, dass sie keine Ruhe findet, immerzu etwas tun muss. Die Trauerbegleiterin nickt und schlägt rasches Umhergehen (oder eine kleine zügige Wanderung) oder eine Bewegung in der Geschwindigkeit vor, wie die Klientin ihre Unrast in sich spürt. Nach einiger Zeit setzt die Begleiterin eine Pause. In der Pause erfolgt die Nachfrage, wie dieses Rasten sich für die Trauernde anfühle. Nach der Antwort entscheidet sich die Klientin, ob sie weitergehen möchte. Das Rasten wird als alternative mögliche Erfahrung dargestellt. Es folgt eine Reflexion in Bezug auf den Verlust und die Trauer.

▶ Beachte: Es ist hier besonders wichtig, dass die Trauerbegleiterin nicht eigene Ziele verfolgt, zum Beispiel dass die Trauernde doch zur Ruhe kommt.

Übung 2: Labyrinth-Gang

ZEIT 60 Minuten

ZIEL wie oben

DURCHFÜHRUNG Es gibt Orte mit begehbaren gestalteten Labyrinthen (Steine, Hecken ...). Ein solches Labyrinth aufsuchen und die Trauernde in dem ihr eigenen Rhythmus durch das Labyrinth laufen lassen. Der Trauernden freistellen, was sie – in der Mitte angekommen – dort machen will, ob dort ein Aufenthalt, ein Verbleiben gewünscht wird. Und nachhören, wie sich der Aufbruch anfühlt, der Rückweg aus dem Labyrinth.
Es folgt ein ausführlicher Austausch über die Erfahrung des Gehens und Bleibens.

▶ Beachte: Es kann der Hinweis sinnvoll sein, dass ein Labyrinth kein Irrgarten ist und man sich nicht verlaufen kann.

Die Anderen

Einführung

Ein Sprichwort sagt, die guten Freunde erkenne man in der Not. Diese Erfahrung machen fast alle Trauernde – manche durchaus auch sehr schmerzlich! Freunde und Bekannte meiden den Kontakt. Sonderbarste, in der Wirrnis des vereinsamenden Trauerns so unbegreifliche Situationen geschehen: Da wechseln Bekannte schnell die Straßenseite; da werden die Trauernden im Geschäft glatt übersehen, verstecken sich die Bekannten hinter Regalen, tun erstaunt, wenn sich Blicke oder gar Begegnungen nicht vermeiden lassen. Telefonate werden spärlicher, gelegentlich erfährt man über Dritte Erkundigungen nach dem Befinden oder wohlmeinende Grüße, die aber bei den Trauernden eher Wut und Ablehnung hervorrufen als dankbare Annahme. Allernächste Freunde melden sich oft monatelang nicht, sind dann aber beleidigt, wenn die Trauernden nach einem späteren belanglosen Telefonat kein Interesse mehr an einem Kontakt haben. Einladungen werden seltener, versiegen ganz, weil man meint, das tue dem Trauernden nur weh und er käme sowieso nicht. Und dass die Trauerstimmung die Feier zerstören könne.

Und wenn ein Kontakt sich nicht vermeiden lässt, dann wird von allem Möglichen gesprochen, nur nicht vom Trauerereignis, werden Ratschläge erteilt oder der Kontakt wird durch Banalitäten erstickt. Und dann noch: »Wir müssten uns wieder öfter sehen« – und der Klang der Stimme vermittelt: Das möge nicht passieren. Und dann ergießt sich auch noch ein selbstbezogener Redeschwall eigener Betroffenheiten über den Trauernden. Trauernde sind oft noch einsamer und verlassener, wenn sie solche Unachtsamkeiten und das in ihrem Eigentlichen Übersehenwerden hinter sich gebracht haben. Manches wird als Vergewaltigungen der Seele erlebt. Da geht, wenn möglich, nur, sich schützend wegzuhören und wegzufühlen, bis es vorbei ist.

Impulszitate

»Nachdem wir davon erfahren hatten, ließ ihr Wissen um die eigene Sterblichkeit sie einige Tage lang wie gedämpft wirken, allerdings kehrten sie, zumindest nach außen hin, rasch zurück zur alten Routine, denn das Leben muss ja weitergehen.

Ich denke, in ihren einsamen Momenten dachte jede von ihnen noch Wochen und Monate an Helen, bloß gab es, wenn sie zusammen waren, nichts weiter dazu zu sagen, zumindest nicht mehr als die üblichen Floskeln: War doch seltsam, wer hätte das gedacht, das arme Mädchen, das ganze Leben noch vor sich, die armen Eltern. Der Rest war Taktgefühl, wie ich heute weiß, auch wenn ich es damals für Gleichgültigkeit hielt« (John Burnside, Wie alle anderen. © John Burnside 2010, © 2016 Albrecht Knaus Verlag, München, in der Verlagsgruppe Random House GmbH. Übersetzung: Bernhard Robben; Kindle-Position 1963–1970).

»Ich spüre, dass ich in jedem, der mir begegnet, eine riesige Verlegenheit auslöse« (Susanne G., sieben Monate nach dem Säuglingstod ihrer Tochter).

Übung: Aussagen der anderen sortieren

ZIEL Die Trauernde möge ein Gefühl dafür entwickeln, dass es nicht Boshaftigkeit ist, die die Umwelt so reagieren lässt, sondern Hilflosigkeit gegenüber dem Phänomen der Trauer. Und gleichzeitig gilt es, sich auch vor dieser Art Hilflosigkeit der anderen zu schützen.

DURCHFÜHRUNG Die Begleiterin lässt die Trauernde die Aussagen der anderen, der Nachbarn, der Kolleginnen, der Bekannten auf einzelnen Papieren schriftlich sammeln, je ein Zettel für ein Stichwort, einen Begriff oder eine Aussage. Diese Zettel legt die Trauernde vor sich und versucht sie zu qualifizieren, das heißt, sie ordnet sie in einer Leiste von »Diese Aussage hat mir gut getan« bis zu »Das hat sehr weh getan«. Aus den Zetteln mit guttuenden Meldungen wird einer ausgewählt und herausgenommen, ebenso einer aus der als besonders schmerzlich erlebten Gruppe. Die Begleiterin lässt die Klientin erzählen, welche Gefühle bei den Aussagen in ihr angerührt werden.

Die Begleiterin bittet die Trauernde, sich auf einen anderen Stuhl zu setzen und aus der Rolle eines anderen diesen Satz langsam und laut vorzulesen. In der Rolle wird die Trauernde gefragt, was sie bewegt hat, so zu sprechen (zum Beispiel aus Sprachunfähigkeit; aus der Angst, es trifft auch mich; aus dem Anspruch, Trost spenden zu müssen, etc.).

In der Abschlussreflexion kann dann die Frage platziert werden, ob es vor der eigenen Verlusterfahrung solche Sätze auch durch die Klientin selbst gegeben hat. Hier ist auch anzumerken, dass sie ihrem eigenen jetzigen Gefühl trauen kann, selbst wenn sie früher auch solche Sätze gesagt haben könnte. Ihre schmerzende

Resonanz auf solche Sätze hin darf nicht zurechtgewiesen werden, weil sie früher ja selbst so gesprochen hat.

Nun wird die Trauernde gebeten, die Zettel neu zu sortieren. Leitende Frage ist dabei: »Vor welchen Aussagen und wie möchte ich mich besonders schützen?« Es folgt eine gemeinsame Reflexion über die Frage: »Wie verhalte ich mich zu solchen Sätzen zwischen Selbstschutz und Verständnis? Denn es ist nicht meine Aufgabe als trauernder Mensch, die anderen zu trösten.«

Anfang von Begleitung

Einführung

Es ist für Trauernde ein großer Entschluss, sich um eine Begleitung zu bemühen. Sie haben bemerkt, dass sie für den Trauerprozess Unterstützung benötigen, und kommen mit nicht wenig Unsicherheit, Aufregung und einer Art Lampenfieber zum ersten vereinbarten Termin. Ihre Erwartung ist nicht selten sehr groß, dass endlich Verständnis und Hilfe erreichbar sind. Das Gleiche gilt aber oft auch für die Begleiterin, die sich die Fragen stellt: »Was kommt da auf mich zu? Werde ich die Erwartungen erfüllen können? Werde ich von Nutzen sein?«

Impulszitate

»Ich hatte so viele Sorgen und Fragen, dass ich gar nicht wusste, wo beginnen. Und eigentlich wollte ich doch nur, dass sie mir diese verdammte Trauer nimmt!« (Hubert F., 49 Jahre, der vor sieben Monaten nach dem selbst verursachten Unfalltod seiner Frau in die Begleitung kam).

»Da war so vieles in dieser Trauer, was mir auffiel. Nicht nur Verlustschmerz. Da waren Geldsorgen, Schuldgefühle, Fragen, die die Kinder betrafen, eigene Erkrankung … Und ich verspürte einen Druck, alles in der ersten Stunde klären zu müssen. Und fühlte mich schlecht, weil das nicht klappte!« (eine Begleiterin in einer Supervisionssitzung).

Übung: Wie war sie?

ZEIT 40 Minuten

ZIEL Kein Leistungsdenken auf beiden Seiten aufkommen lassen. Nicht vorschnell in Antworten und Problemlösungen einsteigen. Mit Interesse da sein und Beziehung herstellen.

DURCHFÜHRUNG Die Begleiterin stellt sich vor und berichtet über Struktur und Rahmen der Begleitung. Letzteres wiederholt sie noch einmal am Ende der Stunde, um sicher zu gehen, dass es in der Anfangsaufregung gehört wurde. Dann lässt sie die Trauernde ausführlich erzählen, was sie alles auf dem Herzen hat. Bei zögerndem Erzählen hilft sie mit Fragen nach, bei einem Erzählstrom hört sie ohne Unterbrechung zu. Sie wird bei der Wahrnehmung von Symptomen und Problemen möglicherweise den Impuls verspüren, in eine Klärung oder Lösung einzusteigen. Das bleibt aber den späteren Sitzungen vorbehalten.

Die Begleiterin gibt wieder, was sie verstanden hat, und fragt dann ausführlich nach dem Menschen, dem die Trauer gilt. Die Hinterbliebene möge sich den verlorenen Menschen in aller Lebendigkeit vergegenwärtigen, ihn vor ihrer inneren Leinwand auftauchen lassen, ihn mit allen Sinnen wahrnehmen und zu erzählen beginnen, von seinem Aussehen, seinen Angewohnheiten, seiner Art zu sein und zu leben. Die Begleiterin lässt sich detailliert erzählen, wie er aussah, wie er sprach und sich bewegte, welche Interessen und Vorlieben er hatte. Das geschieht, um sich ein Bild zu machen und eine Vorstellung von der Besonderheit dieses Verlustes zu bekommen. Die trauernde Person spürt in dem echten Interesse eine Haltung, die grundlegend sein wird für die Beziehung und die weitere gemeinsame Arbeit. Das ist entscheidend für den Anfang von Trauerbegleitung und hat Vorrang vor allen anderen Maßnahmen.

▷ **Beachte:** Es gilt, zu diesem Zeitpunkt weder auf Ambivalenzen in der Beziehung zum Verstorbenen einzugehen noch auf Selbst(-Vorwürfe), Schuldgefühle oder ausführliche Krankheits- oder Sterbeverläufe. Das Ziel, den Betrauerten mit Respekt und Anteilnahme kennenzulernen, steht im Vordergrund dieser ersten Begegnung.

Angst (1)

Einführung

Trauer ist seelische Schwerstarbeit und braucht sehr viel Zeit. Schritt um Schritt muss der trauernde Mensch diese Arbeit leisten, um zu realisieren, dass er das Gegenüber seiner Liebe unwiederbringlich verloren hat und dass das gemeinsame Leben mit dem Verstorbenen nicht zu halten ist.

Weil Trauer kumuliert, werden auch die Schmerzen aller vergangenen Verluste angerührt und teilweise wiederholt. So ist das Durcharbeiten des Verlustes nicht selten mit der Angst verbunden, diese übergroße Anstrengung nicht leisten zu können, diesen langen Weg nicht (noch einmal) gehen zu können. Die Trauer liegt wie ein nicht zu bewältigender Berg vor einem, die Sorge, es nicht zu schaffen, lässt einen oft gar nicht erst beginnen.

Impulszitat

»Ich habe eine lähmende Angst, dass ich das nicht schaffe, dass ich stecken bleibe, dass ich in meinem Schmerz untergehe. Und mit dieser Angst schaffe ich keinen Alltag, nichts ...« (Siegfried S., 66 Jahre, nach dem Tod seiner Frau).

Übung: Trauerweg

ZEIT 50 Minuten

VORBEREITUNG Gegenstände aussuchen und bereitlegen, um Markierungen setzen zu können, zum Beispiel Tücher oder Ähnliches.

ZIEL Realistische Einschätzung der Notwendigkeit eines individuellen Trauerweges. Ermutigung, diesem Weg die nötige Zeit zu lassen.

DURCHFÜHRUNG Die Trauerbegleiterin und die Trauernde stehen im Raum, die Begleiterin bittet die Klientin, ihre Frage (»Ob ich das je schaffe?«) noch einmal zu wiederholen. Die Trauerbegleiterin fordert die Trauernde auf, einen denkbaren Endpunkt ihres Trauerweges, ihrer akuten Trauer, im Raum mit einem Gegenstand zu markieren. Ihren jetzigen Standpunkt soll sie ebenfalls markieren. Dann treten die Trauernde und die Begleiterin zur Seite, so dass wie von außen die Wegstrecke zu betrachten ist. Die Begleiterin bittet die Trauernde nach einer gewissen Zeit, sich an das Ende dieses Weges zu stellen und zu versuchen, einen Satz zu formulieren, der das Ende des angstvollen Weges beschreibt. Dann bittet sie die Klientin, wieder an die Seite zu treten. Nun geht die Begleiterin selbst, stellvertretend, zum Endpunkt und wiederholt dort den hier gesprochenen Satz der Trauernden. Danach setzen sich beide an die Seite – mit Blick auf den Weg –, um die Empfindungen und Anmutungen der Trauernden aussprechen zu lassen.

Am Ende des Gespräches geht die Klientin auf Bitte ihrer Begleiterin an den Anfangspunkt und spricht von dort noch einmal ihren ersten angstvollen Satz (siehe oben). Die Begleiterin stellt sich an das Ende des Weges und antwortet auf diesen Satz mit dem Satz des Endpunkts. Dann tritt sie wieder zur Trauernden an den aktuellen Punkt und reflektiert mit ihr das Geschehen. Am Ende der Übung ermutigt die Begleiterin ihre Klientin, wieder den für den Zeitpunkt passenden, realistischen Standpunkt ihres akuten Trauerweges einzunehmen und vielleicht etwas Ermutigung durch den eigenen Schlusssatz mit auf diesen ihren Weg zu nehmen.

Angst (2)

Einführung

Vielfach erzeugt das Erleben des (qualvollen) Sterbens eines nahen Verwandten oder geliebten Menschen eine Angst vor dem eigenen Ende. Zu schmerzlich, zu bedrückend war das Mitfühlen, als dass man das Erlebte von sich und seinem Leben trennen oder abstrahieren könnte. Die gelebte Nähe, die Verwandtschaft und das geteilte Leben mit dem Verstorbenen können dazu führen, dass man ein ähnliches Sterben befürchtet und dass diese Furcht die Trauer um den Verlust überlagert.

Impulszitat

»Ich habe eine irre Angst, wie Susi zu verrecken« (Isolde K., 32 Jahre, sieben Monate nach dem Tod ihrer an Hautkrebs erkrankten Schwester).

Übung: Arbeit mit einem Text

ZEIT 50 Minuten

VORBEREITUNG Den Rilke-Text kopieren (▶ Download-Materialien) und auf einem schön gestalteten Blatt Papier bereithalten.

ZIEL Die Einzigartigkeit der eigenen Person und des eigenen Lebens (und Sterbens) bedenken.

DURCHFÜHRUNG
»Oh, Herr, gib jedem seinen eigenen Tod.
Das Sterben, das aus jenem Leben geht,
darin er Liebe hatte, Sinn und Not«.

Diese Zeilen von Rainer Maria Rilke aus dem Gedichtzyklus »Stunden-Buch« (1905 veröffentlicht[6]) vorlesen und die Trauernde bitten, einzelne, ihr wesentliche Worte in den Raum zu sagen und sie im Anschluss mitteilen zu lassen, was ihr durch den Kopf und das Gemüt geht.

Dann wird die Trauernde gefragt, was alles ihrem persönlichen Leben Sinn gegeben hat. Darüber darf sie ausführlich berichten. Ferner wird sie gefragt, welche Not/Nöte und welche Liebe/Lieben ihr Leben geprägt haben. Nach dieser Erzählung betont die Trauerbegleiterin, wie besonders sie dieses Leben anmutet.

Dann soll die Trauernde in das Gedicht den Bezug zur eigenen Person einfügen. Etwa: »*Oh, Herr, gib mir dereinst meinen eigenen Tod, ein Sterben, das aus meinem Leben geht, darin ich diese Liebe hatte, diesen Sinn und diese Not.*« Danach reflektieren Begleiterin und Klientin die Erfahrung dieser Übung.

---

6   Rainer Maria Rilke: Die Gedichte. Frankfurt a. M.: Insel Verlag, 1986, S. 293.

Angst (3)

Einführung

Gelegentlich ist Trauer von einer diffusen, alles umspannenden Angst besetzt. Die darunter Leidenden vermögen gar nicht zu differenzieren, was genau sie ängstigt, sondern äußern ihre übergroße Angst als sehr belastend und lebenshindernd. Es haftet ihr der Charakter von Unbestimmtheit an, sie hat eine unverkennbare Beziehung zur Erwartung, was alles passieren könnte im Rahmen des Verlusts. In dieser Angst wird eine Gefahr antizipiert, die Hilflosigkeit nach sich zieht. Das Leben in der Zukunft scheint unmöglich, eine Vorstellung von morgen gibt es nicht.

Impulszitat

»Wir mussten sagen, die Angst werde zur Reaktion auf die Gefahr des Objektverlusts« (Sigmund Freud, Hysterie und Angst. Frankfurt a. M.: S. Fischer, 1971, S. 305).

Übung: Deine Zeit ist jetzt, dein Ort ist hier

VORBEREITUNG Es sollte ein Raum zur Verfügung sein, in dem sich die Trauernde hinlegen kann und das Licht gedimmt werden kann.

ZIEL Das Wahrnehmen des gegenwärtigen Augenblicks – des *Hier und Jetzt* – verringert die Angst und erhöht die Fähigkeit, sich aus Gedanken und Gefühlen, die die Zukunft betreffen, zu lösen.

DURCHFÜHRUNG Die Trauerbegleiterin bittet die Trauernde, eine bequeme Liege- oder Sitzposition einzunehmen und die Augen zu schließen. Sprechen Sie diese Anleitung:

»Spüren Sie in sich hinein, atmen Sie ruhig und entspannt. Nach und nach werden Sie ruhiger und entspannter. Halten Sie inne und achten Sie darauf, was Sie hier und jetzt – in diesem einen Augenblick und hier in diesem Raum – denken, fühlen und tun.

- Welchen Gedanken haben Sie?
- Welche Gefühle haben Sie?
- Mit welchen Tätigkeiten sind Sie beschäftigt?

Antworten Sie auf diese Fragen jeweils innerlich mit Sätzen, die mit ›jetzt und hier‹ beginnen:
- ›Jetzt und hier denke ich …‹
- ›Jetzt und hier fühle ich …‹
- ›Jetzt und hier beschäftige ich mich mit …‹

Sobald Sie merken, dass Sie mit Ihren Gedanken und/oder Gefühlen in die Zukunft gehen oder gegangen sind, machen Sie sich das bewusst und kehren Sie mit diesem Bewusstsein in die Gegenwart zurück.«

Die Übung endet mit der Überlegung, ob sich die Trauernde Erinnerungshilfen schaffen könnte, um außerhalb der Termine mehrmals täglich für einen Augenblick innezuhalten und darauf zu achten, was sie hier und jetzt – in diesem Augenblick an diesem Ort – denkt, fühlt und tut. Vielleicht hilft ein roter Klebepunkt am Badezimmerspiegel, an der Kühlschranktür oder am PC-Monitor, um diese Übung auch im Alltag zu praktizieren.

Anwaltschaft

Einführung

In Trauerzusammenhängen gibt es auch schon einmal juristische Auseinandersetzungen, bei denen ein Anwalt hilfreich sein kann. Hier wird der Begriff der Anwaltschaft aber nicht im Sinne der Begleitung in Rechtsstreitigkeiten gesehen, sondern als das Einstehen für die Trauernde. Trauernde stehen nicht selten im Spannungsfeld zwischen dem Wunsch, die Beengung durch die Trauer loszuwerden, aber gleichzeitig sich davor zu fürchten, dass die Trauer sich einmal zurückziehen könnte. Dann mischen sich Schuldempfindungen dazwischen: »Wenn ich jetzt an ein neues Leben denke, ohne meinen Verstorbenen, habe ich ihn dann verraten?«

Auf Wegen der Trauer hören Trauerbegleiterinnen ab und an Wünsche wie: »Ich wollte so gerne noch einmal auf die Berge; da war ich immer mit meinem verstorbenen Sohn ... aber das wird und das darf auch niemals mehr sein.« Hier kann die aufmerksam mitgehende Begleiterin diesen Wunsch wahrnehmen. Im Moment kann die Trauernde sich nicht auf eine Zuwendung ins Leben – wie zum Beispiel eine wohltuende Bergtour machen – einlassen, aber es gibt ein Bild von dem, wie ein Leben mit dem Verlust auch aussehen könnte. Doch im Augenblick ist die Zeit nicht reif, sich diesem Lebensimpuls überlassen zu können. Die Begleiterin aber kann diesen Impuls bewahren, bis die Zeit für eine entsprechende Zuwendung für die Trauernde reif ist.

Weil es da um ein Eintreten für ein Anliegen von der Trauernden geht, kommt hier der Begriff der Anwaltschaft auf. Überall da, wo die Trauernde etwas nicht – jetzt nicht – tragen oder ertragen kann, kann die Begleiterin zur Anwältin des tief im Inneren der Trauernden liegenden Wunsches werden.

Anwälte in diesem Sinne können verschiedene Menschen aus dem Umfeld der Trauernden sein. Die Begleiterin ist nur eine denkbare Bewahrerin eines Interesses der Trauernden.

Anwaltschaft braucht ein genaues Hinhören auf das, was Wunsch der Trauernden sein könnte, was aber im Moment nicht aussprechbar ist. Anwaltschaft braucht die Abwägung, ob diese Anwaltschaft für ein Anliegen ausdrücklich vor der Trauernden erwähnt wird: »Ich bewahre diesen Ihren Wunsch, bis Sie ihn in den Blick nehmen und vielleicht sogar umsetzen können.« Oder ob die Begleiterin etwas aufnimmt und für sich bewahrt, bis die Zeit innerhalb der Begleitung reif ist, das Bewahrte zu benennen: »Sie haben einmal gesagt, dass Sie gerne wieder in die Berge gingen. Damals, als Sie es ausgesprochen hatten, haben Sie sich selbst sofort energisch zurechtgewiesen: ›Das geht nie mehr! Das wäre ein unverzeihlicher Verrat! Als ob ich mein Kind je vergessen könnte! Als ob ich ohne ihn jemals glücklich auf einem Berggipfel stehen könnte!‹ Ich habe damals Ihren Wunsch gehört und ihn still für Sie aufbewahrt. Könnte es jetzt sein, dass Sie vielleicht – in Gedanken eng verbunden mit Ihrem Kind – noch einmal auf einen Berg steigen könnten?«

Impulszitat

»Ich bewahre das für Sie, bis Sie es selbst wieder erfassen können« (sagt eine Begleiterin zu Jutta S., die um ihren verstorbenen Sohn trauert).

»Wie gut, dass Sie sich das gemerkt haben. Sie haben zwar nichts gesagt, aber heute ist mir, als hätten Sie meinen Wunsch wie einen Schatz neben mir hergetragen. Danke sehr!« (eine 45-jährige Trauernde, die sich nach dem Tod ihres Mannes nie hatte vorstellen können, einmal wieder Freude am Tanzen zu bekommen).

Übung: Wer Anwalt sein könnte – für was

ZEIT 45 Minuten

VORBEREITUNG Papier, Stift, Briefkuverts.

ZIEL Die Trauernden werden sich bewusst, dass ihnen verloren geglaubte Lebensimpulse von anderen für sie bewahrt werden könnten. Sie können konkret formulieren, wer für was anwaltschaftlich da sein könnte. Mit dieser Übung kann auch das sozial mittragende Netz in den Blick kommen.
Die Begleiterin weiß, dass sie ausgesprochen oder unausgesprochen Anwältin für Lebensimpulse werden kann – und wird entsprechend wach solche Impulse aufnehmen.

DURCHFÜHRUNG Die Trauerbegleiterin hat den Eindruck, dass sich in der Trauernden Wünsche nach Lebenszuwendung zaghaft melden, die aber in diesem Stadium des Trauerweges eher bedrohlich wirken, als dass sie Perspektiven einer neuen Lebenszuwendung eröffnen könnten.

1. Variante: Die Begleiterin bittet die Trauernde, jeden der aufkeimenden Lebensimpulse mit einem Stichwort auf einen Zettel zu schreiben und in ein Kuvert zu stecken. Die Trauernde kann entscheiden, ob das Kuvert ganz zugeklebt werden soll – als Zeichen eines Impulses, der im Moment so gänzlich unerfüllbar, ja eher bedrohlich ist. Sie kann das Kuvert aber auch nur zusammenstecken, so dass eine leichtere Zugängigkeit gegeben wäre. Hier ist schon ein Zugang zur Erfüllung dieses Impulses eher denkbar, aber im Moment nicht anstehend.

Die Begleiterin bittet die Trauernde, mit einem Satz noch einmal zu wiederholen, was sie jeweils aufgeschrieben hat. Dann wird sie gebeten, einen Satz zu sprechen, der der absehbaren Erfüllung des Wunsches entgegenstehen könnte.

Die Begleiterin fragt dann, ob die Trauernde sich vorstellen könnte, bei wem ein solcher jetzt so unerfüllbarer Lebensimpuls am besten aufgehoben sein könnte – für den ja auch vorstellbaren Fall, dass es doch eine Möglichkeit der Erfüllung geben könnte.

Die Trauernde beschriftet die jeweiligen Kuverts mit dem Namen dieses denkbaren »Anwalts«. Die Kuverts werden schließlich in einer für die Trauernde angemessenen Entfernung auf dem Tisch ausgelegt. Die Begleiterin beendet diese Übung mit der Aufforderung, die Kuverts noch einmal in den Blick zu nehmen und – so gewünscht – eine abschließende Reaktion zu geben. Ist es denkbar, dass diese Personen von ihrer Wahl als Anwälte in der Trauer erfahren sollen? Oder bleiben diese Kuverts in der Anwaltschaft der Begleiterin für den weiteren Verlauf der Begleitung?

2. Variante: Die Begleiterin sagt an geeigneter Stelle im Prozess des Trauerweges, dass sie im Laufe der Begleitung einige Wünsche oder Lebensimpulse gehört habe, die in der dichtesten Zeit der Trauer als völlig abwegig und bedrohlich zurückgewiesen worden seien. Die Begleiterin hat diese Gedanken jeweils auf Kärtchen geschrieben. Sie habe sich aber all das bewahrt, was sie meinte, an Wünschen gehört zu haben, die wieder zurück in ein vollständigeres Leben führen könnten. Die Begleiterin fragt, ob die Trauernde diese Wahrnehmungen hören wolle. Wenn sie das bejaht, legt die Begleiterin die Wünsche vor die Trauernde. Diese entscheidet, ob sie sich überhaupt einen dieser Wünsche als jetzt umsetzbar anschauen möchte oder nicht. Darüber kann ein Austausch erfolgen.

Die Trauernde kann die verschiedenen Angaben der Begleiterin in eine Rangordnung der irgendwann denkbaren Umsetzung legen. Auch darüber erfolgt ein Austausch – zum Beispiel auch als Rückblick auf Stationen des bisherigen Begleitweges und als Feststellung, was sich eventuell an Lebenszuwendung wieder hat ergeben können.

Wenn Wünsche noch weiterhin unerreichbar oder gar bedrohlich erscheinen, kann die Trauernde entscheiden, ob sie diese Wahrnehmungen der Begleiterin weiter mitbedacht sehen oder lieber aus dem Blick und damit aus der Begleitung genommen haben möchte. Die Trauernde kann aber auch ausdrücklich die noch ausstehenden Erfüllungen bewusst in die Anwaltschaft der Begleiterin zurücklegen.

Arbeitsplatz, Trauer am

Einführung

Trauer durchtönt und durchprägt den ganzen Menschen. Der trauernde Mensch befindet sich in einem Ausnahmezustand, der sich seelisch, kognitiv, körperlich und auch sozial auswirkt. Damit wird deutlich, dass Trauer alle Dimensionen des Menschseins betrifft und damit auch Auswirkungen auf alle seine Lebensbereiche hat. Die Trauer wird nicht nur im privaten Kontext gelebt, sondern ist auch im beruflichen Raum, also am Arbeitsplatz, dabei. Während das Trauern im privaten Bereich zumindest eine Zeit lang erlaubt (Mythos »Trauerjahr«), vielleicht sogar gefordert ist (unausgesprochene Normen und Regeln), wird es im beruflichen Kontext nur kurzfristig zugestanden und selbst dann schon recht schnell als hinderlich oder gar störend für den betrieblichen Ablauf gesehen.

Sigmund Freud prägt den Begriff der *Trauerarbeit*. Trauer ist in allem Schmerz harte innere Arbeit, die unzählige Aufgaben und Prüfungen beinhaltet. Oftmals sind Betroffene von der Trauerarbeit so beansprucht und erschöpft, dass sie kaum in der Lage sind, die von ihnen geforderte und erwartete berufliche Arbeitsleistung zu erbringen. Trauernde berichten, dass sie sich krankschreiben lassen, Überstunden abbauen, dass sich Fehlzeiten häufen, weil sie ihre Arbeit nicht mehr schaffen (Absentismus[7]).

Andere Trauernde wiederum brauchen ihren Arbeitsplatz, da er ihnen Ablenkung, Struktur und Pause vom quälenden Schmerz verschafft. Gleichzeitig wird beschrieben, dass sie sich nicht in der Lage fühlen – so wie früher –, ihr erforderliches Arbeitspensum zu leisten. Fehler, Leistungsabfall, Missverständnisse und Angst vor Kündigung verstärken die ohnehin vorhandene Unsicherheit (Präsentismus[8]). Die Trauernde kann durch ihre Trauerarbeit – ohne dass sie es will – ihre Berufsarbeit vernachlässigen und zum »Störfall« am Arbeitsplatz werden. Häufig walten am Arbeitsplatz – gerade am Anfang der Trauerzeit – seitens der Kolleginnen und Kollegen, Vorgesetzten und Mitarbeiter/-innen durchaus Toleranz und Verständnis. Die Flut der Aufgaben jedoch, der Druck, der auf den Kollegen, Mitarbeitern oder Vorgesetzten lastet, die voranschreitende Zeit und damit das Verblassen des existenziellen Ereignisses für Außenstehende, können

---

7 Absentismus beschreibt die – oftmals langen – Fehlzeiten von Mitarbeiterinnen.
8 Präsentismus ist die nicht eingebrachte Leistung anwesender Mitarbeiter/-innen.

alsbald zu Unverständnis, zu Konflikten bis hin zu Nichttoleranz des Trauerverhaltens (und des Trauernden) führen. Das Thema »Trauerbegleitung am Arbeitsplatz« anzugehen, wäre hier sicher für alle Beteiligten wichtig und wertvoll.

Impulszitate

»Der erlittene Verlust verwehrt oft eine neue Orientierung für die – zumindest nähere – Zukunft. In die Ferne zu denken ist nahezu unmöglich. Vor allem am Arbeitsplatz erleben Trauernde deshalb die vielfaltigen Anforderungen oft als Überforderung« (M. Fuchs, B. Koch, Th. Mohn und M. Westenburger, Ein Gewinn für alle Beteiligten. In: Trauer am Arbeitsplatz. Leidfaden – Fachmagazin für Krisen, Leid, Trauer, 3/2012, S. 67).

»Die ersten Wochen nach dem Tod meines Sohnes fühlte ich mich außer Stande, das Haus zu verlassen, geschweige denn arbeiten zu gehen. In meinem Kopf herrschten Chaos und Leere zugleich. Ich konnte mich nicht konzentrieren und ich wollte es auch nicht. Alles war so sinnlos. Irgendwann habe ich es mit einer beruflichen Wiedereingliederungsmaßnahme wieder versucht. Es war hart. Da war so ein Graben zwischen meiner Kollegin und mir. Vorher haben wir immer über unsere pubertären Kinder gelästert und uns immer gegenseitig versichert: Das geht vorbei! Ja, bei mir ist es jetzt vorbei. Für immer … und wir können kaum mehr miteinander reden. Am liebsten würde ich kündigen« (Silke R., 42 Jahre, zwei Jahre nach dem Tod ihres 14-jährigen Sohnes, der in einem Badesee ertrank).

Übung: »Mein Arbeitsplatz … Kreise der Veränderung«

ZEIT 45–60 Minuten

VORBEREITUNG Eventuell Schnüre oder Hula-Hoop-Reifen, ein kleiner Abreißblock, Filzstift.

ZIEL Die Trauernde in Kontakt bringen mit den Faktoren, die ihr guttun bei der Arbeit, und mit denen, die ihr nicht guttun und eventuell (durch sie) geändert werden können.

DURCHFÜHRUNG Wenn das Thema »Arbeitsplatz« im Gespräch aufscheint, wird es aufgegriffen. Zunächst lässt sich die Trauerbegleiterin berichten, wie die

Arbeitssituation ist und was der Trauernden daran guttut. Diese Faktoren werden von der Begleiterin auf einem Blatt gesichert.

Dann wird die Trauernde eingeladen, sich auf dem Boden einen großen Kreis vorzustellen (denkbar ist auch ein Hula-Hoop-Reifen). In diesen Kreis legt sie alles hinein, was ihr nicht guttut oder als störend empfunden wird. (Beispielhaft: das Schweigen der Kolleginnen, die Flut der Arbeit, die mangelnde Wertschätzung für ihre Trauer, ihre eigene Unsicherheit, der Ärger über lästernde Kollegen usw.) Die Trauerbegleiterin notiert diese Aussagen stichwortartig und legt sie jeweils in den Kreis.

Dann wird die Trauernde in einem nächsten Schritt eingeladen, die Veränderungswünsche, die in ihrer Hand beziehungsweise in ihren Möglichkeiten liegen, in einen zweiten Kreis zu verlagern. Dies wird nicht kommentiert. Hat der Prozess stattgefunden, dann bekommt die Trauernde die Aufgabe, diese Veränderungsbedürfnisse einmal in der Ich-Form und im konkreten Bedürfnis vorzulesen. (Beispielhaft: »Ich möchte um Wertschätzung für meine Trauer bitten«, »Ich möchte weniger arbeiten«, »Ich werde den Kollegen mitteilen, dass ich das Lästern gerade nicht ertragen kann.«)

In einem dritten Schritt wird die Trauernde gebeten, einen Veränderungswunsch herauszunehmen, dem sie sich in der nächsten Zeit zuwenden möchte. (Beispielhaft: »Ich möchte meine Kollegen bitten, meiner Trauer Wertschätzung zu zollen.«) Hierüber kann sich nun ein Gespräch entwickeln, das die Trauernde in ihrem Vorhaben stärkt und ihr gleichzeitig das Gefühl vermittelt, dass sie nicht allein verantwortlich dafür ist, ob die Kolleginnen und Kollegen diesem Wunsch nachkommen.

Anschließend werden die Veränderungsnotizen eingesammelt. Die Trauernde kann diese mitnehmen oder dalassen.

▷ Beachte: Dies ist eine Aufgabe, die beim nächsten Mal wieder aufgegriffen werden sollte. Eine mögliche Frage könnte sein: »Wie ging es Ihnen, Ihr Bedürfnis nach Wertschätzung für Ihre Trauer mit den Kolleginnen und Kollegen zu besprechen?«

Begegnung

Einführung

Trauernde haben vielfach das Gefühl einer umfassenden Beziehungsunfähigkeit, das gespeist wird durch die Angst vor der Möglichkeit einer erneuten Ent-Täuschung und dem damit einhergehenden Trauerschmerz. Dies führt nicht selten dazu, dass der trauernde Mensch sich zurückzieht, dass er verstummt und schweigt, einen Panzer um sich herum aufbaut und jedem Kontakt mit anderen Menschen ausweicht. Eine häufige Folge dieser »Kontaktsperre« ist, dass auch das Gegenüber, also der Mensch, der der Trauernden begegnet, eine wachsende Sprach- und Hilflosigkeit in sich verspürt, die ihn ebenfalls verstummen lässt. Es entsteht eine zunehmende Distanz, und der trauernde Mensch wird immer weiter in die isolierende Einsamkeit hineingedrängt. Begegnungsstummheit ist die Folge.

Und doch. Es gibt auch fruchtbare Momente der Stummheit. Das sind die Momente, die die Trauernde ihre eigenen schmerzhaften Empfindungen in der Sprachlosigkeit ihres Gegenübers spüren lassen. Es sind solche Momente, die die Trauernde »durchdringen« und es möglich machen, dass sich zwischen ihr und dem, der ihr begegnet, eine »Wirheit«, eine »Communio« herausbilden kann. Dieses »Wir«, das in der Begegnung entsteht, kann die Trauernde über die quälende Unsicherheit ihrer Identitätsfrage »Wer bin ich?« hinausführen, hinein in die Dimension des »Ich bin – Du bist – Wir sind«. Der Mensch, der mit dem Tod des geliebten Nächsten sein »Du« – das ihm Halt, Resonanz und Korrektiv in seinem Prozess der Selbstwerdung war – verloren hat, geht in der Begegnung das Wagnis ein, sich erneut auf ein Ich-Du-Gefüge einzulassen, und gewinnt (im besten Fall) Vertrauen in neue Ver*bindung*en. Im wieder erlebten Wir wird er in die Möglichkeit gestellt, sich von den gemachten Erfahrungen der Beziehungslosigkeit, Angst, Entfremdung und Einsamkeit zu lösen und sich dabei selbst wiederzuentdecken.

Hier wird deutlich, was Martin Buber meint, wenn er sagt, der Mensch wird am Du zum Ich. Solche Momente »gelungener« Begegnung werden dem Hinterbliebenen – auf symbolische Weise – zum Schlüssel oder zum Grund (und Boden), in der Ab*gründ*igkeit seiner Trauer. Begegnung so verstanden, ist immer ein Beziehungsprozess, dessen Ziel die wechselseitige »An-Erkennung« von Ich und Du ist. Begegnung kann der Trauernden zum Wendepunkt werden, weil sie ihr Einsicht in ihr Inneres gewährt, Erkenntnisse ermöglicht und eine Bereitschaft zur Veränderung entbirgt. Begegnung ist damit gleichzeitig Wagnis und Risiko, denn in ihr wird ein Prozess der Veränderung, der Verwandlung angestoßen, der es der Hinterbliebenen erlaubt, ihr eigenes Ja – sowohl zum Geschehen als auch zum Zukünftigen – zu »ent-wickeln«. Der Ausgang jedoch ist und bleibt immer auch ungewiss.

Impulszitate

»Als Begegnung in einem strengen Sinne bezeichnen wir nur die verhältnismäßig seltenen, dann aber entscheidenden Vorgänge, wo der andre Mensch den Menschen so in seinem Kern berührt, dass sein ganzes bisheriges Leben mit all seinen Plänen und Erwartungen umgeworfen wird und etwas völlig Neues für ihn anfängt. Nur wo dies schicksalhaft über den Menschen kommt, da sprechen wir im eigentlichen Sinne von Begegnung« (Otto Friedrich Bollnow, Existenzphilosophie und Pädagogik. 4. Auflage. Stuttgart: Kohlhammer, 1968, S. 101).

»Immer wieder sind mir Menschen begegnet, die überhaupt nicht wussten, wie sie mit mir umgehen sollen. Ich hatte nicht die Kraft, ihnen meine Bedürfnisse zu sagen. So sind viele zusätzliche Verletzungen entstanden. Heute kann ich anders damit umgehen« (Caroline B., 28 Jahre, 14 Monate nach dem Tod ihres Zwillingsbruders, der bei einem Autounfall ums Leben kam).

Übung: Begegnungen

ZEIT 30 Minuten

VORBEREITUNG
Fotokopie des Symbolbildes »Begegnung« (▶ Download-Materialien).

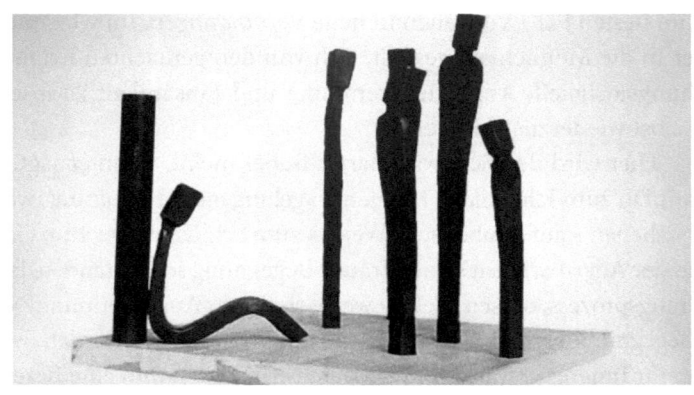

(Urheber unbekannt)

ZIEL Die eigenen Ängste und Bedürfnisse mit Blick auf Begegnung erkennen.

DURCHFÜHRUNG Die Trauerbegleiterin gibt der Trauernden das Bild »Begegnung« und bittet sie, dies zu betrachten. Nach ein bis zwei Minuten bittet sie die Trauernde, ihre Gedanken dazu zu äußern. Sie lässt alles unkommentiert stehen. Dann werden im Gespräch unterschiedliche Impulsfragen gestellt:
1. »Wo würden Sie sich in diesem Foto sehen?«
2. »Was sind Ihre Gefühle, wenn Sie in dieser Figur sind?«
3. »Versetzen Sie sich jetzt in eine der anderen Figuren auf dem Bild und schauen Sie auf sich selbst. Was für Gedanken und Gefühle kommen? Beschreiben Sie diese.«
4. »Verlassen Sie jetzt auch diese Figur und suchen sich eine andere aus. Gehen Sie abermals in diese jetzt gewählte Figur hinein. Welche Gefühle und Gedanken kommen Ihnen nun?«
5. »Jetzt verlassen Sie auch diese Figur und versetzen sich noch einmal bewusst in Ihre Anfangsfigur. Schildern Sie auch jetzt Ihre Gedanken und Gefühle. Hat sich was verändert? Was hat sich verändert?«
6. »Was brauchen Sie, um mit den anderen Menschen in einem guten Kontakt zu sein? Was müssen Sie vielleicht auch selbst einbringen?«

Abschließend fasst die Trauerbegleiterin wesentliche Aussagen zusammen und bedankt sich beim trauernden Menschen für die Bereitschaft, sich auf die Übung einzulassen.

▷ Beachte: Gerade zum Thema »Begegnung« wird die Art, wie die Begleiterin der Trauernden begegnet, das Resultat der Übung bestätigen. So sagt auch Rogers: »Ich glaube, dass die Beschaffenheit meiner Begegnungen auf lange Sicht wichtiger ist als mein sachliches Wissen, meine berufliche Ausbildung, meine therapeutische Orientierung oder die im Gespräch angewandte Technik« (Carl Rogers, Therapeut und Klient. Grundlagen der Gesprächspsychotherapie. Frankfurt a. M.: Fischer Taschenbuch, 1992, S. 212).

Beistand

Einführung

Verluste sind einschneidende Lebenszumutungen. Oft ziehen sie Einsamkeit, Ratlosigkeit, Hilflosigkeit und Einschränkungen der körperlichen und geistigen Kräfte nach sich. In diesen Situationen wird besonders spürbar, dass wir als Menschen soziale Wesen sind. In Trauer ist Beistand für viele Trauernde eine entscheidend mittragende Erfahrung. Beistand bezieht sich auf alles, was einen Menschen im Verlusterleben bewegt – von alltagstechnischer Hilfe bis zum Seelentrost. Beistand ist nicht die Übernahme des Leidens durch andere. Beistand beschreibt, dass jemand dabei steht und mitträgt oder ergänzt, was die Trauernde im Moment nicht allein durchstehen mag oder kann.

Beistand kann als zu aufdringlich oder als zu wenig wahrgenommen werden. Beistandserwartungen können aber auch Beistehende überfordern.

Impulszitate

»Was mache ich nur – so alleine, zurückgelassen, verwaist? Was ich durchmache, kann nur begreifen, wer das selbst mal hat durchstehen müssen. Kann mir denn niemand helfen?« (eine Trauernde).

»Ich muss mich retten vor den Erwartungen, die ich nicht erfüllen kann. Ich musste mein Telefon ausschalten, um mich zu schützen. Dabei hat alles so gut begonnen mit meiner Bereitschaft, für sie da zu sein« (eine Beistehende).

Übung: Maß und Grenze

ZEIT 45 Minuten

VORBEREITUNG Stühle für eine Begegnungsszene.

ZIEL Die Trauernde erfährt den Beistand als Ergänzung, nicht als Übernahme des eigenen Leidens durch andere. Sie erlebt, dass sie ein Maß des Beistands selbst festlegen kann, aber auch die Grenze der Mitgehenden respektieren muss.

DURCHFÜHRUNG Die Begleiterin ermutigt die Trauernde, über das zu erzählen, wie sie den gegebenen und/oder vermissten Beistand in ihrer Trauer erfährt. Die Trauernde benennt konkrete Situationen und Personen. Sie erzählt, wie sie die unterschiedlichen Angebote von Beistand erlebt – als zu nah? Als angemessen? Als zu wenig? Als vermisst?

Eine Situation, mit der die Trauernde unzufrieden ist, wird jetzt in Szene gesetzt. Die Trauernde setzt sich auf einen Stuhl und sagt, was sie an Beistand braucht.

Die Begleiterin holt sich die Erlaubnis, ihr verschiedene Formen des Beistands gestisch anzubieten: einen Beistand, der aus einer sicheren Entfernung nachdenklich die Trauernde taxiert; einen Beistand, der zögerlich hin- und hergeht; einen Beistand, der sich langsam, aber zielgerichtet annähert; einen Beistand, der ganz nahe an sie kommt; einen Beistand, der sehr nahe in dauernder Bewegung um sie herum ist; einen Beistand, der gegenüber verharrt; einen Beistand, der daneben sitzt, nahe, aber nicht zu nahe – jemand, der da-bei-steht.

Die Trauernde gibt nach der Sequenz ihr Empfinden zu den einzelnen Angeboten wieder. Sie kann sagen, welches ihr angemessen und hilfreich erschien.

Am Ende fasst die Begleiterin zusammen: Beistand ist erwünscht, Beistand soll ausgewogen Distanz und Nähe widerspiegeln, Beistand bedeutet nicht die Übernahme meines Leidens, Beistand sieht individuell unterschiedlich aus.

Die Begleiterin ermutigt die Trauernde, die Situationen und Personen zu bedenken, die ihr gerade Beistand sind oder wo sie Beistand erwartet. Im Austausch darüber kann auch an konkreten Konfliktsituationen gearbeitet werden. Wie kann Beistand das Maß halten, das der Trauernden gut tut?

Es ist aber auch zu bedenken, dass manche Erwartung an Beistand zu groß ist. Das wird zwangsläufig zu Abkehr führen, wenn es den Beistehenden nicht freigestellt ist, das Maß des Einzubringenden mitzubestimmen.

▷ Beachte: Es ist zu vermeiden, dass nicht so gelungener Beistand durch diese Übung verunglimpft wird. Die Trauernde mag wahrnehmen, was ihr auf ihrem Trauerweg wie als Beistand gut tun kann. Sollte es ein Zuviel an Beistandserwartung gegeben haben, mag die Trauernde das liebevoll, aber auch klar gespiegelt bekommen.

Besetzung

Einführung

Verluste, zumal die von nahestehenden Menschen durch den Tod, beeinflussen das Leben nachhaltig. Letztlich gilt es, ein Leben neu und anders zu erlernen. Manchen fehlt die Kraft, sich dieser Aufgabe zu stellen; und dennoch gibt es keinen anderen Ausweg, als sich auf den Prozess des Lebens mit und nach dem Verlust einzustellen. Wir wissen, dass eine solche Entwicklung vom erlittenen Verlust bis zur Annahme des neuen, anders gearteten Lebens unterschiedlich lange dauert. Manche haben diesen Weg nach ein bis zwei Jahren durchschritten, andere brauchen sieben Jahre und länger. Was alle kennen, ist über lange Zeit hin die hundertprozentige Beschäftigung mit dem Verlust. Das hat Auswirkungen auf die Bewältigung des Alltags. Manche sind unfähig, einer konzentrierten Arbeit nachzugehen, manche sind schon beim Aufstehen erschöpft und müde, andere verlieren sich in Gram, wieder andere klagen über eine gewaltige Konzentrationsschwäche.

Manchmal klagen Betroffene auch, dass sie regelrecht besetzt sind von der Auswirkung des Verlustes – besetzt in den Gedanken, besetzt auch in der körperlichen Verfassung. Jeder kennt solche Zustände einer Besetzung in Leib und Seele – bei Liebesflattern ebenso wie bei Liebeskummer; aber auch ein durchdringender Zahnschmerz kann die ganze Aufmerksamkeit und Energie auf die Wahrnehmung dieses Schmerzes lenken.

Emotionale und körperliche Besetzungsempfindungen sind in der Trauer nicht ungewöhnlich. Alle Sinne sind gefangen in der Erfahrung des Verlustes. Die Konzentration auf den Schmerz des Verlustes lähmt fast alle Aktivitäten des Geistes und des Körpers. Trauernde fühlen sich gelähmt durch den Verlust, zu nichts anderem mehr fähig, als sich so ausweglos erscheinend mit dem Verlust zu beschäftigen. Besetzungen dieser Art haben neben der physischen und psychischen Gefangenschaft oftmals auch die Wirkung einer sozialen Isolation. Es kann sich ein Teufelskreis zusammenwinden, aus dem der Trauernde kaum einen Ausweg sieht.

Hinzu kommt, dass diese Besetzung durchaus ambivalente Empfindungen transportiert: Einerseits lähmt dieser Verlust, andererseits bindet gerade die Besetzung in eigener Weise an den Verlorenen.

Aufgabe der Begleitung wird sein, die Besetzung als solche zu begreifen und sie nicht vorschnell als krankhaft zu bewerten. In der Trauerbegleitung kommt das Thema meist dann zur Sprache, wenn die Trauernde die Besetzung als belastend und hinderlich erfährt. Dann wollen Wege in ein anders zu gehendes Leben angedacht oder gar angegangen werden, aber die Besetzung bricht jede noch so kleine Veränderungsregung ab. In solchen Gemütslagen wird die Besetzung ein Thema, das die Trauernde einbringt. Dann ist Besetzung nicht mehr Medium der Verbindung mit dem Toten, sondern mehr und mehr Hinderer an denkbarem Leben. In der Begleitung gilt der Besetzung sowohl ein Verstehen und eine gewisse Würdigung als auch eine Aufgabe, Mut zu einer langsamen Lockerung zu mehr Leben hin zuzusprechen.

Impulszitate

»Ich bin vollständig belagert von meiner Trauer. Es gibt keine Minute, in der ich nicht an sie denken muss. Und wenn ich gerade mal nicht an sie gedacht habe, peinigt mich die Vorstellung, ich könnte sie doch einmal vergessen. So bleibe ich wie angenagelt. Ich weiß keinen Ausweg« (ein Vater nach dem Unfalltod seiner achtjährigen Tochter).

»Ich lenke mich durch Arbeit ab. Aber sobald ich auch nur die Wohnungstür aufschließe, dann ist es, als ginge mir die Luft weg. Dann steht die Trauer wie ein Kobold hinter der Tür, grinst mich an und hat gewonnen: Ich verliere dann schlagartig alle Energie. Ich will daher am liebsten gar nicht in unsere Wohnung gehen. Sobald ich drin bin, kann ich nicht mehr klar denken. Selbst ein Brot zu schmieren wird für mich zu einer überfordernden Anstrengung. Dann hat sie wieder gewonnen, die Trauer, die mit großer Gelassenheit auf mich wartet, damit sie mich wieder ganz füllen kann. Und wir, die Trauer und ich, sitzen schweigend auf dem Stuhl und bewegen uns nicht« (ein junger Manager, dessen Lebensgefährtin mit 32 Jahren an Krebs verstorben ist).

Übung: Wir beide – die Besetzung und ich

Die Übung kann sowohl in einer Gruppe als in der Einzelbegleitung durchgeführt werden.

ZEIT 45 Minuten

VORBEREITUNG Ein Raum, in dem eventuell Bewegung möglich ist.

ZIEL   Die Trauernde begreift den Zustand der Besetzung als einen vorübergehenden Bestandteil des Trauerdurchlebens. Sie kann die Besetzung würdigen als notwendigen Übergang. Sie erfährt die Perspektive einer Öffnung zu mehr Leben hin. Sie lernt kleine Gedächtnismarker, die den Übergang erleichtern können.

DURCHFÜHRUNG   Die Trauernde beklagt ihre Energielosigkeit. Überall nur Trauerschmerz. Die Begleiterin bittet die Trauernde, mit ihr langsam durch den Raum zu gehen und dabei zu erzählen, wie sich diese Energielosigkeit beziehungsweise die Besetzung durch die Trauer im Alltag zeigt. Dabei sind detaillierte Beschreibungen hilfreich. (Wenn die Methode des Erwärmens der Begleiterin vertraut ist, kann sie die Besetzung auch erwärmen. Zum Beispiel: »Wenn Sie an Ihre Besetzung denken, welches Bild kommt Ihnen dann?« Dieses Bild kann erwärmt werden. Dadurch wird die emotionale Dimension der Besetzung eventuell noch intensiver fassbar.) Am Ende der Erwärmung (sei es durch Erzählen im Gehen, sei es durch das Darstellen der Besetzung) kann die Begleiterin die Trauernde ermutigen, ihre Gangart und Ganggeschwindigkeit ihrem Empfinden nach dem Erzählen anzupassen. Wenn nicht sowieso eine solche Aufforderung zum Stillstehen führt, hält die Begleiterin die Bewegung an.

Jetzt bittet sie die Trauernde, ihren Körper in eine Haltung zu bringen, die diesem Empfinden der Besetzung Ausdruck verleiht. Darin verweilt die Trauernde kurz. Dann bittet die Begleiterin, einzelne Körperteile aus der eingenommenen Haltung eine Aussage machen zu lassen. Die Begleiterin fragt nach jedem Satz: »Was sagst du, Arm/Kopf/Brust/Knie … zum Tod meines Freundes/Mannes/Kindes?« Die Begleiterin versucht sich die Körperhaltung und die Äußerungen der Körperteile zu merken.

Wenn alle außen sichtbaren Körperteile sich haben äußern können, fragt die Begleiterin gegebenenfalls noch nach einem Satz aus der Tiefe des Herzens – angesichts des so sich darstellenden Körpers.

Die Begleiterin bittet die Trauernde, nach und nach die dargestellten Körperteile zu lockern. Die Begleiterin kann auch ausdrücklich sagen: »Arm/Kopf/Gelenke …, ich bitte dich, dich zu lockern.«

Dann nimmt die Begleiterin die Körperhaltung der Trauernden ein und spricht annähernd den Satz, den der Körperteil bei der Trauernden gesprochen hat. (In der Gruppe kann das ein Gruppenmitglied machen, das die Trauernde zu Beginn der Übung als Hilfs-Ich gewählt hat.) Die Begleiterin lockert dann ihre Haltung und kehrt zur Rolle als Begleiterin zurück. Die Trauernde wird gebeten, ihren Eindruck beim Hinschauen von außen zu sagen.

Im Austausch können die Elemente der Besetzung erst einmal als eine gerade gegebene Wirklichkeit anerkannt werden. Die Begleiterin hilft dadurch, dass sie die Besetzung als einen normalen Bestandteil des Trauererlebens benennt. Dann weist sie auf die Funktion hin, die die Besetzung in diesem Stadium der Trauer einnimmt: Eine totale Beschäftigung mit dem Verlust ist eine Identifizierung des Traueranlasses. Der Tod des Mannes ist in Wirklichkeit das Ende eines bis dahin gewohnten und über weite Strecken vermutlich sicher geglaubten Lebens. Jetzt neu leben lernen zu müssen, kann eine unübersehbare Anstrengung und überfordernde Herausforderung sein. Das Hinsehen auf diese – wenn auch so behindernde – Besetzung verdeutlicht, dass sie nicht grundlos ist. Auch die Rückmeldungen der Körperteile aus der Haltung der Trauernden werden das bestätigt haben.

Als nächsten Schritt erläutert die Begleiterin, dass die Zustände der völligen Besetzung durch die Trauer nach und nach etwas gelassener bedacht sein mögen – vor allem dann, wenn die Besetzung mehr und mehr als Last denn als Verbindung zum Toten wahrgenommen werden. Die Begleiterin kann als Hilfe mit auf den Weg geben, bei Wahrnehmung eines Zustandes der Besetzung diese bewusst *für wahr* zu nehmen, möglichst nicht zu bewerten, sondern sie anzunehmen: »Da bist du wieder. Ich kann dir nichts entgegensetzen. Aber irgendwann wirst du mein Leben nicht mehr zwei oder drei Tage lahmlegen, sondern vielleicht nur noch einen oder zwei Tage – oder irgendwann auch nur einen halben Tag oder auch nur zu besonders verbundenen Stunden.« Besetzungen, die nicht weiter unter Druck setzen, dass man sie doch endlich loswerden müsse, haben eine bessere Chance zur Auflösung, wenn sie nicht verteufelt werden. Sie haben ihren nötigen Platz und werden nach und nach den beanspruchten Platz im Leben der Trauernden räumen.

Die Trauernde kann in späteren Begegnungen berichten, wie sie zwischendurch Besetzungen erlebt hat, wie sie damit umging – ob aufgestachelt-gefangen bewertend oder gelassen wahrnehmend. Sie kann beobachten lernen, wie lange Zeiten der Besetzung anhalten. In dieser Reflexion kann sie die Ermutigung erkennen, dass Besetzungen sich meist lösen lernen, wenn der Anlass nicht mehr so gewichtig ist.

Diese Übung in der Gruppe
Wenn diese Übung in einer Gruppe zum allgemeinen Thema über Besetzung in der Trauer angewandt wird, kann die ganze Gruppe unter in die Besetzungssituation erwärmende Anleitung der Begleiterin geführt werden. Die Gruppe geht durch den Raum und assoziiert, was ihr zu »Besetzung« einfällt. Die Bewe-

gung wird dem Empfinden angepasst. Die Gruppe wird gebeten, diesem Zustand einen Ton beziehungsweise eine Melodie zu geben. Am Ende werden alle Teilnehmerinnen ihre eigene Körperhaltung zum Thema »Besetzung« einnehmen. Die Begleiterin kann dann die einzelnen Mitglieder der Gruppe aus ihren Haltungen heraus interviewen. Die Reflexion aus der Einzelbegleitung kann mit der gesamten Gruppe geführt werden.

Bleiben

Einführung

Im Kinderbuch »Leb wohl, lieber Dachs«[9] schildert die englische Autorin das Verhalten der Tiere, die ihren Freund, den Dachs, verloren haben. Nach einem langen Winter, in dem des Nachts die Kopfkissen von vielen Tränen benetzt werden, erinnern sie sich bei Anbruch des Frühlings der Fähigkeiten und Fertigkeiten, die der Dachs in ihnen geweckt und ihnen beigebracht hat. Als sie verstehen, dass ihnen dies nicht mehr fortgenommen werden kann, können sie den Dachs verabschieden.

Wahrzunehmen, was der verlorene Mensch im Hinterbliebenen hinterlassen hat, kann ein tief befreiender Moment im Trauererleben sein. Zu verstehen, dass bestimmte Eigenschaften von ihm von nun an in einem selbst vorhanden, ja sogar abrufbar sind, auch wenn der Träger dieser Eigenschaften nicht mehr erreichbar ist, stellt die Erfüllung der zuletzt gestellten Traueraufgabe, nämlich dem Verstorbenen einen anderen Platz in seinem Leben zu geben, in Aussicht. Nun ist vieles, was den Verstorbenen für den Trauernden ausmachte an Wertigkeit, Wichtigkeit und Wesentlichkeit, im Trauernden selbst und bildet das Rüstzeug für ein eigenständiges weiteres Leben ohne die körperliche Gegenwart des Toten. Er hat in ihm einen neuen Platz gefunden, bleibt gleichsam im Bewusstsein des um seinen Tod Wissenden anwesend. Die Integration ist keine Illusion, kein Ersatz, kein stellvertretendes Leben, sondern neue Wirklichkeit und daher tragend. So ist denn wirkliches Abschiednehmen auch ein Nehmen, nicht nur ein Verlieren.

Impulszitat

»[…] die schwirren um mich herum […] sie sind in dem, was sie mir aufgezeigt haben, was ich mit ihnen erleben konnte, ganz lebendig. All das habe ich ja in mir. Und insofern sind sie hier. Das hört nicht auf« (Interview mit Nina Hoss, Nie nur halbwegs, in: Donna, 6/2017, S. 72, Burda Verlag Offenburg).

---

9   Susan Varley: Leb wohl, lieber Dachs. Wien u. a.: Betz, 1984.

Übung: Integration des Verlorenen

ZEIT 60–90 Minuten

ZIEL Der verlorene Mensch bleibt im Zurückgebliebenen beheimatet. Das »Unwiederbringlich« des Anfangs ist abgelöst von einem »Unwiedernehmbar«, das sich auch in die Zukunft richtet. Diese Gewissheit schafft Vertrauen und Zuversicht.

DURCHFÜHRUNG *Anleitung der Begleiterin:* »Erinnern Sie sich nun des verlorenen Menschen in aller Lebendigkeit. Lassen Sie ihn vor Ihrer inneren Leinwand auftauchen, nehmen Sie ihn mit allen Sinnen wahr und beginnen Sie, mir von ihm zu erzählen, seinem Aussehen, seinen Angewohnheiten, seiner Art zu sein und zu leben.

Und nun benennen Sie eine Eigenschaft, die Sie besonders an ihm geliebt haben, die Sie zu Zeiten besonders vermissen, benennen Sie diese Eigenschaft sehr genau und eingegrenzt (zum Beispiel sein Verantwortungsgefühl gegenüber der Familie, sein unerschütterlicher Optimismus usw.). Während Sie nun Szenen beschreiben, in denen diese Eigenschaft deutlich wird, versuchen Sie ein Symbol zu finden, mit dem Sie dieses Merkmal verbinden. Das kann ein Gegenstand zu Hause sein, ein Kleidungsstück, ein Möbel, ein persönlicher Gebrauchsgegenstand (zum Beispiel wird die Zartheit des Großvaters im Umgang mit seinem Enkelkind nacherfahrbar am rauen Stoff seiner braunen Jacke, an die die Kleine, auf seinem Schoß sitzend, manches Mal die Wange schmiegte. Die Genügsamkeit des Vaters, der auf äußere Statussymbole verzichten konnte, belebt sich in der Erinnerung an das zweigeteilte Volkswagen-Rückfenster, wenn er mit dem alten Gefährt knatternd, aber vergnügt vom Hof wegfuhr).

Wenn Sie das Symbol der Eigenschaft des Verstorbenen gefunden haben, so beschreiben Sie mir es so genau, dass es uns beiden fast sichtbar, fühlbar, hörbar, riechbar ist. Diese Erwärmung vollziehen Sie drei bis vier Mal, bis Sie einige wenige Symbole gefunden haben, zu denen drei bis vier Eigenschaften des geliebten Menschen gehören.

Nun verabschieden Sie sich wieder von Ihrem Verstorbenen. Das kann ausgesprochen oder schweigend inwendig geschehen. Es mag erneut einen Schmerz bei Ihnen hervorrufen, weil das Erzählen und Beleben ihn wieder besonders nah hat spüren lassen. Dennoch sollten Sie gerade dem Vorgang der Verabschiedung viel Zeit und Gefühl widmen.

Anschließend holen Sie sich die Symbole und die damit verknüpften Eigenschaften wieder vor Augen, langsam, der Reihe nach, und vergegenwärtigen sich, dass diese Geschenke Ihnen dagelassen wurden, auch wenn der Träger der Eigenschaften nicht mehr leibhaftig zur Verfügung ist. Mit Hilfe der Symbole, die nicht abnutzen, können Sie sich die besonders vermissten Anteile seines Charakters jederzeit in Ihr Leben holen, in dem Sie die Symbole erinnern. Er selbst ist nicht mehr da, aber das, was er Ihnen hinterlassen hat, ist unwegnehmbar in Ihnen vorhanden.«

▷ Beachte: Diese Übung gehört nicht an den Anfang eines akuten Trauerprozesses, sondern ans Ende.

Bodensatz

Einführung

Angesichts des Todes eines nahestehenden Menschen sind Trauernde in einer unablässigen Permanenz aufgerufen, sich mit dem schmerzhaften Verlust auf irgendeine Weise auseinanderzusetzen. Der fortwährend stattfindende Prozess der Auseinandersetzung mit dem eigenen Trauererleben ist für Trauernde oft kräftezehrend und mühevoll, ermüdend und beschwerlich. Der Verlauf des individuellen Trauerweges ist weder linear, noch ist der Weg, den ein trauernder Mensch beschreitet, im einmaligen Durchlaufen von Stufen abgearbeitet.

Trauer ist mal mehr da, und Trauer ist mal weniger da. Trauer ist mal sicht- und fühlbar und mal unsichtbar und fühllos. Sie ist laut und leise, sie ist sanft und grausam, sie ist beständiges Hin und Her. Ein Sowohl-als-auch. Ein Vorwärts und Rückwärts. Ein Stehenbleiben und Weitergehen. Es kann auch nicht davon ausgegangen werden, dass Trauer durch berechenbare Anwesen- oder Abwesenheit gekennzeichnet ist. Die vielgesichtige und vielschichtige Trauer kann vielleicht am ehesten als unberechenbarer Bodensatz beschrieben werden, als eine Grundgestimmtheit, die immer da, jedoch nicht immer im gleichen Maße virulent und drängend ist. Je nachdem, was gerade passiert und was in einem Moment als Auslöser dient, kann sie im Nu wieder aufgewirbelt werden und mit allem Schmerz und Chaos präsent sein. Der aufgewirbelte Bodensatz hebt sich und versperrt die vielleicht in mühevoller Trauerarbeit eroberte Neusicht oder Klarsicht auf das veränderte Leben. Der Blick auf das Leben wird wieder neu getrübt. In solchen Momenten hat die Trauernde das Gefühl, Rückschritte zu tun, wieder von vorn beginnen zu müssen, nicht weiterzukommen, stehen geblieben zu sein. Wenn sich der Bodensatz jedoch wieder legt und zur Ruhe kommt, kann aus dem Bodensatz der Trauer und des Leidens auch Neues und Kraftvolles entstehen.

Impulszitate

»Da stehe ich wieder. Keinen Schritt weiter. Gestern erschien es mir, als würden sich endlich Leuchtzeichen an meinem Himmel finden. Und heute!? Wirrwarr! Stillstand! Nebel! Nichts! Ich bin so müde. Hört das denn nie auf?« (Birgit M., 53 Jahre, 16 Monate nach dem Tod ihrer Lebensgefährtin).

»Die Trauer selbst aber ist ein Stück Lebenserfahrung geworden und hört nicht auf, darf nicht aufhören, weil das Ende von Trauerempfinden das Ende von Empfinden überhaupt bedeutet. Vielleicht wird dieser Gedanke das erneute Auftauchen eines heftigen Trauergefühls wenn schon nicht gerade willkommen heißen, so ihm doch die seelische Tür öffnen und es wertschätzend begrüßen« (Monika Müller, Matthias Schnegg, Unwiederbringlich. Von der Krise und dem Sinn der Trauer. Göttingen: Vandenhoeck & Ruprecht, 2016, S. 158).

Übung: Bodensatz aufwirbeln

ZEIT 30 Minuten

VORBEREITUNG Ein durchsichtiger Krug, Leitungs- oder stilles Wasser, eine Packung Vogelsand, mehrere Kieselsteine, ein Stab zum Rühren.

ZIEL Die Trauernde dafür sensibilisieren, dass mit dem Tod ihres nächsten Menschen ihr ganzes Dasein und Sosein im höchsten Maße durcheinandergewirbelt wurde. Mit dem Bild des Bodensatzes soll verdeutlicht werden, dass es (s)eine Zeit braucht, bis der Lebensstrom wieder ruhiger dahinfließt und sich der ganze aufgewirbelte Sand wieder anders und neu in das Lebensflussbett gesetzt hat. Gleichzeitig soll die Erkenntnis reifen, dass die Trauer zum weiteren Leben gehört.

DURCHFÜHRUNG Die Trauerbegleiterin füllt einen Krug mit Wasser und fragt die Trauernde, was ihr für Assoziationen kommen.
- »Wenn Sie auf diesen Krug und das Wasser schauen, was kommen Ihnen dann für Gedanken?
- Was würde geschehen, wenn der Krug hier immer unberührt stehen bleiben würde?
- Ich bitte Sie nun, diesen Krug mit einer Handvoll Sand zu befüllen.«

Während der Sand sich langsam senkt und auf dem Boden zur Ruhe kommt, kann entweder der Vorgang schweigend betrachtet werden, oder das Gespräch wird weitergeführt.
- »Was nehmen Sie wahr?
- Welche Gedanken tauchen nun in Ihnen auf?
- Wenn Sie die Veränderung des Wassers betrachten, gibt es da Parallelen zu Ihrem Innenleben?
- Ist das Wasser so, wie es vorher war? Wie würden Sie es jetzt beschreiben?«

In einem weiteren Schritt kann nun entweder mit dem Holzstab das Wasser nochmals aufgerührt werden, oder die Trauerbegleiterin kann einen Kieselstein in das Wasser fallen lassen.
- »Das Wasser hatte sich beruhigt, und nun ist es wieder aufgewirbelt. Was kommen Ihnen für Gedanken?«

Die Übung wird damit beendet, dass die Trauerbegleiterin das Gesehene nochmals zusammenfasst und in den Kontext von Trauer bringt.

Chaos

Einführung

Allem Trauern ist gemein, dass es aus den Bahnen des Normalen wirft. Dieses Erleben »Chaos« zu nennen, ist nicht zu hoch gegriffen: Es gibt auf vielen Gebieten nicht mehr das, was vor dem Verlust noch eine verlässliche Sicherheit darstellte. Der Alltag ist nicht mehr Alltag wie immer, der Kreis der Freunde und Bekannten wandelt sich, die Seele schwankt zwischen Alleinsein-Wollen und Sich-nach-Gesellschaft-Sehnen. Was früher Spiel freier Kräfte und geliebter Spontaneität war, erstarrt in dem einen Gedanken: Trauer und Verlust. Wildeste Gefühle springen wie aus dem Nichts auf und verschwinden wieder – sie hinterlassen eine grundlegende Verunsicherung und die Angst vor neuer Überwältigung durch Gefühle von Scham, Schuld, Wut, Ohnmacht, Idealisierung.

Ein Chaos der Gefühle braut sich in der Trauer zusammen: Sie überfordert, macht orientierungslos, quält in der Gegensätzlichkeit, frisst Energie und lässt oft unsäglich hellwach-müde zurück. Es ist eine Form der Unlebbarkeit, in der die Seele nichts mehr als den heilenden Schlaf ersehnt und von nahezu dämonischer Wachheit des Körpers verhöhnt wird.

Das Chaos der Trauer kann sich auch ganz anders offenbaren: in einer Erstarrung. Menschen machen sich gefühllos, haben keinen Kontakt zu sich, kennen keine Bedürfnisse mehr, erleben die Sinne wie ausgeschaltet, die Welt sich ohne Zeitempfinden bewegend, wie durch einen Nebelfilter wahrgenommen. Solche Menschen wirken anstrengend bemüht, weder Höhen noch Tiefen des Erlebens in sich zum Schwingen kommen zu lassen. Das Leben muss durchgestanden werden – möglichst unberührt – unberührbar. Ein »Gegen-Leben«, wie ein trauernder Mann es treffend benannte.

Das alles ist das Chaos der Trauer – und dieses Chaos ist zugleich ganz und gar normal. Trauer ist so. Die Trauernden wähnen sich nicht selten verrückt. Sie sind es nicht. Die Umstände ihres Lebens sind tatsächlich ver-rückt, nicht mehr an der gewohnten Stelle. Das ist für das Trauern gänzlich normal. Es ist eine Beruhigung zu wissen, dass dieses Chaos, diese Ver-rücktheit des bisher gewohnten Lebens eben Teil der Trauer ist. Dieses Erscheinungsbild der Trauer wird dadurch nicht verharmlost; aber es ist gut zu wissen, dass die Trauernden in ihrem Gefühlsgewirr doch nicht falsch unter anderen Menschen sind. Dieses Chaos bekommt Erlaubnis und Einsicht und wird weniger als Hinderer denn als Hilfe anzunehmen sein, wenn es nicht nur als verwirrende Andersartigkeit dasteht, sondern Gesicht bekommt.

Impulszitat

»Heute Abend ist wieder die ganze Hölle frischer Trauer los; die rasenden Worte, der bittere Groll, das Flattern im Magen, der Alptraum vom Nichts, das Suhlen in Tränen« (C. S. Lewis, Über die Trauer. 3., erw. Auflage. Zürich: Benzinger Verlag, 1991, S. 71).

Übung: Wörter-Chaos

ZEIT 50 Minuten

VORBEREITUNG Die in der Tabelle »Wörtermaterial« (▶ Download-Materialien) aufgeführten Wörter werden auf festes Papier gedruckt, ausgeschnitten und in einer Hülle aufbewahrt. Stift und Schreibpapier.

ZIEL Die Trauernde erkennt, dass das vermeintliche Chaos möglicherweise einen inneren Sinn hat. Es gilt, ihn aufzuspüren. Indem sich dem Chaos zugewendet wird, kann der trauernde Mensch eine Art eigene Ordnung schaffen.

DURCHFÜHRUNG Im Beisein der Trauernden werden die Wörter auf dem Tisch ausgeschüttet (Chaos). Die Trauernde wird von der Begleiterin eingeladen, willkürlich sieben Begriffe aufzunehmen und diese laut vorzulesen. Zum Beispiel:

Verstehen
Besonders
Schlitten
Angst
Uhu
Schlafen
Wichtig

Alternative 1
Zu jedem Wort schreibt die Klientin jetzt und unzensiert einen Satz, der gerade im Blick auf ihren Verlust ihren Gefühls- und Gedankenzustand wiedergibt.
Anschließend liest die Trauernde die Sätze vor.
Im Anschluss daran liest wiederum die Begleiterin, das Einverständnis der Trauernden vorausgesetzt, die gleichen Sätze nochmals betont und langsam vor.
Danach kommen beide ins Gespräch, entweder über die Wörter oder über die Sätze im Zusammenhang mit dem Zustand des durch den Verlust hinterlassenen *Chaos*.

Beispiel:
Verstehen – Ich kann nicht verstehen, dass mein Mann tot ist.
Besonders – Für alle anderen ist es nichts Besonderes, doch für mich ist es ein Ausnahmezustand, in dem ich lebe.
Schlitten – Früher bin ich gerne Schlitten gefahren. Heute habe ich das Gefühl, auf einem Schlitten zu sitzen, und er rast mit mir den Berg hinunter.
Angst – Ich habe Angst, dass dieser Schmerz nie mehr aufhört, und ich habe Angst, dass er aufhört.
Uhu – Uhu, Alleskleber oder weises Tier.
Schlafen – Ich stelle mir vor einzuschlafen und nie mehr aufzuwachen. Solange zu schlafen, bis alles wieder gut ist.
Wichtig – Wichtig? Was ist noch wichtig? Mein Mann ist tot!

Alternative 2
Es werden elf Begriffe aufgegriffen, und die Trauernde legt daraus ein sogenanntes *Elfchen*. Ein *Elfchen* ist ein Gedicht, das sich aber nicht reimen muss. Das Wort besagt, aus wie vielen Wörtern das Gedicht besteht, nämlich aus elf Wörtern in fünf Zeilen. Diese Gedichtform muss zuvor ohne Vermittlung von Leistungsdruck erklärt werden.

Strukturhilfe:
1. Zeile: Ein Wort (eine Farbe oder eine Eigenschaft)
2. Zeile: Zwei Wörter (ein Gegenstand oder eine Person mit Artikel)
3. Zeile: Drei Wörter (Wo und wie ist der Gegenstand, was tut die Person?)
4. Zeile: Vier Wörter (etwas über sich selbst schreiben)
5. Zeile: Ein Wort (als Abschluss des Elfchens)

Beispiel:
Die elf Wörter:
Verstehen
Besonders
Schlitten
Angst
Uhu
Schlafen
Wichtig
Gelb
Spiegel
Frosch
Vorsicht

Das Elfchen:
Angst
besonders wichtig.
Vorsicht Spiegel, gelb,
Schlitten, schlafen, Frosch, Uhu.
Verstehen!

Die Trauernde soll ermutigt werden, spielerisch und intuitiv die Wörter zu legen. Dann mag sie ihr Gedicht in mehreren unterschiedlichen Tonarten vorlesen. Vielleicht kann die Begleiterin darauf eingehen, was Anfangswort und Schlusswort miteinander zu tun haben könnten … hier muss die Begleiterin selbst kreativ sein und sich ebenfalls auf ihre Intuition verlassen. Auf alle Fälle ist in beiden Übungen etwas in Ordnung gebracht, aus dem Chaos ist etwas geformt worden, ist etwas Neues entstanden.

Beide Alternativen eignen sich besonders für Trauergruppen:

DURCHFÜHRUNG Teilnehmerinnen in der Gruppe ein Wort ziehen lassen. Sie sollten sagen, wo ihnen dieses Wort haltgebend und richtungsweisend sein könnte, und werden gebeten, es bis zum nächsten Treffen als Stütze mit sich zu tragen.

Beispiele:

Alternative 1: Eine Trauernde hatte das Wort »*dauerlos*«, ihre Reaktion darauf war zunächst negativ: »Wie soll mir das denn haltgebend sein?« Dazu hat die Gruppe Ideen gesammelt. Am Ende kam sie darauf, dass, egal, was in ihrem Leben passiert, die Liebe zu ihrem Mann von Dauer sein würde, weil diese Liebe losgelöst sei aus Zeit und Raum.

Alternative 2: Mit elf Wörtern wird ein *Elfchen* gedichtet (Durchführung siehe oben). Nach anfänglichem Zögern in der Gruppe (»Ich kann nicht schreiben, schon gar kein Gedicht …«) lesen sich die Teilnehmerinnen im Anschluss an die kreative Einzelarbeit mit nicht geringem Stolz ihre Produkte vor und tragen sie als Stütze nach Hause.

Wörtermaterial

(▶ Download-Materialien)

Leben	Atmen	Hören	Lieben	Küssen	Regen	Mond
Erdbeereis	Schlafen	Gehen	Mitte	Balance	Uhu	Meer
Schatten	Sonne	Rosenduft	Neuland	Schlitten	Käsebrot	Abendrot
Gebirge	Heilung	Leichtsinn	Suchen	Heiter	Freude	Schmerzen
Sturm	Herzklopfen	Kutsche	Schnee	Besenrein	Leuchtreklame	Besonders
Einzigartig	Fremd	Unbekannt	Hüpfen	Schweigen	Verstehen	Sehen

Hören	Eiskalt	Sonnen-warm	Vogelhaus	Straßen	Waldweg	Wiese
Lichtung	Stein	Erdrutsch	Tango	Lebenslust	Glück	Angst
Vorsicht	Na und!	Auf jeden Fall!	Immer wieder!	Verliebt	Unsinn	Dauerlos
Zauberer	Prinzessin	Frosch	Spiegel	Freundin	Gott	Halt
Badewanne	Kerzen	Aufgabe	Ja-Sagen	Mut	Entschlossenheit	Entschließen
Ängstlich	Beherzt	Ich	Wir	Niemand	Alle	Bald
Später	Irgendwann	Faulenzen	Pflichten	Abgeben	Neu ordnen	Wichtig
Familie	Dorthin	Mindestens	Lebensruf	Glücklich	Beharrlich	Treu
Fahrrad	Bus	Zug	Flugzeug	Auto	Heimlich	Laut
Lila	Rot	Gelb	Grün	Blau	Gold	Schwarz

Dankbarkeit

Einführung

Trauernde berichten häufig darüber, dass ihnen geraten wird, ihren Trauerschmerz in Dankbarkeit zu verwandeln. Es wird ihnen geraten, nicht traurig zu sein, dass sie den Menschen verloren, sondern dankbar, ihn gehabt zu haben. Sie haben doch gemeinsame Zeit erleben dürfen, für die sie dankbar sein sollten. Eine Mutter, deren Kind gestorben war, bekam von einer kinderlosen Nachbarin die Empfehlung, dass sie dankbar sein solle, überhaupt ein Kind gehabt zu haben. Eine 83-Jährige berichtete, dass ihr angeraten wurde, sich mehr in Dankbarkeit zu üben, denn schließlich sei ihr etwas vergönnt gewesen, das nicht viele Menschen erleben: sechzig Jahre Ehe. Alle diese Sätze und Ratschläge sind Stachel in die ohnehin geschundenen Herzen der Trauernden.

Bei dem Philosophen Balduin Schwarz (1992, S. 16) heißt es: »Das *Wort* des Dankes ist ›Anerkenntnis‹.«[10] In dem Begriff »Anerkenntnis« zeigt sich das Wort »Erkenntnis« oder »Erkennen«. Es ist kaum möglich, die Erkenntnis zuzulassen, dass der geliebte Mensch nicht mehr (da) ist, und es an-zu-erkennen, scheint gerade am Anfang des Trauerweges ebenfalls kaum möglich. Vor diesem Hintergrund ist möglicherweise auch das Thema »Dankbarkeit« am Anfang des Trauerweges weder vordergründig noch bewusst.

Der Tod des geliebten Menschen stellt den, der zurückbleibt, nicht nur in eine allumfassende Leere, sondern der Zurückbleibende fühlt sich auch seiner bisherigen Identität beraubt. Der Blick ist zunächst fast nur auf das Verlorene gerichtet und wird von vielen quälenden Fragen begleitet: »Warum ist das geschehen?«, »Wie konnte Gott das zulassen?«, »Wie soll es bloß weitergehen?«, »Wer bin ich inmitten dieses unendlich erscheinenden Nichts?« Der Blick des Trauernden richtet sich auf das, was nicht ist, was nicht mehr ist. Seinem suchenden Blick begegnen nicht Fülle und Dasein und lösen damit Dankbarkeit aus, sondern der Blick stößt auf Leere und Nichtsein, wird von der Qual des Vermissens geblendet und löst zunächst nur Ablehnung oder Verweigerung aus. Schmerz und Verzweiflung sind die natürlichen Antwortreaktionen, die ihm sowohl den Sinn-Boden entziehen als ihn auch – zumindest für eine unbestimmte Zeit – der

---

10 Balduin Schwarz, Dank als Gesinnung und Tat. In: Josef Seifert (Hrsg.), Danken und Dankbarkeit. Eine universale Dimension des Menschseins. Heidelberg: Winter, 1992, S. 15–26.

Freiheit des Dankenkönnens berauben. Damit das Gewesene anerkannt und sich der Zurückbleibende dafür dankbar zeigen kann, muss das »Nichts« – so paradox es auch klingt – erst einmal beklagt werden dürfen.

Der Philosoph Otto Friedrich Bollnow (1992, S. 37) bezeichnet die Dankbarkeit als »eine Tugend besonderer Art, eine Tugend, die der Mensch nicht als eine Naturanlage von Hause aus mitbringt, sondern die er erst in einem besonderen Reifungsprozess gewinnen muss«.[11] Verstehen wir Trauer als einen Wachstums- und Werdeprozess, dann ist der Trauernde demzufolge – irgendwann – durchaus in der Lage, Dankbarkeit zu empfinden und hervorzubringen, jedoch vielleicht erst dann, wenn es ihm gelingt, das Geschehene zu realisieren und den Tod des geliebten Menschen anzuerkennen und anzunehmen – auch wenn er dem Tod als solchem vielleicht weiterhin Ablehnung entgegenbringt. Die Anerkenntnis der jetzigen Situation, die vom unwiderruflichen Tod des geliebten Menschen geprägt ist, ermöglicht, einer rückblickenden Dankbarkeit für das Gewesene und Verlorene Raum und Ausdruck zu geben.

Impulszitate

»Manchmal komme ich mir so undankbar vor. Ich schaffe es einfach nicht, mich in Dankbarkeit zu üben. Ich soll versuchen, die guten Seiten dieser Situation zu sehen. Ja klar, ich habe jetzt mehr Zeit. Und ja, meine Mutter hatte ein langes Leben. Aber verdammt nochmal, sie fehlt mir. Ich bin sauer und aufgebracht. Weit entfernt von der geforderten Dankbarkeit. Was ist bloß los mit mir?« (Siegmud L., 54 Jahre, acht Monate nach dem Tod ihrer Mutter, die sie zwei Jahre lang gepflegt hat).

»Du bist tot. Das ist gewissermaßen zeitlos. […] Nie zuvor, so glaube ich heute, habe ich so viel vom Leben gelernt wie in dieser vom herbsten Verlust verdüsterten Zeit. Nie zuvor habe ich so viel Dankbarkeit empfinden können wie seit dem schmerzlich gegangenen Weg durch die seelische Hölle. Nie zuvor war ich wahrscheinlich so neugierig auf mich selbst und so gespannt auf neue Erfahrungen. In deinem Tod, mein Mann, liegt ein großer Sinn. Ich würde dir gerne danken« (Ute Schlegel-Holzmann, Kein Abend mehr zu zweit. Familienstand: Witwe. 8. Auflage. Gütersloh: Gütersloher Verlagshaus, 2004, S. 92 f.).

---

11 Otto Friedrich Bollnow, Über die Dankbarkeit. In: Josef Seifert (Hrsg.), Danken und Dankbarkeit. Eine universale Dimension des Menschseins. Heidelberg: Winter, 1992, S. 37–62.

Übung: Schatzkiste

ZEIT 60 Minuten

VORBEREITUNG Eine Holzkiste voller unterschiedlicher Knöpfe (in Farbe, Form und Größe) sowie eine leere kleine Holzkiste (Schatzkiste); ein Zitatkärtchen mit einem Gedanken von Dietrich Bonhoeffer: »Der Mensch empfängt unendlich mehr, als er gibt. Dankbarkeit macht das Leben reich« (Quelle unbekannt).

ZIEL Gute Erinnerungen sammeln und mit der Gegenwart verknüpfen. Erinnerungen, die neben dem Schmerz auch das Gefühl der Dankbarkeit ermöglichen.

DURCHFÜHRUNG Die Trauerbegleiterin beginnt mit einem Gespräch über das Thema »Dankbarkeit«. Sie fragt die Trauernde, ob und wie es ihr in ihrem trauertäglichen Leben gelingt, Dankbarkeit zu empfinden. Dann fragt sie die Trauernde, wofür sie jetzt im Moment Dankbarkeit spürt, wenn sie an das Leben mit dem verstorbenen Menschen denkt. Je nach Antwort entwickelt sich ein kurzes Gespräch.

Nun öffnet die Trauerbegleiterin die Dose voller Knöpfe und breitet diese auf dem Tisch aus. Sie bittet die Trauernde, sich einen Knopf auszusuchen, der symbolisch für die eben geschilderte Dankbarkeit steht. Sie lässt die Trauernde den Knopf beschreiben und Verbindungen zu dem Gefühl der Dankbarkeit herstellen. Dann überreicht sie der Trauernden die leere Holzdose mit der Einladung, den Knopf und die damit verbundene Dankbarkeit als einen Schatz zu sehen, den es zu bewahren gilt. Je nachdem, wie die Trauernde sich auf diese Übung einlässt, können noch zwei oder drei »Dankbarkeitsschätze« geborgen werden. Die Übung wird beendet mit dem Satz von Dietrich Bonhoeffer (»Der Mensch empfängt unendlich mehr, als er gibt. Dankbarkeit macht das Leben reich«), den die Trauerbegleiterin vorliest und der Trauernden für die Schatzkiste überreicht.

▷ **Beachte:** Das Thema »Dankbarkeit« soll nicht vom Schmerz ablenken, sondern auch eine Anerkenntnis des Gewesenen möglich machen.

Einsamkeit

Einführung

Es ist eine ungemein große Anstrengung, das bisherige Leben, das mit dem verlorenen Menschen gefüllt und auf ihn ausgerichtet war, ohne ihn weiterzuleben. Dieses Leben erscheint dem Trauernden hohl und ohne Bezüge, nicht wert, allein durchlebt zu werden. Oft genug fühlt er sich hälftig, nur noch halb anwesend.

Waren die Gedanken und Tätigkeiten vorher auf die Bezugsperson – auf den Menschen, auf den sich die Trauernde in Liebe bezog – gerichtet, so gehen sie nun ins Leere. So viele zur Gewohnheit gewordene Impulse werden vereitelt. So viele Gedanken, Gefühle und Handlungen, die den geliebten Menschen zum Gegenstand hatten, sind ihres Zieles beraubt. Gefühle und Zuwendungen erhalten weder Erwiderung noch Erfüllung. Eine der kostbarsten Erfahrungen, die ein gemeinsam verbrachter Lebenszeitraum mit sich bringt, ist das ständige Anstoßen an etwas sehr Nahes und Vertrautes und doch jederzeit unverkennbar Anderes, Widerstand Leistendes, Hinterfragendes. So sind viele Gefühle, Erkenntnisse, Erlebnisse und Vorstellungen im Leben an die Erfahrungen mit einem anderen Menschen, dem Partner, angekoppelt. Entweder hat man etwas gemeinsam durchlebt oder eigen Erlebtes einander mitgeteilt; schon Mitteilen allein macht Erlebtes und Gedachtes fühlbar, greifbar, dauerhaft, wirklich, ankernd und sichernd.

Nun ist dieser besondere Mensch, der Teilhaber des Lebens, nicht mehr da. Das Leben wird schal, ungespürt, unlebbar. Eine Starre breitet sich aus, die nur durch die Rückkehr des verlorenen Menschen durchbrochen zu werden vermeint. Aber diese Rückkehr und die Hoffnung auf das Wir sind eine Illusion.

Impulszitate

»Ich bin ein einziges großes Defizit […] ich bin jemand nicht. Ich bin aberwitzig allein […] Sobald das Wir nicht mehr da ist, bricht das Ich zusammen, zerfällt in Bruchstücke, zertrümmert, kaputt, durch nichts Anderes zusammenzuhalten und zu definieren. Nicht nur er ist tot, mein liebstes Ich ist es auch« (Connie Palmen, Logbuch eines unbarmherzigen Jahres. Aus dem Niederländischen von Hanni Ehlers. S. 9, 12, 28. Copyright © 2013, 2014. Diogenes Verlag AG Zürich).

»Seltsam, im Nebel zu wandern! [...] kein Baum sieht den andern, jeder ist allein«
(Hermann Hesse, Ausgewählte Werke, Band 6. Frankfurt a. M.: Suhrkamp, 1994, S. 30).

Übung: »Wer bin ich jetzt noch?«

ZEIT 45 Minuten

VORBEREITUNG DIN-A3-Papier, Stifte.

ZIEL Mit den Fragen »Wer bin ich jetzt noch?« und »Was ist denn noch dieses Übriggebliebene?« gelingt vielleicht ein erstes, noch sehr tastendes und zögerndes Ja zur gegebenen, so sehr veränderten Lebenssituation zu sprechen. Der trauernde Mensch nimmt sich als Hinterbliebener an, die Situation als die eines allein Zurückgebliebenen. In diesem Annehmen öffnet sich möglicherweise der Weg zu einer neuen Ich-Identität, zu Eigenständigkeit, ja sogar zu einem Eigen-Sinn.

DURCHFÜHRUNG Die Trauerbegleiterin lässt die Trauernde ausführlich von der erlebten Einsamkeit sprechen und hört zu.

Dann nimmt die Begleiterin das große Blatt Papier und schreibt mittig das Wort »EINSAM« darauf und umkreist dann in einem großen runden Bogen (ca. 30 cm) die drei Buchstaben »EIN«. Jetzt bittet sie die Klientin, in den nur mit den drei Buchstaben gefüllten, ansonsten ganz leeren Kreis die Worte und Begriffe zu schreiben, die sie mit sich *ohne* den Anderen verbindet. Alles, was die Trauernde ausmacht, das EINzigartige an ihr, das nur zu ihr gehört, was nicht mit einem anderen zu tun hat.

Die Begleiterin gibt möglicherweise Hilfestellungen und Anregungen. Wenn der Kreis gefüllt ist beziehungsweise wenn der Trauernden nichts mehr einfällt, wird sie gebeten, die (Fülle der) Begriffe lesend und vielleicht auch leise aussprechend auf sich wirken zu lassen. Dann kommen beide miteinander darüber ins Gespräch.

▶ Beachte: Bei Trauernden, die einen Zugang zur Spiritualität haben, wäre folgende Ergänzung denkbar: Die deutschen Begriffe »eins« und »all-ein« mit Bindestrich oder auch das englische »al-one« mit Bindestrich auf je eine Karte schreiben und der Trauernden zum Bedenken geben oder mitgeben. Gegebenenfalls sich zu einem nächsten oder späteren Zeitpunkt mit ihr über das Thema »Dualität« beziehungsweise »Nondualität« austauschen.

Ende von Begleitung

Einführung

Trauernde Menschen verspüren wegen der Heftigkeit ihres Kummers durchaus von Anfang des Prozesses an den Wunsch nach einem Ende dieses Zustandes. Sie wünschen, dass die Schmerzen, das Sehnen, die (Selbst-)Vorwürfe, das Chaos der Gefühle aufhören und einem normalen Alltag Platz machen.

Im Laufe einer Trauerbegleitung jedoch gibt es manches Mal ein gegenteiliges Erleben: Viele Klientinnen und Klienten bezeichnen die regelmäßigen Kontakte, in denen sie gesehen und gehört werden in ihrem Leid, als so wohltuend und hilfreich, dass ein in Sicht kommendes Ende der vereinbarten Sitzungen Angst erzeugt. Sie fürchten, nicht allein zurechtzukommen, ein erneutes Aufflammen heftiger Trauersymptome, allein gelassen zu werden, der lieblosen oder in Sachen Trauer hilflosen und unwissenden Umwelt ausgeliefert zu sein. So kann es geschehen, dass sie auch nach vielen Monaten, ja sogar Jahren auf die geschätzte Regelmäßigkeit ihrer Begleitung nicht verzichten wollen, obschon die Begleitenden durchaus Entwicklungen sehen und einem gefestigten Umgang mit der Trauer vertrauen.

Impulszitat

»Mir geht es besser, wirklich, von Tag zu Tag. Aber wenn ich daran denke, dass ich nicht mehr zu Ihnen kommen könnte, nicht mehr bei Ihnen sitzen kann, dann wird mir angst und bang ...« (Frieda G., 81 Jahre, ein Jahr nach dem Tod der Tochter).

Übung: So nimm denn Abschied und gesunde

ZEIT 60 Minuten

VORBEREITUNG Je nach Übung bestimmte Materialien bereithalten: Pappe oder Tablett, Stühle, Schnüre, Zettel.

ZIEL Die Trauernde mag im Rückblick erfahren, was sie schon durchgestanden und geschafft hat, und einen Zugang zu ihrer Kraft und der Zukunftsgestaltung gewinnen.

DURCHFÜHRUNG mehrerer, einander ähnelnden kleinen Übungen
1. Anweisung der Begleiterin: »Erschaffen Sie sich auf einem Stück fester Pappe oder einem Holztablett mit allen draußen und drinnen gesammelten vorhandenen Materialien (Moos, Äste, Steine, Pflänzchen, Blätter und Ähnliches mehr) ihr ganz persönliches, sogenanntes Trauergärtchen. Beim Betrachten gilt die gemeinsame Auswertung folgenden Aspekten: Was ist vielleicht verdorrt, was beginnt zu grünen, was braucht besondere Pflege, was muss möglicherweise beschnitten, begossen, gedüngt werden? Und was davon steht für Aspekte Ihrer vergangenen und zukünftigen Trauerarbeit?«
2. Die Begleiterin stellt zwei Stühle in einem gewissen Abstand voneinander abgewandt auf und verbindet die Lehnen mit zwei Schnüren, so dass zwei Reihen entstehen. Sie lässt die Trauernde in ihrer Rolle als rückblickender Mensch Zettel mit zwei Farben (eine für traurig stimmende, eine für Hoffnung fördernde Situationen) auf diese Schnüre verteilen, vom Traueranfang bis heute. Die Abstände sollen auch beachtet werden. Dann wird gemeinsam die Stuhllinie abgeschritten und die Stimmungen und/oder Ereignisse von der Klientin erzählt. Besonders wird auf das Gefühl am Standort heute geachtet.
3. Die Begleiterin bittet die Trauernde, im Raum einen Standort für »heute, jetzt« zu wählen. Von dort legt sie den Ort für »damals« fest. Dann gehen beide zum Standort, schauen von dort über die Schulter zurück, und die Begleiterin lässt sich erzählen, was hinter der Trauernden liegt.
4. Ähnliches können Sie mit dem Ausblick nach vorn machen: Standort für heute, von dort bestimmen, wo im Raum das Demnächst ist (»Wann ist das? Nächstes Jahr, in vier Monaten, Weihnachten?«), dahin vom Standort *gehen* und sich dort erzählen lassen, was da dann ist (nicht: sein wird). Ausführ-

liches Erwärmen im Präsens mit der Schlussfrage: Welches Gefühl hinterlässt das Bild?
5. Von einem Platz »heute« zurück mit Seilen, Stöckchen, Schnüren den eigenen Weg legen (Gerade, Umwege, Sackgassen, Umkehrungen, Kreise) und rückblickend – mit Blick über die Schulter – den Weg erzählen lassen. »Was war in der Vergangenheit? Wie ist das Gefühl nun?«
6. Gemeinsam noch einmal den Weg gehen. An jeder Station (analog den Werdeschritten[12] oder anderer Modelle) gemeinsam noch einmal in die entsprechende Stimmung und Körperhaltung gehen und die damit verbundenen *geleisteten* Traueraufgaben besprechen. Anschließend Entwickeln eines Zukunftsbildes. In dieses Zukunftsbild hineingehen und es im Präsens erwärmen. (Vielleicht am Schluss der Erwärmung die Frage der Begleiterin: »Wo ist der Verlorene in diesem Bild?«) Schlussfrage: »Welches Gefühl hinterlässt das Zukunftsbild?«

Und viele weitere eigene Ideen und Übungen. Der Kreativität sind keine Grenzen gesetzt. Tenor aller Übungen ist die Sicht darauf, etwas geleistet zu haben und an der eigenen Entwicklung staunend teilzunehmen.

▷ Beachte: Diese Übungen gehören an das Ende einer Begleitungsserie, wenn die Trauernde deutliche Anzeichen von Wiederherstellungsorientierung zeigt, möglicherweise aber zögert, diesen Schritt zu gehen.

Mit mehr Zeit (120 Minuten bei 8 Teilnehmerinnen) eignet sie sich gut als letzte Sitzung einer geleiteten Trauergruppe.

---

12 Vgl. dazu Sylvia Brathuhn, Thorsten Adelt: Vom Wachsen und Werden im Prozess der Trauer. Neue Ansätze in der Trauerbegleitung. Göttingen: Vandenhoeck & Ruprecht, 2015.

Erinnerung

Einführung

Erinnerungen gehören zum kostbarsten Gut in der Wahrnehmung trauernder Menschen. Der Verstorbene lebt in der Erinnerung weiter. In Todesanzeigen wird häufig eine Formulierung wie »Solange wir uns an dich erinnern, bist du nicht tot« benutzt; sie macht das Bemühen deutlich, den verlorenen Menschen vorstellbar, verfügbar zu halten. In der Erinnerung bleibt er lebendig und – auf eine Weise – unbeschädigt. Yorick Spiegel[13] beschreibt das allmähliche Verlöschen der Erinnerungen an Aussehen, Stimme, Gestik des geliebten Menschen als die sehr schmerzliche Nacht der Erinnerung. Mit Hilfe der Erinnerungen begibt sich der trauernde Mensch auf die »Suche nach der verlorenen Zeit«, nach dem, was »war und nicht mehr ist«. Der Autor des gleichnamigen Romans, Marcel Proust[14], ging davon aus, dass ein wahrer Genuss an einer Episode des Lebens überhaupt erst dann möglich sei, wenn man sich ihrer erinnert. Denn – und das ist Prousts Grunderfahrung – wir besitzen die Wirklichkeit nicht, außer in der Erinnerung. Für Proust ist die Wirklichkeit des Augenblicks unrein, unecht; verzerrt durch unsere Interessen, Ziele, Vorstellungen. Der Augenblick der Erinnerung dagegen sei weder Echo noch Reproduktion (des Vergangenen), er sei der wahre Augenblick. Denn er bietet uns die Phänomene dar, wie sie »an sich« sind. Auf wunderbare Art konserviert, ruht das Leben, das wahre Leben, in den Tiefen unseres Gedächtnisses.

Das ist zugleich die Gnade und der Fluch von Erinnerungsarbeit. Die Gnade, den Verlorenen nah und erreichbar zu halten, der Fluch, ihn und das frühere Leben mit ihm zu beschönigen und nicht mehr in der Wirklichkeit zu leben. Die Gefahr ist dann, dass eine lebendige Welt in eine Erinnerung an Vergangenes verwandelt wird und diese in der Gegenwart ausschließlich affektiv bleibt.

---

13 Yorick Spiegel: Der Prozess des Trauerns. München: Kaiser, 1981.
14 Marcel Proust: Auf der Suche nach der verlorenen Zeit (1913–1927). Hrsg. von Luzius Keller. Frankfurter Ausgabe. Frankfurt a. M.: Suhrkamp, 2017.

Impulszitate

»Die Sätze fielen mit einem Gewicht in die Stille, die sie von sich aus nicht besessen hätten [...] Ich hatte gehofft, wir könnten Fabian mit Worten, mit gemeinsamen Erinnerungen zu uns herüberziehen, aber es gelang uns nicht« (Anna Mitgutsch, Die Annäherung. © 2016 Luchterhand Literaturverlag, München, in der Verlagsgruppe Random House GmbH, S. 70 f.).

»Mein Bruder, der vor mehr als fünfundzwanzig Jahren verunglückte, wird trotz aller meiner Bemühungen allmählich unscharf. Die Erinnerungsränder fransen aus und mehr und mehr Ahnungen und Vermutungen mischen sich in meine Gedanken an ihn. Auch mein Vater hat eine Tendenz, sich von mir abzuwenden und in der Dunkelheit [...] zu entschwinden [...] So kompliziert dieser Mann im Leben war, so kompliziert ist es auch, seiner zu gedenken. Ich versuche die Erinnerung an diesen [...] Mann wie einen Ertrinkenden aus dem Wasser zu zerren« (Joachim Meyerhoff, Ach, diese Lücke, diese entsetzliche Lücke. © 2015, Verlag Kiepenheuer & Witsch GmbH & Co. KG, Köln).

»Zu seiner Sehnsucht gehörte auch das schlechte Gewissen darüber, dass er sie zu vergessen begann. Seine lange Sehnsucht zu vergessen begann. ›Erinnerung und Sehnsucht‹, sagte er laut. ›Die muss ich mir bewahren, sonst ist es vorbei.‹ Dann dachte er: Oder sie ziehen lassen?« (Jane Gardam, Eine treue Frau. Roman. München: Hanser, 2016, S. 63).

ZIEL Die Erinnerung sichern und auch nach langer Zeit die Möglichkeit haben, sich den Verstorbenen ins Gedächtnis zu rufen und die Zeit mit ihm gedanklich und gefühlsmäßig aufzufrischen.

Übung 1: Ein Erinnerungsbuch anlegen[15]

In dieser schwierigen Zeit ist ein Erinnerungsbuch ein hilfreicher und persönlicher Begleiter für die Zurückbleibenden. In diesem Buch finden sich symbolhafte Illustrationen, Collagen, Texte und Fotos, aber auch freie Seiten, um alles niederzuschreiben, was ins Gedächtnis kommt und auf der Seele brennt. So verändert sich dieses Buch mit der Zeit, wie sich auch die Trauernden verändern. Das Erinne-

---

15 Vgl. hierzu Esther Fischinger: In der Erinnerung ankern. Die Trauer von Kindern und Jugendlichen mit Memory Books begleiten. Göttingen: Vandenhoeck & Ruprecht, 2017.

rungsbuch hilft, Abschied zu nehmen und gleichzeitig zu etwas zu halten, mit der Verlusterfahrung anders weiterzuleben. Die außergewöhnliche Gestaltung macht das Buch zu einem wertvollen Geschenk über den Verlust hinaus. Das Buch kann in dem Raum verbleiben, in dem die Begleitung stattfindet. Immer wenn die Trauernde einen Einfall hat, kann dieser mitgebracht und gemeinsam im Buch gestaltet werden. Oder die Klientin führt das Buch daheim allein und bringt es gelegentlich in die Begleitstunde mit. Das gemeinsame Anschauen kann eine Hilfe zur Erinnerungsarbeit sein. Der Blick ist sowohl auf das Bleibende gerichtet sowie auch auf die Veränderung und Neuorientierung.[16]

Übung 2: Den Verstorbenen erwärmen

ZEIT 60 Minuten

ZIEL Die Erinnerung an den verstorbenen Menschen mit allen Sinnen festigen und verankern, sie abrufbar machen.

THEORETISCHER HINTERGRUND *Erwärmen*[17] ist sowohl als Begleitinstrument eine Methode als auch eine Haltung. Das Erwärmen möchte einen Raum eröffnen, gestalten und füllen. Es möchte ein Bild möglich machen. Deshalb ist es wichtig, beim Erwärmen sehr behutsam und kleinteilig vorzugehen – wie beim Malen eines kostbaren Bildes, das auf einer anfangs weißen Leinwand entsteht. Jedes Detail kann wichtig sein.

DURCHFÜHRUNG – EIN PRAKTISCHES BEISPIEL Sie beginnen eine Trauerbegleitung. Sie sind Trauerbegleiterin für eine Frau, die ihren langjährigen Partner nach einem Herzinfarkt verloren hat. Nach möglichem anfänglichem Austausch über die aktuelle Befindlichkeit der Trauernden, nach Erzählen über die Ursachen des Todes und des Sterbens möchten Sie als Begleiterin ein Bild von dem Verstorbenen gewinnen. Ihr Interesse gilt der Person, die in Ihrer Begleitung immer präsent sein wird, obwohl Sie sie niemals kennen gelernt haben. Es geht um den Verstorbenen, um seine Besonderheit. Für die verstehende Begleitung der Trauernden und für die Haltung des echten Interesses ist es sehr hilf-

---

16 Vgl. hierzu das Duale Trauermodell: Margaret Stroebe, Henk Schut, The dual process model of coping with bereavement: rationale and description. Death Studies, 1999/23, 3, 197–224.
17 Vgl. Matthias Schnegg: Erwärmen in der Trauer. Psychodramatische Methoden in der Begleitung. Göttingen: Vandenhoeck & Ruprecht, 2014.

reich, die Person, der die Trauer gilt, auch kennen zu lernen, um den Schmerz, um den Verlust nachvollziehen zu können. Die Methode der Erwärmung kann zu diesem Kennenlernen sehr hilfreich sein, zum Beispiel so:

»Wir haben von Ihrem verstorbenen Partner gesprochen. Sie haben sehr lebendige Bilder, wenn Sie von ihm reden. Mögen Sie mir helfen, dass auch ich mir Ihren Mann vorstellen kann?« Nach Einwilligung fragen Sie weiter: »Wie alt ist er geworden? Wie kann ich mir ihn vorstellen – groß?« Die Trauernde beschreibt einen 60-jährigen Mann, vollschlank, etwa 1,70 m groß. »Mögen Sie mir etwas von seinem Gesicht erzählen, vielleicht etwas für Sie ganz Charakteristisches?« Die Trauernde skizziert, dass er ein rundes, rosiges Gesicht hatte, leicht hervortretende braune Augen, die etwas kurzsichtig waren. Und eine knubbelige Nase, die sie liebevoll als Kartöffelchen bezeichnet. »Und die Haare?« »Ach je, da war nur noch ein silbriger Kranz übrig. Früher hat er die verbliebenen Strähnen über seine Glatze gekämmt, aber davon habe ich ihn mit der Zeit abgebracht.« »Und seine Augen?« »Hundeaugen, sehr treu«, ist die schnelle, von einem Lächeln begleitete Antwort. »Wenn Sie auf die Hände Ihres Partners schauen …« »Kräftige, etwas kurze Hände. Mit beginnenden Altersflecken. Man sah ihnen an, dass er gerne mit den Händen zupackte, Gartenarbeit liebte, an der Werkbank arbeitete. Sie waren nicht immer so ganz sauber.« »Wenn Sie ihm die Hand gegeben haben, was fällt Ihnen da jetzt ein?« »Ja, die waren etwas rau. Aber wenn er meine Hand hielt, habe ich mich immer geborgen gefühlt. Er hielt einen fest. Und die Hände waren immer ganz warm.« »Welche Stimme hatte er? Vielleicht können Sie sich diese einmal herholen?« »Entgegen seinem Äußeren ziemlich hell. Und weich. Irgendwie sanft.« »Was hat er gerade an, während Sie so lebendig von ihm erzählen?« »Er trägt wie immer eine braun-olive Breitcordhose. Und zu Hause karierte Flanell- oder Baumwollhemden. Und besonders gerne eine uralte Joppe darüber, die hat er zweimal wieder aus der Tüte für die Altkleidersammlung herausgekramt. Ach, er war so bescheiden. ›Geh, kauf du dir was Hübsches‹, hat er immer gesagt, ›ich brauche nichts‹.«
»Ich selbst kann mir Ihren Mann schon sehr gut vorstellen. Mögen Sie mir noch etwas ganz Typisches über ihn sagen?« »Er hatte so etwas Gütiges im Gesicht. Er war sehr nachsichtig mit den Menschen. Er war so grundsätzlich positiv. Wenn Leute schwierig waren oder zänkisch, pflegte er zu sagen: ›Ach, sicher haben sie in ihrer Kindheit oder im Krieg Schlimmes erlebt. Sei nicht so kritisch mit ihnen, meine Liebe.‹ Da hat er mich immer wieder zurückgeholt aus meinem Ärger, wir haben uns prima ergänzt.« »Danke, dass Sie mir das erzählen mochten. Ich denke, dass ich Ihren Mann vor mir sehe, diesen liebenswerten und gütig-freundlichen Menschen, mit der kompakten Gestalt und dem silbrigen Haarkranz. Ein besonderer Mensch.«

Bei Erwärmung ist zu beachten:
- Bei Person oder Ort bleiben.
- Nicht in die Problemlösung beziehungsweise das Symptom einsteigen.
- Durch Fragen strukturieren oder bei Redefluss in kurzen Worten wiedergeben, was ich als Begleiterin sehe.
- Bei ähnlichem Erleben die Deckungsgleichheit abfragen.
- Kleinschrittig, engmaschig (Farben, Formen, Größe, Gerüche, Licht).
- Vorsichtig.
- Kurze Fragen, nicht zu kompliziert, einfache Sätze.
- Angefangene Bilder als Angebot zu Ende entwickeln.
- Sich dann dem nächsten Detail zuwenden (Reihenfolge).
- Auf den Wahrnehmungskanal achten (visuell, auditiv, kinästhetisch).
- Eventuell Haltung der Klientin einnehmen, um sich darin selbst als Begleiterin zu erwärmen. Dies darf aber nicht bloßstellende Imitation sein!

▷ Beachte: Es kann sinnvoll sein, dass nach der Erwärm-Arbeit noch einmal der Blick auf den Tod beziehungsweise den Verlust dieses Menschen gerichtet wird, um eine Dauerverlebendigung zu vermeiden. Die Wärme der Erinnerung, die Konkretheit der Bilder und Gefühle, die sinnliche Gegenwärtigkeit des toten Menschen könnten bei der Trauernden sonst dazu führen, an einer Gegenwart festzuhalten, die es in dieser Form nicht mehr gibt. Nach dem Hinweis auf den Verlust (»Nun kann ich noch einmal mehr nachvollziehen, wie schmerzlich die Trennung für Sie sein musste«) erfolgt dann das Ende der Sitzung.

Diese Übung eignet sich nicht für Trauergruppen, da man in der Regel nicht Zeit für 8 bis 10 Erwärmungen hat. Eine Erwärmung exemplarisch durchzuführen und dann die Teilnehmenden bitten, einander ihre Betrauerten zu erwärmen, ist nicht sinnvoll, da jede einzig von der Gruppenleiterin gesehen werden möchte.

Ertrauerte Fähigkeiten

Einführung

In der Zeit des Verlangens und Sehnens nach dem verlorenen Menschen wird die Lücke, die er hinterlassen hat, in Konflikt- und Problemsituationen des Lebens besonders deutlich. Nicht nur der Ehemann ist verloren, sondern auch der für Bankgeschäfte Zuständige, der Schneeschipper, der Verdiener, der Einkäufer, der Reparierer, der Briefeschreiber, der Theaterkartenbesorger, der Witzeerzähler, der Lacher, der Geschenkeeinkäufer, der Vorleser, der Frühstücksbereiter, der Transporteur und vieles mehr. Im Laufe des Trauerprozesses empfinden Hinterbliebene diese Wandlung und Mühsal in ihrem Leben als unbequem. Sie denken zum ersten Mal nicht mehr nur an den Verstorbenen als den Bestandteil ihrer Liebe, sondern auch zunehmend an sich selbst. In Krisen kann der Trauernde eine Fülle von Ängsten entwickeln, ob er die Zukunft mit all ihren Problemen, der Einsamkeit, der Anpassung an neue Verhältnisse, der finanziellen Sicherung, bewältigen wird. In seiner Hilflosigkeit wendet er sich oft gedanklich an den Verstorbenen und fragt sich und ihn, wie er in dieser Situation gehandelt hätte. Sich in einer schwierigen und zwiespältigen Lebenslage zu fragen: »Was hätte mein Partner nun getan oder geraten?«, ist völlig berechtigt; der verlorene Partner wird mit den Ansichten und Fähigkeiten, die ihm zugeordnet sind, gewissermaßen zum Leitbild des Handelns. So kann er als Stütze und Halt erlebt werden.

So sinnvoll es sein kann, mit dem Verstorbenen als früherem Ratgeber in Kontakt zu treten und mit ihm bei mancherlei Fragestellungen ein inneres Zwiegespräch zu führen, so wichtig ist es auch, die eigenen Fähigkeiten, die entweder noch nicht vorhanden oder aus dem Blick geraten sind, zu entdecken und zu entwickeln. An diese besondere Greifbarkeit des Verlustes schließt sich eine besonders greifbare Aufgabe an: schrittweise das zu erlernen und zu übernehmen, was der Andere im vorausgesetzten oder gemeinsam festgezurrten Rollenverständnis für mich getan hat. Wenn der Hinterbliebene darauf verzichtet, einen Ersatz für die entleerten Rollen außerhalb zu suchen, hat dies einen sehr pragmatischen Wert für die Bewältigung der alltäglichen Lebensaufgaben ohne den Anderen. Der Hinterbliebene spürt, dass er sich auf sich verlassen kann. Das Selbertun holt den Hinterbliebenen zurück in das Leben. Es zeitigt eine zunehmende Lebenskraft, wachsendes Selbstvertrauen und eröffnet damit einen Zugang zu einem weiteren, selbstständigen Lebensabschnitt.

Impulszitat

»Ich schaute aus dem Fenster, sah den vielen nicht weggeräumten Schnee vor der Garage, und unversehens fing ich an, mir leid zu tun« (Elke S., seit sechs Monaten verwitwet).

Übung: Fußsohlen

ZEIT 40 Minuten

VORBEREITUNG Herstellung von zwei Sohlen aus Papier oder Pappe.

ZIEL Es geht darum, den Gedanken mehr auf das Bleibende als auf das Vergangene zu richten und zu erleben, dass der trauernde Mensch durchaus Fähigkeiten hat, nicht zuletzt durch den mühsamen Trauerweg neu erworbene Fähigkeiten, das Leben anzugehen und zu gestalten.

DURCHFÜHRUNG Die Trauernde erhält zwei einer Sohle nachgebildete Papierformen. Sie wird gebeten, eine Sohle mit dem zu beschriften, was der Verstorbene in ihrem Leben hinterlassen hat und woraus sie zum Weiterleben schöpfen kann. Auf die andere Fußsohle schreibt sie das auf, was sie an eigenen Fähigkeiten zum Umgang mit der Trauer und für die Bewältigung des alltäglichen Lebens in sich trägt und zur Verfügung hat. Anschließend stellt sie sich ohne Schuhe auf diese Sohlen und spürt nach, was bleibend und tragend ist für ihr weiteres Leben ohne den Anderen.

Nach tränen- und seufzerreichen Begleitungsterminen ist es oft sehr bewegend zu erleben, wie viel Kraft und Zuversicht aus einer solchen Verdeutlichung geschöpft wird und wie in der Gewissheit der Lebensverbindung über den Tod hinaus die Umwandlung des Lebens greift.

▷ Beachte: Diese Übung eignet sich sehr gut für den Abschlussabend einer Trauergruppe.

Flucht

Einführung

Der Fluchtimpuls kommt im Trauerprozess durchaus und mit Berechtigung vor. Der Schmerz über den Verlust kann so überbordend sein, dass Menschen versuchen, ihn nicht zu spüren und zu durchleiden. In jeder Stresssituation reagiert der Körper mit vielen Veränderungen. Sie sollen den Körper aktivieren und handlungsbereit machen, deshalb wird Energie bereitgestellt, die aber auf längere Dauer sehr anstrengend sein kann.

Entwicklungsgeschichtlich gesehen diente die körperliche Stressreaktion ursprünglich dazu, das Überleben zu sichern. Als Reaktion auf eine drohende Gefahr sollte sie den Körper darauf vorbereiten, gleich zu fliehen oder zu kämpfen oder zu erstarren. Diese körperliche Stressantwort ist ganz natürlich und läuft auch noch heute ab, wenn wir uns bedroht fühlen. Die Angststarre ist eine körperliche Reaktion auf die Aussichtslosigkeit von Kampf oder Flucht. Auf menschliche Begriffe übertragen: Hilflosigkeit als gelernte Erfahrung, dass keine Aktivität Aussicht auf Sicherheit oder Schutz bietet. Flucht aber bietet diese Aussicht.

Trauernde erleben die Fluchtreaktion, wenn sie sich rastlos fühlen, es zu Hause kaum aushalten können. Manch einer fährt dann ziellos herum oder geht auf Reisen. Es kann helfen, sich auf diese Weise abzulenken und so aus den grübelnden Gedanken auszusteigen. Oder das Unterwegssein hilft, weil man dann in Bewegung ist und das Gefühl bekommt, irgendetwas zu tun.

Impulszitate

»Wir können nicht vergessen, dass jedes einzelne Leben ein Abenteuer ist. In jedem Leben gibt es eine Möglichkeit zur Flucht, zur Erweiterung, zur Entwicklung, zur Veredelung und zur Überwindung von Hindernissen, die unverrückbar scheinen« (Anaïs Nin, Die Tagebücher 1947–1955. © 1978 Nymphenburger in der F.A. Herbig Verlagsbuchhandlung GmbH).

»Ich möchte am liebsten weit weglaufen vor meiner Trauer« (Jürgen, 58 Jahre, Marathonläufer, fünf Wochen nach dem Tod seiner Tochter).

Übung: Auf der Flucht

ZIEL Fluchtimpulse als sinnvolle (vielleicht auch vorübergehende) Umgangsstrategien mit einer Angst auslösenden Bedrohung begreifen. Das Aussprechen ist schon der erste Schritt der Ichstärkung und Anerkennung.

VORBEREITUNG Ein Foto beziehungsweise eine Kopie eines Bildes von Menschen auf der Flucht bereithalten.

DURCHFÜHRUNG Die Trauerbegleiterin lässt im Gespräch allgemeine Bilder von Flucht entstehen. »Welche Bilder kommen Ihnen beim Wort ›Flucht‹? Vor was flüchtet ein Mensch? Wohin? Wo ist der Flüchtende gerade? Wie ist die Gegend, wie die Witterung? Ist der Mensch allein auf der Flucht? Was hieße Bleiben? Was wäre, wenn er bliebe? Wer ist er, wenn er bliebe? Wie wäre das Trauerland? Öde? Gefährlich? Anstrengend?«

Besonders die »Bleibebilder« sind aufmerksam zu hören, um Verständnis für die Fluchtnotwendigkeit zu bekommen. Dann folgt eine Reflexion über Flucht. (Im Fall einer schleppenden, bildlosen Erzählung zeigt die Begleiterin der Trauernden das Fluchtbild und fragt nach Ähnlichkeiten und Unterschieden, bis sie eine Vorstellung von dieser Situation hat.) Die Trauerbegleiterin äußert ihr Verständnis, dass die gegenwärtige Situation beziehungsweise die Situation und der Ort, von dem sie aufgebrochen ist, so schlimm, so grausam sind, dass die Trauernde nur die Strapazen einer Flucht auf sich nehmen kann.

Dann fragt die Begleiterin die Klientin, wie lange die Flucht wohl dauern wird, wie lange sie denkt, unterwegs sein zu müssen. Die nächste Frage betrifft den Umstand, ob sie eine Möglichkeit sieht, die Flucht zu unterbrechen und gegebenenfalls sogar zurückzukehren. Wenn dies, auch noch sehr vage, bejaht wird, wird gemeinsam überlegt, was für die Entscheidung zur Unterbrechung beziehungsweise Rückkehr benötigt würde oder passieren müsste (Schutzhütte, Waffen etc.).

Am Ende der Sitzung erfolgt der gemeinsame Transfer zur Trauersituation, die nicht aushaltbar ist (was steht für »Schutzhütte«? Welche »Waffen« brauchen Sie wofür?).

▶ Beachte: Vorsicht bei Menschen, die persönlich oder in der Familie traumatisierte Fluchthintergründe haben. Flucht ist ja nicht nur von einem Land in ein anderes. Es gibt ja auch dramatische Fluchtsituationen aus unaushaltbaren Familienverhältnissen, Partnerschaften und so weiter.

Fragen

Einführung

Stirbt ein nahestehender Mensch, breitet sich im Zurückbleibenden Fassungslosigkeit aus. Diese betrifft nicht nur sein Gefühlsleben, lässt ihn nicht nur gefühlsmäßig die Fassung verlieren, sondern bemächtigt sich auch seines Verstandes: »Wie konnte das geschehen?«, »Wie soll ich ein Leben ohne meinen Mann überleben?«, »Wieso hat Gott uns nicht geholfen?«, »Was habe ich nur getan, dass dies so kommen musste?« Die Fragen trauernder Menschen zeugen von einer großen Ratlosigkeit und Hilflosigkeit und verweisen – aus der entschwundenen (Selbst-)Sicherheit heraus – gleichzeitig auf das Gefühl der Selbst-Ent-Fremdung: »Ich kenne mich selbst nicht mehr«, »Ich verstehe mich selbst nicht mehr«, »Wer bin ich angesichts der Tatsache, dass ich nun allein zurückbleiben muss? Nicht vorübergehend, sondern für immer!«

Dies sind Gedanken, die sich einem Menschen aufdrängen, wenn er beginnt zu realisieren, dass sein bisheriges Leben zu Ende gegangen ist. Dass alle Selbst-Sicherheiten entschwunden sind. Dass hinter dieses Leben ein endgültiger Schlusspunkt gesetzt wurde. Aus! Vorbei! Nie wieder! Fragen über Fragen drängen sich auf. Alle Antworten, die er sich selbst versucht zu geben, laufen ins Leere; der Verstand stößt an seine Grenzen. Der erfahrene Tod übersteigt den Verstehenshorizont, lässt bisher Gedachtes und Angenommenes auseinanderbrechen. Nichts scheint mehr zu halten und zu tragen. Bodenlosigkeit und Abgründigkeit sind Metaphern, die dies repräsentieren. Die Trauernde erfasst auf unbestimmte Weise, dass etwas Endgültiges geschehen ist.

Um dies wirklich zu erfassen, zu begreifen, zu verstehen, versucht sie sich tastend an die Realität heranzufragen. Sie wird zur Fragenden auf der Suche nach ihren eigenen Antworten. Hier muss sehr einfühlsam beachtet werden, dass es einem trauernden Menschen in dieser Situation nicht darum geht, Ratschläge, Anweisungen oder Allgemeinplätze zu erhalten oder zu hören. Jeder Frageversuch ist eine Spurensuche, ist grundlegende und grundgebende Werdearbeit, die es der Trauernden ermöglicht, in ihrem Tempo, in ihrem Rhythmus ihren eigenen Werdeweg zu gestalten.

Impulszitat

»Immer wieder frage ich mich, wie das geschehen konnte. Als ich gestern das Krankenhaus verließ, sagte mir die Ärztin, dass die schlimmste Krise überstanden sei. Und dann werde ich vier Stunden später angerufen, dass er tot sein soll. Wie kann das sein? Warum sagte sie sowas? Was ist passiert? Was hat er noch gespürt?«
(Irmgard K., 27, elf Wochen nach dem Tod ihres 49-jährigen Vaters, der vier Tage nach einer Aortenaneurysma-Operation verstarb).

Übung: Fragendes Begleiten

ZEIT 30 Minuten

VORBEREITUNG Drei DIN-A4-Blätter (weiß, gelb, grün), versehen mit je einem großen Fragezeichen. Stifte.

ZIEL Der Trauernden dabei helfen, zu erkennen, wer sie ist, und sie im begleitenden Fragen stetig und behutsam auf ihren ureigenen Werde-Auftrag, sowohl in der praktischen Lebensführung als auch im persönlichen Entwicklungsprozess, hin orientieren.

DURCHFÜHRUNG Die Trauerbegleiterin meldet der Trauernden zurück, dass sie viele Fragen hört, und bittet sie, für die Dauer von fünf Minuten auf das weiße DIN-A4-Blatt alle Fragen zu schreiben, die ihr einfallen. Nach fünf Minuten lässt sie sich diese Fragen vorlesen.
Die Trauernde wird nun eingeladen, auf das gelbe vorbereitete DIN-A4-Blatt drei der formulierten Fragen zu übertragen, die ihr jetzt und in diesem Moment besonders wichtig erscheinen. Auch diese Fragen werden wieder vorgelesen.
Jetzt soll sie aus den drei Fragen eine Frage aussuchen, mit der sie sich im weiteren Verlauf beschäftigen wird, und diese auf das grüne Blatt schreiben. Die Frage wird wiederum laut vorgelesen.
Die Trauernde wird nun eingeladen, alle möglichen Antworten, die ihr zu der übrig gebliebenen einen Frage einfallen, zu notieren. Auch hier ist es wichtig, ein Zeitfenster von ca. fünf Minuten zu setzen.
Der letzte Schritt der Übung besteht darin, dass die Trauernde jeweils ihre Frage und die dazu gefundenen Antworten vorliest.

Am Ende wird sie gefragt, ob eine der gegebenen Antworten sie im Moment tragen kann. Diese Antwort wird nochmals laut verlesen.

Die Übung wird damit beendet, dass die Trauerbegleiterin zusammenfasst, dass sich letztlich immer nur jeder Mensch selbst seine Antworten geben kann, dass alle Antworten in ihm selbst liegen.

▶ Beachte: Die Trauerbegleiterin soll im Gespräch mit dem trauernden Menschen möglichst viel Platz für Fragen lassen. Ihre Fragen an die Trauernde sollten möglichst direkt anknüpfen an dasjenige, was sie gerade äußert, wobei die Begleitende auch auf die Inhalte eingehen sollte, die nicht explizit von der Trauernden ausgesprochen werden, sondern »zwischen den Zeilen« stehen. Das heißt, die Begleitende ist »ganz Ohr«, sie hört sowohl die gestellten als auch die ungestellten Fragen. In dieser aufnahmebereiten Haltung gibt sie dem Gegenüber zurück, was sie verstanden und wie sie etwas verstanden hat. In dieser besonderen Form des Zuhörens formuliert die Trauerbegleiterin aufgrund des Gehörten, beziehungsweise des Wahrgenommenen, für die Trauernde wichtige Fragen, um sich so, gewissermaßen »spiralförmig«, immer näher an die Innenwelt des trauernden Menschen heranzufragen. Die Begleitende kann die Trauernde, indem sie ihr immer wieder Fragen anbietet, in ihrem fragenden Vorwärtsgehen unterstützen, ihr dadurch die Möglichkeit geben, eigene Antworten zu finden. Das wechselhaft stattfindende Zuhören und Fragen verhindert, dass die Begleitende nach ihren eigenen Vorstellungen, Bewertungen und Absichten begleitet, und es ermöglicht ihr, das zu »hören« und zu »verstehen«, was die Trauernde tatsächlich zum Ausdruck bringen will.

Das begleitende *Fragen* schließlich soll im Sinne der geistig-mäeutischen Fragekunst des *Sokrates* geschehen: Nichts wird mitgeteilt oder vorgegeben, sondern das Fragen selbst soll im Anderen das zur »Geburt« bringen, was bereits in ihm liegt. »Der Geist des Fragens geht davon aus, dass im anderen, die für ihn selbst verfügbaren Antworten angelegt und vorhanden sind« *(Monika Müller)*. Das heißt, dass Begleitung immer von einer »Kunst des Fragens« geprägt sein soll, die grundsätzlich davon ausgeht, dass die erforderlichen Antworten in jedem Menschen selbst liegen.

Geduld

Einführung

Wie Margaret Stroebe und Henk Schut[18] in ihrem dualen Trauermodell darstellen, bewegen sich trauernde Menschen immer zwischen den beiden Polen der Verlustorientierung und dem Wiederherstellungswunsch. Betroffene erleben für bestimmte Zeitabschnitte, dass gerade mehr der sehnende Blick auf den Verlust oder eher der Versuch der Neugestaltung des Lebens dran ist. Beides gleichzeitig geht kaum, eines gerät immer ins Hintertreffen. Diese balancierende Bewegung zwischen den Polen gehört zum gesunden Trauerprozess und wird in der Fachliteratur Oszillieren, Pendeln, genannt und benötigt Zeit. Manche Menschen aber fühlen sich innerlich gedrängt, den Verlust zügig zu bearbeiten, ja sogar zu bewältigen, um schnell durch die Trauer zu kommen, sie hinter sich zu lassen und in ein neues, besseres Leben einzutauchen. Eilig suchen sie zu beschleunigen, was seine Zeit braucht. Aber Trauerprozesse sind – so sie heilend gelingen sollen – nicht abzukürzen. Im Durchleben geben sie die Chance der gesundenden Umwandlung des Lebens und der bleibenden, von Liebe getragenen Verbindung mit den Toten.

Impulszitate

»Ich wünschte, das alles ginge schneller. Ich denke mir immer, wenn diese ganze Trauer mal vorbei ist, dann kann ich endlich wieder am Leben teilnehmen. Aber es zieht sich und zieht sich ...« (Bärbel G., neun Monate nach dem Suizid ihres Lebensgefährten).

»Alles ist austragen und dann gebären. Jeden Eindruck und jeden Keim eines Gefühls in sich, im Dunkel, im Unsagbaren, Unbewussten, dem eigenen Verstande Unerreichbaren sich vollenden lassen und mit tiefer Demut und Geduld die Stunde einer neuen Klarheit abwarten« (Rainer Maria Rilke: Briefe an einen jungen Dichter. Leipzig: Insel, 1929, S. 17).

---

18 Stroebe, Margaret, Schut, Henk: The dual process model of coping with bereavement: rationale and description. In: Death Studies, 1999/23, S. 197–224.

Übung: Wenn ... dann ...

ZEIT 45 Minuten

ZIEL Die Trauernde möge erkennen, dass Zeit ein wesentlicher Faktor im Umgang mit emotions- und problembedingten Stressoren ist und dass sie letztlich den Prozess nicht beschleunigen kann. Auch möge sie verstehen, dass Sehnsucht und Ungeduld nicht dasselbe sind. Der Begriff »Geduld« kommt von »dulden«, also etwas hinnehmen. Es geht um ein Ausharren und Warten, möglicherweise auch wider Willen, darum, dass ein Drängen und Beschleunigenwollen dem Realisierungsweg des Trauernden in kontraproduktiver Weise entgegentreten: Die Trauernde findet nur mit Hilfe der Geduld und der Demut die Stärke, die schmerzhaften Abschnitte ihres Trauerweges immer wieder neu auf sich zu nehmen, sie nur als vorläufige und niemals als endgültig abgeschlossene anzusehen.

DURCHFÜHRUNG
1. Die Begleiterin fordert die Trauernde auf, ihr zu erzählen, was sie alles täte, wenn die Trauer nicht oder wenn sie vorbei wäre (Reise machen, neues Hobby beginnen ...). Die Begleiterin notiert diese Pläne und Wünsche. Bei Mitteilung von illusionären Hoffnungs- oder Zukunftsbildern gilt es, ressourcenstärkend zu spiegeln und sie positiv dahingehend zu bewerten, dass überhaupt Zukunft gedacht werden kann. Dies mag schon genügen, wenn die weiteren zwei Schritte der Übung nicht durchgeführt werden können, weil sich das »Wenn« immer vor das »Dann« schieben würde.
2. Die Begleiterin entwickelt das Bild eines Menschen im Winter, der sich fragt, wann denn endlich der Frühling kommt. Sie bespricht mit der Klientin, welche möglicherweise schönen Wintermomente dieser Mensch im ausschließlichen Harren auf den Frühling verpassen könnte (Kaminfeuer, Schneespaziergang ...).
3. Dieser Schritt der Übung bietet zwei Möglichkeiten. Die Begleitende fragt die Trauernde, was sie von den erzählten Plänen der Dann-Zeit – vielleicht in veränderter Form – jetzt schon umsetzen könne und was sie davon abhielte. Oder sie untersucht gemeinsam mit der Klientin, was an anderen Dingen schon jetzt angegangen werden könnte, ohne die Wenn-Zeit abzuwarten.
4. Es folgt eine Aussprache über Geduld, möglicherweise unter Einbeziehung des obigen Rilke-Zitats, und des damit zusammenhängenden Gedankens, dass ein gesundes Gebären seine Zeit, nämlich ein neunmonatiges Austragen bedeutet. Ein anderer bedenkenswerter Begriff für das Gespräch ist das

Wort »Langmut«: Wie viel und welchen Mut braucht es nach einem Verlust, die Länge und Tiefe des Prozesses auszuhalten und anzugehen?

▷ Beachte: Diese Übung eignet sich auch für eine Trauergruppensitzung. Die Teilnehmerinnen könnten sich in Dyaden ihre Wenn-und Aber-Themen gegenseitig erzählen. Die Auswertung sollte aber verallgemeinert im Plenum durch die Gruppenleitung erfolgen.

Gegenstände

Einführung

Mit dem Tod eines Menschen bleiben die zu ihm gehörenden Dinge zurück. Kleidungsstücke, täglich benutzte Gegenstände, alles in irgendeiner Weise nutzlos geworden und doch für die Erinnerung vielleicht von unschätzbarem Wert. Es gibt so etwas wie ein vorweggenommenes, antizipatorisches Trauererleben im Blick auf einen bald zu erwartenden Tod. Alle befürchteten Vorstellungen vom Leben ohne den geliebten Menschen erweisen sich als trauriger, sind aber nur schwacher Abglanz der trostlosen Leere, welche die Zurückgebliebenen umschließt, wenn der Patient verstorben sein wird. Es sind Vorstellungen von einem zu erwartenden Tod – aber der Kranke schaute gerade noch, atmete, war spürbar und vernehmbar vorhanden.

Nach dem tatsächlichen Eintritt des Todes wird die Angehörigen oftmals trotz allen früheren Wissens um den nahen Tod und trotz aller inneren Vorbereitung auf dieses Ereignis die Trauer überfallen mit bisher nicht gekannter und vielleicht auch so nicht erwarteter Kraft und Tiefe. Gerade die Gegenstände, die achtlos unter dem Bett stehenden Pantoffeln, der unnötige Kamm mit den Haarresten auf der Ablage im Bad, die angeschlagene Lieblingstasse, aus der ausschließlich morgens der Kaffee genommen wurde, die etwas trübe Brille, das fadenscheinig gewordene Halstuch, der alte speckige Hut an der Garderobe, sie alle lösen einen nicht geahnten Schmerz aus. Sie wirken so verloren. Sie sind Zeugnisse einer endgültig vergangenen Zeit. Oft stellen Trauernde sich und anderen die Frage, was sie damit machen sollen: verwahren, entsorgen, einem sinnvollen karitativen Zweck zuführen, und wenn ja, wie lange beziehungsweise wann?

Impulszitate

»Neben der Mauer aus Kisten hängt an einer langen Garderobe [...] deine graublaue Strickjacke mit den ziegelroten Streifen. Sie ist das einzige Kleidungsstück von dir, das ich behalten habe. Nicht, weil sie besonders edel wäre, sondern weil ich dich unendlich oft in ihr gesehen habe und weil wir sie zusammen in deinem Lieblingsladen gekauft hatten« (Milena Busquets: Auch das wird vergehen. Frankfurt a. M.: Suhrkamp, 2016, E-Book, Position 383).

»Doch alle diese Möbel hatten nicht nur hier gestanden, sie hatten hier gewohnt, zusammen mit meinen Großeltern in diesen Räumen einen Teil ihres Möbellebens verbracht. Das Abtransportieren der Möbel, das Wegreißen und Wegzerren von ihren angestammten Orten ... sah für mich sehr viel mehr nach einer Vertreibung aus als nach einem Möbeltransport [...] hier wurden Dinge entwurzelt [...] verjagt« (Joachim Meyerhoff: Ach, diese Lücke, diese entsetzliche Lücke. Alle Toten fliegen hoch, Teil 3. Köln: eBook by Kiepenheuer&Witsch, 2015, Position 4383).

»Was mach ich bloß mit all dem? Manches ist Kram, Krempel, aber ich kann es doch nicht einfach auf den Müll schmeißen. Da ist doch sein ganzes gewesenes Leben drin« (Gertrud S., 72 Jahre, sechs Monate nach dem Tod ihres Mannes).

Übung 1: Erinnerungskiste

ZEIT 20 bis 60 Minuten (je nachdem, ob die Kiste gemeinsam gestaltet und gefüllt wird oder ob die Trauerbegleiterin diese Übung für zu Hause erklärt)

VORBEREITUNG Gegebenenfalls einen schön gestalteten großen farbigen Karton bereithalten.

ZIEL Es gilt zu würdigen, dass die Hinterlassenschaft mehr sein kann als irgendwelche Anziehsachen oder Dinge. Es geht darum, unterscheiden zu lernen, was der Trauernden wert und lieb ist, behalten zu werden. In der Erinnerung der einzelnen Teile werden sie symbolisch noch einmal aufgeladen mit Erinnerungen und Gefühlen (pars pro toto).

DURCHFÜHRUNG Die Begleiterin bietet der Klientin in Realität oder im übertragenen Sinn eine Erinnerungskiste an. Den darin beschränkten Platz gilt es zu füllen. In Gedanken (oder real) werden einzelne Stücke in die Hand genommen, bedacht und erinnert und auf ihren ideellen Gehalt abgewogen. Die Trauerbegleiterin fragt nach der Wichtigkeit der Dinge und nach dem damit verbundenen Erinnerungsschatz. Danach überlegt die Trauernde, welchen Platz sie jeweils dem speziellen Teil geben möchte, wie sie ihn aufbewahren will oder ob es eher fortgegeben werden soll.

Übung 2: Austausch über das Wort »Habseligkeiten«

ZEIT 50 Minuten

ZIEL Es geht um mehr als die respektvolle Entsorgung einer Hinterlassenschaft. Der Begriff »Habseligkeiten« zielt darauf ab, dass Dinge Träger der Geschichte eines Menschen und seines Lebens sind. Sie liefern einen Beitrag zu seiner Identität, sind Zeugen seiner Existenz. Sie erscheinen vertraut und fremd zugleich – vertraut durch ihren Gebrauch und fremd, weil sie dem verstorbenen, nicht mehr anwesenden Menschen gegenständig sind. So werden diese Dinge zu Stellvertretern, die eine Brücke zum Verstorbenen schlagen können. Das »Haben« trägt dann die »Seligkeit« der Verbindung.

DURCHFÜHRUNG Das Wort »Hab-Seligkeiten« liegt geteilt auf zwei Kärtchen vor. Dann werden die Assoziationen zu den einzelnen Teilwörtern benannt (oder auf das Blatt der Teilwörter aufgeschrieben). Man kann mit den beiden Blättern die Spannung zeigen, die zwischen »Haben« und »Seligkeit« liegt. Der Verstorbene hat auf der Haben-Seite etwas hinterlassen, was mit ihm verbunden hält – und in der Trauer des Nicht-mehr die Gewissheit der seligen Verbindung hat (oder haben kann).

Die Begleiterin untersucht mit der Klientin die mögliche Bedeutung des Wortes. Dabei geht es nicht um die korrekte Etymologie, sondern um die Gedanken und Gefühle, die dieses Wort im Hinblick auf (vielleicht wertlose) Überbleibsel aus dem Leben des Verstorbenen auslösen.

Die Trauerbegleiterin kann unterstützend erklären, dass das Wort nicht den Besitz, nicht das Vermögen eines Menschen bezeichnet, wohl aber seine *Besitztümer*, und dies mit einem freundlichen Unterton, der uns den Eigentümer dieser Dinge sympathisch und liebenswert erscheinen lässt.

Typischer Vertreter dieser Klasse von Eigentümern ist etwa ein sechsjähriges Kind, das den Inhalt seiner Hosentaschen ausbreitet, um sich am Reichtum, an der Vielfalt der geliebten Sammlung zu erfreuen.

Lexikalisch gesehen verbindet das Wort »Habseligkeiten« zwei Bereiche unseres Lebens, die entgegengesetzter nicht sein könnten: das höchst weltliche »Haben«, das heißt den irdischen Besitz, und das höchste und im irdischen Leben unerreichbare Ziel des menschlichen Glücksstrebens: die Seligkeit. Diese Spannung ist es, die uns dazu bringt, den Besitzer der Habseligkeiten posthum zu würdigen.

Glück

Einführung

Menschen in einer Verlustsituation leiden nicht nur an der Unmöglichkeit, die Beziehung zum verlorenen Menschen in der bisher gekannten Weise wiederherzustellen, nicht nur an der Schwierigkeit, den Part des Anderen mit zu übernehmen. Oft leiden sie auch darunter, dass das Leben ihnen so mitspielt, dass sie ihre Rolle und ihren Platz im Leben und in ihrem Verhältnis zu diesem Leben nicht mehr kennen oder nicht mehr innehaben. Irgendwann einmal war dieser Platz sicher und geborgen. Man empfand, dass es das Leben gut mit einem meinte, dass einem nichts zuwider geschehen könne, und leitete daraus eine Selbstverständlichkeit, manchmal fast ein Gewohnheitsrecht ab. Das Arkadien des Lebens schien heiter und wohlgeordnet. Dann schlug das Schicksal zu, nun war nicht nur der geliebte Mensch verloren, nun waren auch die Geborgenheit und das In-der-Welt-heimisch-Sein verloren. Das wird dann neben dem eigentlichen Verlust als zweite klaffende Wunde erlebt.

Gleichzeitig schmerzt die Unfähigkeit, von sich aus das Vertrauen in die Welt und das Leben, das solches tut, wiederherzustellen. Das Glück, in der Welt verwurzelt zu sein, ist verloren. Glück ist hier gemeint als Wesenserfüllung und somit Ziel des menschlichen Lebens; es zeigt sich auch als Besitz von Gütern, Tugenden, Erkenntnissen und/oder im Genuss der Lust. Den Entwürfen guten Lebens ist demnach gemeinsam, dass sie ein Glückskonzept beinhalten, mit dessen Umsetzung die Frage nach dem Sinn des Lebens und die Hoffnung auf ein im Ganzen gelungenes Dasein verknüpft wird. Das Streben nach Glück scheint zum Menschen unabtrennbar hinzuzugehören. Man kann auf dieses oder jenes Glück verzichten, weil etwas anderes oder Wichtigeres dagegensteht, aber man kann nicht auf Glück schlechthin verzichten.

Wenn trauernde Menschen mit dem Glücksnehmer hadern – ob er Schicksal, Leben, Gott oder höhere Macht oder noch ganz anders genannt wird – und ihr Glück einklagen, so steckt dahinter verborgen ein tiefer kindlicher Glaube, dass es etwas Größeres gibt als man selbst: Es muss eine Instanz geben, die solche Rechte garantiert. Sie sorgt für ihre Durchsetzung. Zuwiderhandlungen belegt sie mit Strafen. Nur so ist nachvollziehbar, dass von Rechten die Rede sein kann. Der trauernde Mensch macht sich in seinem Aufbegehren wahrscheinlich nicht bewusst, dass dieses Fordern seine Wurzel gleichsam im Widerstand gegen und im Anerkennen von einer höheren Macht hat. Auch wenn man dieser Macht zürnt, so kann sich dahinter dennoch ein Ausdruck von Glauben verbergen. Ein Ausdruck von Glauben und Hoffnung, sogar von Vertrauen, auf diese Ordnung gesetzt zu haben – und es im Aufbäumen und Stirne-Bieten wohl immer noch zu tun, denn diese Haltungen setzen auf ein Gegenüber, das Einsicht zeigt. Für Menschen mit lebensbedrohendem Verlust ist es ein Kämpfen um dieses vermeintliche Recht auf Glück – und ebenso die Resignation, niemanden zu haben, der seine Klage annähme und reuig die Selbstverständlichkeit des Lebensglücks wieder einsetzte. Ein Recht auf Glück ist in Ermangelung eines solchen verfügbaren und willfährigen Garanten nicht einklagbar. Seine Behauptung kann aber auch neben energischem Lebenswillen von einem nach wie vor vorhandenen, wenn auch enttäuschten Glauben an eine Art Gerechtigkeit und Verteilungsökonomie zeugen.

Impulszitate

»Gott gründlich die Meinung sagen« (C. S. Lewis, Über die Trauer. 3. Auflage. Zürich: Benzinger, 1991, S. 56).

»Was mutet mir dieses Leben nur zu, nun ist mir zum zweiten Mal die Frau weggestorben. Ich komme nicht mehr zurecht.
Wissen Sie, es ist irgendwie eine Unverschämtheit vom Schicksal, mich derart herzunehmen, so mit mir umzugehen. Das habe ich nicht verdient, ich habe doch ein Recht auf Glück! Jeder hat das« (Herr W., 57 Jahre).

»Es kann nicht jeder das Gleiche haben zu jeder Zeit. Das Leben ist nun mal nicht fair. Aber jeder hat darin seine Möglichkeiten. Und bei mir waren das Hoffen auf Fairness und Warten auf Glück Methoden, das eigene Leben nicht selbst steuern zu wollen. Das soll nun anders werden« (Susanne K. nach dem Tod ihrer Zwillinge).

Übung: Klage

ZEIT 60 Minuten

VORBEREITUNG Zwei freie Stühle zusätzlich zu den Sitzgelegenheiten.

ZIEL Der trauernde Mensch versteht, dass die Klage über das Recht auf Glück Ausdruck des tiefen Schmerzes über das Verlorene ist.

Der Tod oder der Verlust eines geliebten Menschen will auch als eine Auseinandersetzung mit dem eigenen Gesamtlebenskonzept gesehen werden, als Überprüfung dessen, was trägt und hält im Leben.

Es ist ferner das Anliegen der Begleitung zu verdeutlichen, dass sich das nicht garantierbare Recht auf Glück in ein Recht auf Glückschancen verwandeln kann. Es wird zu einem Recht, diese wahrzunehmen und umzusetzen, ein Recht auf ein Streben nach Glück, auch im Weh des Verlustes, auch im Schmerz des Zurückgebliebenseins.

DURCHFÜHRUNG Die Begleiterin weist auf den einen leeren Stuhl und sagt der Trauernden, dass auf diesem Stuhl die höhere Ordnung Platz genommen habe, die Macht, welche die Verantwortung an dem entwendeten Glück habe. Sie bittet sie, ihr zu erzählen, wie diese Macht aussähe, welche Kleidung sie trüge und welche Sitzhaltung sie hätte. Vielleicht könne sie dieser auch einen Namen geben. Dann möge sie sich vor deren Stuhl hinstellen und mehrmals kräftig mit dem Fuß aufstampfen und dann dieser Macht in aller Deutlichkeit die Meinung sagen. Die Trauernde möge der Macht von ihrem Leid und der empfundenen Ungerechtigkeit sprechen, dass ihr grundlos das Glück entzogen worden sei. Sie möge nicht eher aufhören, bis sie sich alles von der Seele gesprochen habe.

Variante 1: Die Begleiterin setzt sich auf den Stuhl der höheren Macht und gibt wieder, was sie dort gehört hat. Sie fragt die trauernde Person um Bestätigung des Gehörten und bittet sie fortzufahren in ihrem Klagen und Anklagen und geht dann wieder zurück zu ihrem eigenen Stuhl.

Wenn die Trauernde genug gesagt hat, beginnt die Begleiterin das Gespräch und fragt sie, wie es nun sei, ob gegebenenfalls etwas verändert sei.

Variante 2: Die Trauernde soll sich nun auf den Stuhl der höheren Macht setzen und der Trauernden, also sich selbst, antworten in der Rolle dieser Macht. Der Dialog mit Stuhlwechsel wird so lange fortgesetzt, bis sich das Gespräch erschöpft hat.

Nach einer Pause bittet die Begleiterin um eine Rückmeldung zum Dialog.

Gott

Einführung

Für Menschen, die einen Verlust hinnehmen müssen, ist die Frage nach Gott unterschiedlich gegenwärtig. Für Menschen, die ihr Leben nicht mit einer Gottesvorstellung verbinden, ist die Frage nach Gott nicht von Bedeutung. Die Aufgabe der Trauerbegleitung kann auch nicht sein, eine solche Frage aufzudrängen.

Menschen mit einer Vorstellung von Gott – annähernd Glaubende oder des Glaubens Gewisse – reagieren bei Verlust sehr unterschiedlich. Es kann sein, dass ein so sicher geglaubtes Gottvertrauen erschüttert bis zerrüttet ist; es kann sein, dass ein nur vager Glaube an einen Gott zu einer tragenden, trostvollen Gewissheit wird. Es ereignet sich auch, dass die Frage nach Gott gerade im Zusammenhang mit dem Verlusterleben in die eigene Lebensdeutung kommt.

In der Begleitung gilt es, den jeweiligen Stand der Trauernden zu erfassen und entsprechend zu gestalten.

Impulszitat

»Es gibt für mich keinen Gott mehr, der so viel Schmerz zulässt« (sagt eine erschöpfte 40-Jährige am Totenbett ihrer Mutter).

»Wie hätte ich ohne Gott diesen Schmerz durchleben können?« (sagt ein 35-Jähriger am fünften Todestag seiner mit sieben Jahren gestorbenen Tochter).

Übung: Erlaubnis und Zugang zur Gottesannäherung

ZEIT 60 Minuten

VORBEREITUNG Je nach Übung: Papier und Stift; eine Bibel; für die 4. Übung: Wollfäden und kleine Papierstreifen als mögliche Markierungen.

ZIEL Die Trauernde soll einen Raum haben, in dem sie mit ihrer individuellen Gottesfrage in der Trauer sich ausdrücken kann. Im Prozess der Trauer können alte, vielleicht kindhaft eingeschränkte Glaubensinhalte reifen, sich ergänzt oder gar vervollständigt sehen.

DURCHFÜHRUNG

1. Übung: Bei Verlust der eigenen Gottesgewissheit: Schreiben Sie einen Psalm der Klage vor Gott. Schreiben Sie nur Worte oder einen ausformulierten Psalm. Über diesen Psalm wird dann gesprochen – im Respekt vor dem momentanen Erleben, das ausgedrückt sein will. Am Ende wird ein Satz formuliert, mit dem die Trauernde gehen kann.

2. Übung: Gerade in der schmerzlichen Erfahrung des Verlustes ist der tiefste Trost die Gottverbundenheit. Hier kann die Trauernde gebeten werden, Worte oder Geschichten der Heiligen Schrift zu wählen, die sie vorliest. Dazu können die Erfahrungen mit der Begleiterin ausgetauscht werden. Am Ende wird ein Satz formuliert, mit dem die Trauernde gehen kann.

3. Übung: Für jemanden, der bisher keinen Gottbezug hat, der sich aber einen wünscht. Die Trauernde schreibt einen Brief an den noch unbekannten Gott: »Aus meinem Schmerz der Trauer wende ich mich an …« Die Trauernde kann ermutigt werden, verschiedene denkbare Anreden aufzuschreiben. Wenn Trauernde nicht gern selbst schreiben, kann die Begleiterin diese Anreden aufschreiben. Es folgt ein Gespräch darüber. Am Ende wird ein Satz formuliert, mit dem die Trauernde gehen kann.

4. Übung: Mein Weg mit Gott. Die Trauernde wird eingeladen, mit dem Wollfaden ihren Lebensweg zu legen unter dem Gesichtspunkt »Mein Weg mit Gott«. Entscheidende Stellen werden mit kleinen Papierstreifen markiert. Diesen Weg kann sie aber auch legen unter dem Gesichtspunkt »Mein Weg mit Gott in meiner Trauer«. Die Trauernde legt diesen Weg erst in Stille. Dann erzählt sie der Begleiterin, was sie von diesem Weg erzählen möchte. Am Ende wird ein Satz formuliert, mit dem die Trauernde gehen kann.

5. Übung: Alle Eigenschaftsworte, die der Trauernden zu Gott einfallen, werden auf je einen Zettel geschrieben. Dann werden die einzelnen Zuschreibungen nach und nach sortiert – was jetzt unerheblich geworden ist oder gar unter dem Eindruck des Verlusterlebens ganz wegfällt. Möglicherweise bleibt »unfassbar« oder Ähnliches übrig. Manche Trauernde schmerzt es, dass die vielleicht kindlichen Gottesgewissheiten durch den Verlust verloren gegangen scheinen.

Die Trauerbegleiterin hält anwaltschaftlich fest, welche Eigenschaften unter dem Eindruck der Trauer an Gewissheit verloren haben oder ganz abhanden gekommen scheinen. Das Gottesbild mag sich vielleicht während oder nach der Trauerzeit wieder vervollständigen. Die Trauer kann auch bisher unbekannte Eigenschaften Gottes zugängig machen, so dass am Ende des Weges ein vervollständigtes Gottesbild der Trauernden entstehen kann.

▶ Beachte: Es geht nicht um Mission der persönlichen Überzeugung der Begleiterin. Es geht um das, was die Trauernde zum Gespräch macht. Dabei ist es möglich, dass die Begleiterin nach ihrer eigenen Gottesvorstellung gefragt wird. Da ist eine ehrliche Antwort notwendig. Wenn die völlig anders ist als die der Trauernden, kann die Antwort zum Beispiel lauten: »Ich selbst habe keinen Bezug zu Gott. Ich wünschte Ihnen, dass Ihnen Ihr Wunsch nach Gott erfüllt wird.«

Halluzinationen

Einführung

Der Umgang mit dem Verlust ist eine einzige große Suchbewegung.

Die im Zurückbleiben alles übertreffende Frage ist: Wo könnte ich meinen so vermissten Menschen finden? Also macht sich die Trauernde auf, wenn schon nicht mit dem Geliebten, so doch wenigstens an Orte, wo sie mit ihm gewesen war oder auf die Erinnerung an ihn stößt, um die Erfahrung des Miteinanderseins und Teilens wiederzufinden. Die Sehnsucht kann sich so aufgeputscht oder aufgestaut erleben, dass sie als Übersprung aus der Unaushaltbarkeit den Vermissten als Wirklichkeit projiziert.

Ehemalige Urlaubsorte werden bereist, gemeinsame Lieblingsstädte und Landschaften von neuem aufgesucht. An all diesen Orten wird die Abwesenheit des Verlorenen noch einmal wie ein Schwerthieb erlebt, gleichzeitig wird aber auch eine Nähe zum Gewesenen als eine Art Anwesenheit wohlig gespürt.

Auch Träume können zu solchen Orten werden, in denen die Leidtragenden frei sind, die Gefühle durch ein Szenario zum Ausdruck kommen zu lassen, das hinter Symbolen und Metaphern ihre große Suchsehnsucht aufzeigt. Diese ist in der Lage, ein inniges Treffen zu inszenieren. Die trauerbezogenen Träume haben neben dem Glückseligkeit herstellenden Wiedersehen auch häufig das Motiv des Entschwindens, Verblassens, Auflösens des Verlorenen zum Inhalt und tragen so deutlich die Handschrift der Wahrheit.

Ein Ort kann sogar der eigene Körper sein, der als Liebhabender und Liebgehabter belebt war und nun einem verlassenen Haus gleicht. Gerade an diesem intimen Ort können die Süße der Erinnerung sowie die Gnadenlosigkeit der Abwesenheit erlebt werden; in den Momenten des Bedürfnisses nach Sexualität und Zärtlichkeit wird das Erlebnis des Verlustes wieder übermächtig.

Auch Gespräche, in denen der vermisste Mensch so lebendig dargestellt und beschrieben wird, dass er leibhaftig da zu sein scheint, sind solche Orte. Ebenso gemeinsame, nun unterbrochene Pläne und Projekte, in deren Weiterführung sehr viel echte Nähe und Tiefe, über den Tod dauernde Verbundenheit erlebbar werden.

Erfahrungsgemäß eignet sich Musik besonders leicht als Trägerelement dieses Suchens und Findens und der daran gekoppelten schmerzlichen, aber äußerst wichtigen Aufgabe des Sich-wieder-Trennens. Schon die ersten Töne der Lieblingsmelodie, des »gemeinsamen« Liedes oder Stückes, können die Verbindung und Gemeinschaft unvermittelt herstellen und die entsprechende Empfindung hierzu aufleben lassen. Mit dem Verhallen der Musik klingt auch die Gegenwärtigkeit des Gesuchten wieder langsam aus. In diesem Rhythmus liegt die gesundende Wirkung der Erinnerungsarbeit. Bei dem Verlorenen wieder anzukommen trotz des klaren Wissens, dass dies nicht in der gemeinhin formulierten Definition von Wirklichkeit geschieht, ist mildernd und heilsam.

Impulszitate

»Die sensorische Halluzination der Nacht ist angenehmer. Dann fühle ich seine Hand auf meinem Kopf, der darin geborgen ist wie in einem Nest. Manchmal fühlt sie sich so kalt an wie die Höhlung der toten Hand, in die ich eine Woche lang jeden Abend meinen Kopf bettete, manchmal so warm wie im Leben. Kalt oder warm, vor Angst, die Illusion zu vertreiben, wage ich mich nicht zu rühren« (Connie Palmen, Logbuch eines unbarmherzigen Jahres. Aus dem Niederländischen von Hanni Ehlers. S. 13. Copyright © 2013, 2014. Diogenes Verlag AG Zürich).

»Sie stand da und beobachtete mich, nüchtern, abwägend. Sie schien so echt wie das Parkverbotsschild neben ihr. Heute trug sie ihr schwarzes Strickoberteil, das sie am Abend unseres ersten Kusses getragen hatte […] Sie sagte: ›Wir hätten die ganze Zeit reden können …‹ Jemand ging so dicht vorbei, dass sein Schuh die Spitze meines Stocks schrammte; ich drehte mich für den Bruchteil einer Sekunde um, und als ich mich wieder zu ihr wandte, war sie fort. Ich sagte: ›Dorothy?‹ Fußgänger warfen mir neugierige Blicke zu und strömten zu beiden Seiten an mir vorüber wie Wasser, das einen Stein umfließt.
Wochen vergingen, und ich dachte immer nur, wie ich wohl erreichen könnte, dass sie zurückkäme […] Gab es ein wiederkehrendes Motiv, das ihre Besuche auslöste?« (S. 162).
»Seit ich gelernt hatte, sie zu sehen, tauchte sie öfter auf. Eigentlich erschien sie nicht, sondern ich entwickelte nach und nach ein Bewusstsein für ihre Gegenwart. Sie war die Wärme hinter mir in der Warteschlange, sie war die Silhouette an meiner rechten Seite, wenn ich über den Parkplatz ging […] Lassen Sie mich eins klarstellen: Ich war nicht verrückt. Oder, um es ein wenig anders auszudrücken: Ich war mir vollends bewusst, dass Verstorbene-Sehen verrückt war« (Anne Tyler, Abschied für Anfänger. Aus dem Englischen von Christine Frick-Gerke. Copyright © 2012 KEIN & ABER AG; Zürich – Berlin, S. 174).

»Allen erzählte sie von den schrecklichen Erlebnissen, die ihr Tag und Nacht begegneten. Einmal hatte sie *sein* Hut angeschaut als wie mit wilden Augen. Ein andermal war *sein* Rock dagehangen, still und leer, aber plötzlich verwandelte sich der vorwurfsvolle Rock, und sie sei in Ohnmacht gefallen. Auch war er ihr schon ›erschienen‹« (Franz Werfel, Der Tod eines Kleinbürgers [1928]. Stuttgart: Reclam, 2000, S. 58).

Übung: Bewusste Einladung und Vorstellung des verlorenen Menschen

ZEIT 60 Minuten

ZIEL Es geht darum, sich vor (Pseudo-)Halluzinationen nicht zu ängstigen, sie nicht als Anzeichen beginnender Geisteskrankheit zu sehen (»Werde ich verrückt?«), sondern als Ausdruck der großen Sehnsucht und als heilsame Möglichkeit, die Erinnerung an den verstorbenen Menschen zu pflegen und zu speichern. Mit der vorsätzlichen Imagination beschafft sich der trauernde Mensch *bewusst* eine ihm und seinem Leben hilfreiche Objektrepräsentanz, während sie ihm in der (Pseudo-)Halluzination *geschieht*. Es konnte gezeigt werden, dass im Gehirn dieselben Neuronenverbände mit nahezu derselben Intensität aktiviert werden – unabhängig davon, ob man eine Situation tatsächlich erlebt oder »nur« in der Phantasie erinnert oder erdenkt. Hiermit kann der erste Schritt zur Integration geleistet werden. Zu einem späteren Zeitpunkt wird dazu das körperliche Herholen nicht mehr nötig sein.

DURCHFÜHRUNG Die Begleitende bittet die Trauernde sich zu entspannen, indem sie achtsam alle Körperregionen nacheinander wahrnimmt oder einfach nur den Atem beobachtet. Diese Übung findet im Sitzen statt. Die Füße stehen (möglichst ohne Schuhe) fest auf dem Boden. Zwischendurch soll immer wieder ganz bewusst der Boden mit den stampfenden oder drückenden Füßen wahrgenommen werden.

Anweisung: »Stellen Sie sich zunächst in Ihrem Herzen ein Licht vor, das es wärmt und hell macht … Und lassen Sie dieses Licht in jeden Winkel Ihres Herzens kommen, damit das ganze Herz hell und warm wird. Und dann stellen Sie sich vor, dass diese Wärme und Helligkeit sich in Ihrem Körper ausbreitet und ausdehnt. Und jetzt lassen Sie dieses Licht durch die Fußsohlen austreten, so dass sich um Sie herum ein Lichtkreis bildet.

Und dann laden Sie Ihre verstorbene Person ein, in diesen Lichtkreis zu kommen. Warten Sie. Schauen Sie sie in Ruhe und ohne Furcht an. Sie ist auf Ihre Einladung hin gekommen. Nehmen Sie sich Zeit, dieses Beisammensein zu erleben. Möchten Sie ihr etwas sagen? Sie etwas fragen? Gibt es etwas, was Sie miteinander zu besprechen haben? Sie haben keine Eile. Und wenn Sie so weit sind, kommen Sie langsam und bedächtig wieder hier her und lassen den geliebten Menschen zurück. Fühlen Sie den Boden unter Ihren Füßen, achten Sie auf die Atmung und dehnen Sie sich etwas.

Gibt es aus dieser Übung eine Stimmung, eine Erfahrung, die Sie in den Tag mitnehmen?«

➤ Beachte: Diese Übung setzt eine große Erfahrung voraus – wegen der Geister, die man rufen kann und die man dann nicht wieder loslässt. Sie sollte nur dann angewendet werden, wenn die Trauernde von solchen Erlebnissen erzählt.

Sollten die (Pseudo-)Halluzinationen sehr häufig und intensiv auftreten und die Trauernde deswegen einen großen Leidensdruck verspüren, so bitten Sie sie, dass sie eine ergänzende fachärztliche Beratung aufsucht.

Halt

Einführung

Menschen haben sich als soziale Wesen entwickelt, deren lang anhaltende Abhängigkeit von versorgenden Anderen tief verwurzelte Bindungen ausgeprägt hat, die nicht nur im Kleinkindalter gelten, sondern während unseres ganzen Lebens.

So ist das Gefühl der Halt- und Bodenlosigkeit ein natürliches, häufig vorkommendes Erleben nach einem großen Verlust. Bindungen geben dem Menschen Halt und Stärke. Fehlen sie, kann das Angst auslösen oder verzweifelte Wut und Gewalt. Wie das Verhältnis zwischen Eltern und Kind das spätere Leben prägt, Partnerschaften und Freundschaften beeinflusst, so löst auch der Verlust eines Menschen Verlassenheitsgefühle und manchmal seelische Instabilität aus. Das gilt umso mehr bei stark abhängigen Bindungen.

Impulszitate

»Ich hatte den Boden unter den Füßen verloren wie bei einem Erdbeben, wenn der Grund, auf dem man jahrelang sicher gestanden hat, sich plötzlich auftut. Musste ich auf die Rettungsmannschaft warten, die mich unter den Trümmern herauszieht und wieder auf die Beine stellt? Wenn mir nur die Kraft gewiss wäre, es allein zu schaffen« (Esther Goshen-Gottstein, Als der Tod uns trennte. Das Weiterleben als Witwe. Göttingen: Vandenhoeck & Ruprecht, 1997, S. 25).

»Mit E. ist aller Halt in meinem Leben weg, ich bin wie ein Schilfrohr im Wind« (W. G., 81 Jahre, unmittelbar nach dem Tod des Sohnes).

Übung 1: Standpunkt und Schwankpunkt

ZEIT   45 Minuten

ZIEL   Es gilt zu begreifen, dass es kein Leben mit einem dauernden Sicherheits- und Haltgefühl gibt. Fest stehen und schwanken sind die beiden Heterostasepunkte, zwischen denen sich Leben vollzieht. Ein Mensch hat immer sowohl stabile als auch labile Anteile in sich, er befindet sich also irgendwo auf dem gedachten »Kontinuum« zwischen sicher und gefährdet.

Ein weiteres Ziel könnte sein, dass der trauernde Mensch lernt, eine Objektsicherheit zu haben, das heißt die Fähigkeit, sich etwas vorzustellen, das nicht länger physisch verfügbar oder präsent ist.

DURCHFÜHRUNG Die Begleiterin bittet die Klientin, sich mit leicht gespreizten Beinen aufrecht hinzustellen und ihre Stabilität zu spüren. Sie fordert sie auf, diese Haltung so lange wie möglich zu halten und ihren Körperzustand zu beschreiben. Wenn die Spannung nachlässt, werden auch diese Körperveränderungen im Einzelnen mitgeteilt (schwankender Oberkörper, zitternde Knie …) Dann darf die Klientin Hilfsmittel zur Kräftigung nutzen (sich anlehnen an der Wand, sich festhalten an der Stuhllehne …).

Das nachfolgende Gespräch im Sitzen beginnt mit der Frage, was der Titel der Übung mit ihrer Erfahrung und ihrem Trauerprozess zu tun haben könnte.

Übung 2: Der tragende Boden

ZEIT 30 Minuten

VORBEREITUNG Ein sauberes Tuch oder eine Matte bereithalten. Licht wenn möglich etwas dimmen. Gegebenenfalls leise Musik im Hintergrund.

ZIEL Es geht darum, auch in einer großen Krise ein Gehaltenwerden zu erfahren.

DURCHFÜHRUNG Die trauernde Person wird aufgefordert: »Legen Sie sich auf diesem für Sie vorbereiteten Platz auf den Rücken. Strecken Sie sich lang aus und machen Sie es sich bequem. Kommen Sie bewusst in Ihrer Haltung an. Spüren Sie den Boden unter sich und fühlen Sie, wie Ihr Körper auf der Unterlage aufliegt und von ihr getragen wird. Liegen Sie so für ein paar Momente und erlauben Sie sich, zur Ruhe zu kommen. Richten Sie Ihre Aufmerksamkeit auf Ihre Fersen, Ihre Waden, Ihr Gesäß, Ihren Rücken, Ihre Schultern, Ihren Hinterkopf. Und auf Ihren Atem. Lassen Sie ihn fließen, wie er gerade kommen und gehen mag.«

Dann erfolgt ein Austausch über die Erfahrung in der Übung.

Hoffnung

Einführung

Die Hoffnung hat auf dem Weg der Trauer eine große Bedeutung. Ohne Hoffnung scheint die Wegstrecke unaushaltbar; gleichzeitig steht auf diesem Weg die Hoffnung immer wieder auf dem Prüfstand. Hoffnung – worauf? Auf ein Wiedersehen? Auf das Ende des schmerzenden Zustandes? Auf einen neuen Lebensentwurf? Die Hoffnung wird herausgefordert und enttäuscht so oft. Die Hoffnung wird flehentlich ersehnt und lässt sich schwer produzieren.

Ein Trauerweg lebt aus der Hoffnung, dass es eine Veränderung geben wird, eine Zuwendung zum anderen Leben. Die Trauerbegleitung stützt diese Hoffnung, oft auch wider manche Resignation vor der Erfüllbarkeit der Hoffnung. Die Trauerbegleiterin übernimmt manchmal die Aufgabe, Anwältin dieser Hoffnung zu sein, die man nicht sehen kann, die aber als innere Gewissheit mitgehen mag. Hoffnung gilt es auch dann anwaltschaftlich zu bewahren, wenn Trauernde aufkeimende Hoffnungsgewissheiten abwehren, weil sie befürchten, die Intensität der Trauer zu verlieren. Die Intensität der Trauer wird gleichgesetzt mit der Liebe zum Verlorenen.

Hoffnung ist auch eine spirituelle Kraft, die sich aus den weltanschaulichen Vorgaben nährt. Die Begleitung kann auch diesen Urgrund der Hoffnung unterstützen.

Impulszitate

»Hoffnung, die man schon erfüllt sieht, ist keine Hoffnung« (Römerbrief 8, 26).

»Die Hoffnung stirbt zuletzt, sagt man, aber was ist, wenn sie dann irgendwann eben doch mal stirbt? Was habe ich dann noch?« (ein trauernder junger Mann).

Übung: Aspekte der Hoffnung

ZEIT 45 Minuten

VORBEREITUNG Fingerpuppen oder Tücher, die zu Puppen geknotet werden können. Papier und Stift.

ZIEL Die Trauernde bekommt Zugang zu dem, was sie als Hoffnung beziehungsweise als vermisste Hoffnungsgewissheit erlebt. Wenn möglich, werden Wege der Stärkung der Hoffnungsimpulse bedacht.

DURCHFÜHRUNG

1. (grundlegende) Übung: Die Trauernde sucht Allegorien (Fingerpuppen oder aus Tüchern geknotete Puppen) für ihre Hoffnung aus. Diese Figuren werden von der Trauernden verlebendigt. Sie sprechen verschiedene Aspekte von Hoffnung aus. Die Begleiterin wiederholt diese Aspekte und lässt die Trauernde die verschiedenen Aspekte in der für sie erreichbaren Nähe anordnen. Die Trauernde wird ermutigt, von Erfahrungen mit solchen Anteilen der Hoffnung zu sprechen. Die Trauernde wird gebeten zu benennen, ob sie etwas kennt, was ihr diese Aspekte der Hoffnung tragen hilft, zum Beispiel bestimmte Musik, Gedichte, Literatur, Farben, Texte aus Heiligen Schriften, bestimmte Orte und so weiter. In einer der folgenden Begegnungen mit der Trauernden können solche Hoffnungsträger mitgebracht oder aufgesucht werden. Wenn greifbar, können auch am Ende der Übung solche Hoffnungsträger (zum Beispiel Texte oder Musik) eingesetzt werden.

Hoffnungen, die da sind, aber nicht greifbar, weil überdeckt vom Schmerz der Trauer, könnten auf ein Papier geschrieben werden. Dieses wird gefaltet und der Begleiterin anvertraut – als ein Zeichen, dass diese anwaltschaftlich mit bewahrt, was an Hoffnung da ist oder ersehnt wird, was aber im Augenblick der Übung nicht zur Verfügung steht.

2. (erweiterte) Übung: Wenn eine weltanschauliche Verbundenheit da ist, können Texte aus dieser Tradition gelesen und besprochen werden, zum Beispiel in christlicher Tradition die Auseinandersetzung des Paulus zum Thema Hoffnung (Römerbrief, 8. Kapitel, da vor allem die Verse 23–26 und 38–39). Der Gesamttext des Römerbriefes (8, 18–39) ist wegen seiner vielschichtigen weiteren theologischen Aspekte in der Regel nicht angemessen und nur theologisch Gebildeten zumutbar.

Zur Erschließung des Textes: Die Trauernde bekommt den ersten Textabschnitt (Verse 23–26) vorgelesen, dann liest sie ihn selbst vor. Sie wird eingeladen, Worte zu benennen (eventuell auch zu unterstreichen), die sie angesprochen haben. Anhand dieser Worte kann der Bezug in die eigene Lebenssituation hergestellt werden. Beispiel: *Obwohl wir den Geist haben ... seufzt ... warten auf Erlösung ... Hoffnung ... nicht gerettet ... schon erfüllte Hoffnung ist keine Hoffnung ... ausharren in Geduld ... Schwachheit ... um was beten? ... Der Geist tritt für uns ein ... mit unaussprechlichem Seufzen.*

Anhand solcher Wortbrücken kann eine eigene Hoffnungsgeschichte im Spiegel geistlicher Lebensbetrachtung erzählt werden.

▷ Beachte: Da Hoffnung nicht produziert werden kann, ist in der Übung zur Hoffnung nicht zu erwarten, dass danach Hoffnung gesichert da ist. Der Annäherungszustand ist mit zu bedenken – auch für die Begleiterin, die sich vielleicht wohler fühlte, wenn sie in der Trauernden sogleich eine greifbare Hoffnung festgemacht hätte.

Idealisierung und Glorifizierung

Einführung

Illusionen setzen wir Menschen mit großer Fähigkeit dann ein, wenn unlösbare Widersprüche in einer Beziehung, Belastungen und Konflikte in eine erträgliche Bahn gelenkt werden sollen. Sie zeigen sich als Wunschbild, mit dem man sich eine eigene Wirklichkeit herstellt, die anders als die belastende ist. Solche Bilder zeichnen sich durch große Zähigkeit aus. Eine Form davon ist die Idealisierung oder auch, noch heftiger, die Glorifizierung. Beides sind Umgangsmöglichkeiten, die uns im Zusammenhang von Trauererleben häufig begegnen.

Die Idealisierung ist eine auf einen anderen Menschen gerichtete Form der positiven Illusion, die dazu dient, das Schwanken zwischen widersprüchlichen Gefühlen unter Kontrolle zu halten und die ja auch zum Leben gehörenden Schattenseiten des anderen zu vergolden.

Die Bewertung des Verlustes ist von entscheidender Bedeutung, um sich im weiteren Leben ohne den Verstorbenen zurechtzufinden. Zu Beginn einer Trauerreaktion mag die einseitige Auswahl positiver Erinnerungen (über den Toten nichts als Gutes sagen) dem Wunsch entspringen, dem Verstorbenen ein ehrendes Andenken zu hinterlassen und es nach außen zu tragen.

Auch ist zu bedenken, dass es in den Erinnerungen nicht nur um die des verlorenen Menschen geht, sondern auch um die, die sich auf die eigenen Konflikte und Beziehungsfragen des Hinterbliebenen richten. Wenn der trauernde Mensch hier keine vorläufige positive Auswahl träfe, liefe er Gefahr, zusätzlich zu den tiefen Gefühlen der Verlassenheit von anderen Gefühlen überwältigt zu werden. So helfen vorübergehende Idealisierung und Glorifizierung auch dem Selbstwertgefühl des Trauernden. Stolz auf den Verlorenen sein zu können, stärkt die Sicherheit des geschwächten Ichs, die nun so dringend benötigt wird.

Eine dauernde Glorifizierung erschwert aber den Trauerverlauf. Diese Erhöhung beeinträchtigt die lebendige Beziehung zum Toten, denn sie meint ihn nicht wirklich, sondern das idealisierte Bild von ihm. Je mehr der Verlorene aufgewertet wird, umso größer ist natürlich der Verlust, der mit seinem Fortgang eingetreten ist, umso uneinnehmbarer bleibt sein Platz für andere. Der Zurückgebliebene überzeichnet den Verlorenen als Halbgott und verarmt selbst. Die partnerleere Wirklichkeit lässt im Moment keine Erfahrung der Korrektur zu. Das Ideal setzt dann einen Maßstab, der den Trauernden dauernd dazu bringt, sich selbst einzuschüchtern, seine Mangelhaftigkeit darzustellen, sich und andere herabzusetzen. Die Verkennung der Wirklichkeit stärkt auch den Zusammenhalt mit dem Verstorbenen oder Verlorenen in einer Weise, die abkapselt und alle(s) andere(n) ausschließt.

Das führt dazu, dass alles versucht wird, die alte Ordnung wiederherzustellen. Dies ist in der großen Irritation eines Trauer tragenden Lebens nur allzu verständlich. Und doch: Manchmal verhindert dieses gut nachvollziehbare Festhalten an dem, was vermeintlich war, den gesamten Prozess des Trauerns, so auch später einmal eine mögliche Versöhnung mit dem Wirklichen, das gewesen war. Wenn es am Ende eines Trauerprozesses um das Verinnern des Verlorenen geht, wenn ihm im Leben des Hinterbliebenen ein neuer Platz gegeben wird, dann ist es von Bedeutung, dass es der wirkliche Mensch ist, der er war. Vielleicht heißt dies, den Menschen, den man betrauert, noch einmal in einem neuen Licht zu sehen, ihm vielleicht noch einmal ganz neu zu begegnen und ihm entgegenkommend und liebevoll sein So-gewesen-Sein zuzugestehen. Begleitung hat hier die Aufgabe, vorsichtige Äußerungen zu anderen als nur guten Charaktereigenschaften ohne Erschrecken oder Verweis anzunehmen und deutlich zu machen, dass sie kein Verrat am anderen Menschen sind.

Impulszitate

[Trauer ist] »ein Prozess, der einen dazu bringen soll, über den Verlust hinwegzukommen, sich vom Verstorbenen lösen zu können, ohne ihn zu vergessen, und als veränderter Mensch weiterzuleben. [...] Freude über den gemeinsam zurückgelegten Weg gehört dabei ebenso zur Trauerarbeit wie die Konflikte und Probleme, die es gegeben hat« (Christel Rauber, Trauerbegleitung nach Selbsttötung. In: Neue Gespräche, Handreichungen für Familien und Gruppen. Themenheft: Tod und Trauer in der Familie, 1988, Nr. 2, S. 31 f.).

»Im Tod war sie unfähig geworden, schlampig zu sein, Schwächen zu haben. In Theos Erinnerung war Laura zu einer Heiligen geworden, zu einem heiligen Mädchen« (Kate Atkinson, Die vierte Schwester. München: Knaur eBook, 2011, Position 1770. Copyright © 2005 der deutschsprachigen Ausgabe Droemer Verlag. Übersetzt von Anette Grube. Ein Imprint der Verlagsgruppe Droemer Knaur GmbH & Co. KG, München).

Übung: Die Wirklichkeit ist kein Verrat

ZEIT 40 Minuten

VORBEREITUNG Kleine frische Blumen.

ZIEL Auch andere, nicht so geschätzte Charaktereigenschaften des verstorbenen Menschen zu erinnern und im geschützten Raum zu äußern, mag Erleichterung bringen. Es kann den Weg ebnen, ihn freier und in der Fülle seines wirklichen Lebens zu erkennen und dauerhaft zu sehen.

DURCHFÜHRUNG Wenn die Begleiterin eine solche immer wieder auftauchende oder bleibende Idealisierung bemerkt, kann sie der Trauernden die Hausaufgabe geben, im Laufe der nächsten Woche nur einmal mit liebevollem Blick kleine und kleinste Unmutsempfindungen oder Missstimmungen im früheren Beziehungsalltag zu spüren, die sie gegenüber ihrem Verstorbenen hegte. Diese werden notiert und zur nächsten Stunde mitgebracht. Dort werden sie mitgeteilt. Die Begleiterin vermittelt, dass diese Äußerungen kein Verrat an der Liebe sind. Eine denkbare Erweiterung könnte sein, den Satz anzubieten: »Und diesem in seiner Unvollkommenheit liebenswerten Menschen schenke ich zum Gedenken eine Blume.« Die hat die Begleiterin dann in der Hinterhand.

▶ **Beachte:** Jede Zerstörung von Illusionen löst zunächst einmal Ängste aus. Der bisher sichere Boden der Vorstellung vom Anderen wird verlassen. Diesen daraus erwachsenden Widerstand gilt es zu achten und nicht etwa zu brechen.

Identität

Einführung

In dieser großen Gegenwart des Trauerns kommen Minderwertigkeitserfahrungen, kommen Verunsicherungen, ob man überhaupt noch lebensfähig ist ohne den verlorenen Menschen. Das Zwei, das in Ver*zwei*flung steckt, ist etwas vom unendlich Zerrenden. Es ist der unaushaltbare Druck, der entsteht, wenn Menschen in einem »Dazwischen«, nicht mehr in einem Wir behaust und ohne tragenden Grund sind. Es ist für den Verzweifelnden ja nicht nur so, dass sich ihm die Welt verändert, sich ihm entfremdet hat. Viel Gewaltigeres ist geschehen: Die Ich-Welt ist auch nicht mehr. Und in einer nichtexistenten Welt leben zu sollen ist schwer möglich. Das ist logisch, aber – und das mehrt die Ohnmacht der Verzweiflung – irgendetwas will dennoch leben. »Nichtleben im Leben«, nannte das eine Verzweifelte. Wo und wie kann der Verzweifelte leben, wenn keine Welt mehr ist?

Impulszitate

»*Falling apart*, dieser englische Ausdruck für das Zusammenbrechen, für einen Zustand des Wahnsinns, trifft den Kern dessen, was geschieht, wenn ein geliebter Mensch stirbt: Es ist ein Sturz ins Abgespaltensein. Weil etwas auseinandergerissen wird, das zusammengehört. Man fällt aus dem heraus, was einen zusammenhielt, der Form dessen, was man ist, und damit fällt man aus sich selbst heraus, aus der Einheit, die ein *Selbst* ist, die aber nur dank des anderen besteht« (Connie Palmen, Logbuch eines unbarmherzigen Jahres. Aus dem Niederländischen von Hanni Ehlers. S. 28. Copyright © 2013, 2014. Diogenes Verlag AG Zürich).

»Das Grundwort Ich-Du kann nur mit dem ganzen Wesen gesprochen werden. Die Einsammlung und Verschmelzung zum ganzen Wesen kann nur durch mich, kann nie ohne mich geschehen. Ich werde am Du; Ich werdend spreche ich Du« (Martin Buber, Ich und Du. 1999 © Gütersloher Verlagshaus, Gütersloh, in der Verlagsgruppe Random House GmbH).

Übung: »Wenn du ... wärst, was wärst du dann für eine(r)?«

ZEIT 45 Minuten

ZIEL In dieser spielerisch wirkenden Übung setzt sich die Trauernde durch Begriffe und Bilder wieder zusammen. Ihr Ich, ihr Selbst erhält wieder Form, Farbe und Kontur und kann auch ohne das Du spürbar und (er-)lebbar werden.

DURCHFÜHRUNG Die Begleiterin fragt die Trauernde (Beispiel):
B: »Wenn Sie ein Baum wären, was wären Sie da für einer?«
T: »Eine Trauerweide, ich lasse im Moment den Kopf hängen ...«
B: »Wenn Sie ein Getränk wären? Ein Stein, eine historische Figur, eine Jahreszeit, ein Wochentag, eine Zahl, ein Werkzeug, ein Musikinstrument, ein Geräusch, ein Lied, ein Element, ein Wort, ein Möbelstück, eine Richtung, ein Filmtitel ...«

In der Auswertung betont die Begleiterin die Vielfalt der Bilder und die Komplexität der Identität ihres Gegenübers.

➤ Beachte: Diese Übung eignet sich gut für den Einsatz in Trauergruppen, weil sie eine Fülle verschiedener, sehr eigener Identitäten zu Tage bringt.

Isolation

Einführung

Es gehört zu den bitteren Erfahrungen eines Menschen in Trauer, dass er nicht nur unter dem Verlust leidet, sondern fast genauso stark unter Isolation. Das isolierende Verhalten Außenstehender baut eine Mauer der Fremdheit und des Alleingelassenseins um die Trauernden. Nicht selten führen solche Erfahrungen dazu, dass Trauernde sich selbst verstärkt isolieren. Sie sehen in ihrem Umfeld keinen Menschen, der ihre Trauer versteht, der sich bemüht, sie mit ihnen auszuhalten. Auf der Suche nach verstehenden Begleitern und Begleiterinnen sagen kraftlos gewordene Trauernde: »Es gibt niemanden; und wenn es jemanden zu geben scheint, dann erzählt er nicht selten von sich, von seiner Trauer, von seiner Art, alles überwunden zu haben, von der Notwendigkeit, sich nicht hängen zu lassen, von der Schönheit des Wetters und den günstigen Sonderangeboten im Kaufhaus.« Und die Trauernden ziehen sich zurück und wählen die oft zermürbende Selbstisolation.

In die Isolation treiben ebenso die ungeduldigen Aussprüche, Mahnungen, Vorwürfe und psychologischen Zustandsdeutungen durch andere. Diese ertragen oft die Dauer der Trauer nicht, ertragen Zwischenzustände des Trauerweges nicht, reden gut zu und verletzen dabei, bagatellisieren, was den Trauernden unsägliches Leiden ist: Sie sagen dem in Trauer Verstrickten, er dürfe sich da nicht hineinfallen lassen, sonst werde es problematisch; sie sagen der Ehefrau, der Mann sei doch schon lange krank gewesen und es sei schließlich besser so für alle; sie sagen dem jungen Ehemann, der seine Frau durch einen Unfall verlor, wer wisse, was ihr im Alter und bei der unsicheren Weltlage alles an Krieg und Katastrophen erspart geblieben sei; sie sagen den fassungslos-versteinerten Eltern, dass sie ja noch andere Kinder hätten und noch jung genug seien, um ein neues zu bekommen.

Bei derartiger Verletzung der Gefühle Trauernder ist der schützende Rückzug in die Isolation bei aller Schmerzlichkeit verständlich, aber letztlich nicht förderlich.

Impulszitate

»Die Empfindung der Isolation ist schmerzlich, wenn sie uns im Gewühl der Welt, unerträglich jedoch, wenn sie uns im Schoße unserer Familie überfällt [...] Überlege wohl, bevor du dich der Einsamkeit ergibst, ob du auch für dich selbst ein heilsamer Umgang bist« (in: Ulrike Tanzer, Irene Fußl, Lina-Maria Zangerl, Gabriele Radecke: Marie von Ebner-Eschenbach/Josephine von Knorr, Briefwechsel 1851–1908. Kritische und kommentierte Ausgabe. Berlin/Boston: Walter de Gruyter, 2016, S. 78).

»Zwischen mir und der Welt ist eine hohe Wand. Und um mich herum ist es kalt und einfach niemand mehr da« (S. B., 47 Jahre, nach dem Suizid ihres Lebenspartners).

Übung: Soziales Atom

ZEIT 60 Minuten

VORBEREITUNG 7 bis 10 Tücher, verschieden in Material und Farbe.

ZIEL Die unter Isolation leidende Trauernde kann erkennen, dass jeder Mensch in ein System eingebunden ist oder sein kann, sei dieses System im Augenblick auch noch so wenig im Blick, vage oder räumlich weit entfernt. Aus dem sozialen System lassen sich Denk- oder sogar Handlungshilfen abrufen. Die Übung kann im besten Fall offenlegen, dass es tatsächlich Menschen gibt, die in unterschiedlichen Aufgaben und unterschiedlichen Trauergefühlen ergänzend und stützend gegenwärtig sind.

DURCHFÜHRUNG Die Trauerbegleiterin bittet die Trauernde, ihr noch (irgendwie) existierendes soziales Netz, das sogenannte soziale Atom[19], aufzubauen. Sie wählt für die jeweiligen Personen bunte Tücher oder andere Gegenstände. Die Trauernde benennt zunächst die Personen, die ihr einfallen, zum Beispiel: Schwägerin L., die Nachbarinnen P. und G., Großonkel K.-H., der in Amerika lebende Neffe R., die Leiterin der Altengruppe B. und mehrere Mitglieder daraus (G. und M.). Sie markiert mit einem Tuch den eigenen Standort im Raum.

---

19 Diese Übung aus dem Psychodrama ist mit einigen Abwandlungen dem Buch von Matthias Schnegg »Erwärmen in der Trauer. Psychodramatische Methoden in der Begleitung« (Göttingen: Vandenhoeck & Ruprecht, 2014, S. 99 ff.) entnommen.

Dann legt sie die Tücher für die jeweiligen Personen in dem Abstand hin, den sie ihnen zu sich und ihrer Trauer zumisst.

Nun bittet die Begleiterin die Trauernde, in die einzelnen Rollen der Personen in diesem ihrem sozialen Atom zu gehen und aus dieser Rolle heraus einen Kernsatz zu sprechen. Es sollen Sätze sein, die etwas mit ihrem Verlust zu tun haben, wie sie diesen Verlust erleben, was sie empfinden, was sie für die Trauernde tun könnten und was nicht, was ihnen im Kontakt zu ihr schwerfällt. Zum Beispiel: »Ich sehe dich in deiner Trauer und sage dir …« Danach nimmt sie selbst in der Mitte ihren vorher gewählten Platz ein.

Danach tritt die Trauerbegleiterin als Hilfs-Ich an die jeweilige Stelle in das soziale Atom. Sie nimmt das von der Klientin ausgesuchte Rollensymbol (Tuch oder Gegenstand) und wiederholt den jeweiligen Kernsatz der nun von ihr repräsentierten Person und spricht sie in Richtung der Trauernden. Diese hört die Sätze zunächst kommentarlos an. Die Begleiterin lässt sich Zeit mit der Abfolge der Sätze, damit die Trauernde Zeit hat, diese Sätze aufzunehmen. Es sind ja die Sätze aus ihrer inneren Gewissheit, die sie selbst zuvor diesen Rollen gegeben hat.

Vor einem zweiten Durchgang der Rückmeldungen wird die Klientin von ihrer Begleiterin ermutigt, nach jeder Rückmeldung zu entscheiden, ob sie diese Aussagen aufnehmen will. Wenn das so ist, werden ihr von der Begleiterin die Tücher der jeweiligen Personen umgelegt oder die Gegenstände in die Hand gegeben. Wenn nicht, werden sie liegen gelassen.

Am Ende der Sequenz ist die Trauernde von den unterschiedlichen Tüchern und Farben wie ummantelt oder hat eine Fülle von Gegenständen in ihren Händen. Die Trauernde gibt eine Rückmeldung, wie sie das erlebt hat in Bezug auf die geäußerte Isolation.

MÖGLICHKEITEN IN EINER GRUPPE Mit einer schon länger miteinander bestehenden (reifen) Gruppe, die bereit ist, sich für eine Weile von der eigenen Trauer zu lösen und auf die eine Mitteilnehmerin einzugehen, werden die einzelnen Personen mit sogenannten Hilfs-Ichs besetzt. Das heißt, sie übernehmen die Rollen der einzelnen Mitglieder im sozialen Atom und sprechen aus dieser Einfühlung.

VEREINFACHTE FORM Anleitung der Begleiterin (gegebenenfalls auch als Hausaufgabe zu machen und das Ergebnis zum nächsten Termin mitzubringen):
»1. Nehmen Sie ein leeres Blatt (mindestens DIN A4, am besten im Querformat) und wählen Sie ein Selbstsymbol für sich selber in die Mitte des Blattes (zum Beispiel Kreis, Quadrat, Rechteck …). Schreiben Sie in das Selbstsymbol »ICH«.

2. Wählen Sie spontan Ihre wichtigsten emotionalen Bezugspersonen aus. Verbinden Sie jede Person, die Ihnen einfällt, mit einer Verbindungslinie zu Ihrem Selbstsymbol. Wählen Sie für jede Person ein für Sie passendes Symbol (zum Beispiel Kreis, Herz, Blume, Quadrat, Dreieck …) und tragen Sie darin den Vornamen der Person ein.
3. Nummerieren Sie in der Reihenfolge, wie Sie Ihre Bezugspersonen auf das Blatt bringen, das jeweilige Symbol mit Ziffern 1, 2, 3 … (für die 1., 2., 3. Person und so weiter).
4. Wenn die jeweilige Verbindung besonders stark ist, dann verbinden Sie statt einem einzelnen Strich einen Doppelstrich mit Ihrem Symbol. Wenn die Verbindung emotional etwas belastet oder gestört ist, dann zeichnen Sie noch einen kleinen Querstrich in die Verbindungslinie (oder auch zwei, wenn sie besonders stark belastet oder gestört ist).

Im beruflichen Kontext könnten Kolleginnen und Kollegen skizziert werden, also zum Beispiel Ihre Verbindungen zu all den Mitarbeitern, Führungskräften, Projektverantwortlichen etc.«

Nach dem Ausfüllen bespricht die Begleiterin mit der Klientin die Skizze und nutzt möglicherweise folgende Betrachtungen beziehungsweise Fragen:
- Durch die Art der Verbindungsstriche wird die Qualität der emotionalen Beziehung angegeben (zwei Striche zeigen eine sehr enge emotionale Verbindung, Querstriche in der Verbindungslinie gestörte oder belastende Aspekte in der Verbindung).
- Weshalb habe ich meine Bezugspersonen genau in dieser Reihenfolge gezeichnet? Was zeigt mir meine »spontane« Reihenfolge auf, was bedeutet sie für mich?
- Durch die Größe der Symbole und ihren Abstand zum Selbstsymbol wird die Stärke der Beziehungsemotion angegeben (je näher es zum Ich liegt, desto stärker meine emotionale Beziehung zu der Person).
- Wenn Symbole ausradiert oder verändert wurden, weist das auf Unklarheiten, Angst oder unerledigte Geschäfte hin.
- Große oder vom Selbstsymbol weit entfernte Symbole haben häufig etwas mit Konflikten und Angst zu tun.
- Sehr große (aufgeblähte) Selbstsymbole zeigen oft die Befürchtung eines Selbstverlustes.
- Kleine und nahe Symbole repräsentieren gelegentlich negative Übertragungen oder Konkurrenzen.

- Überlappungen von Symbolen weisen auf ungenügende Differenzierung oder Abgrenzung hin.
- Horizontale oder Rechts-Links-Unterteilungen geben oft Aufschluss über Vergangenheit und Zukunft, Männer und Frauen, Gutes und Schlechtes.
- Finden sich Hinweise auf Ausgesparte oder Vergessene?
- Wirken Linien oder Symbole diffus, krakelig ... Warum wohl?
-

▷ Beachte: Es geht nicht um eine grundlegende Therapie zur Persönlichkeit, sondern um das Aufzeigen der Bindungen, die hilfreich da sind und als solche genutzt und wertgeschätzt werden können.

Es gibt Trauerumstände, in denen ein Mensch tatsächlich oder in seinem Empfinden ganz allein auf der Welt ist. Meist sind es dann nur die Verstorbenen, die das soziale Atom ausfüllen. Das gilt es zu akzeptieren.

Jahrestage

Einführung

Mit Eintritt des Verlustes beginnt für viele Trauernde eine neue Zeitrechnung: Seit einem Monat ist er tot. An einem Freitag starb er. Es war 21 Uhr. Jetzt ist sein Geburtstag, das erste, das zweite, das fünfte Mal ohne ihn. Mein erster, zweiter, dritter Geburtstag ohne ihn. Das Datum unseres Kennenlernens. Die Zeit der blauen Stiefmütterchenblüte, *unserer* Blume.

Den Jahrestagen – Sterbetag, Geburtstag, Namenstag, Partnerschaftsdaten – kommt in der Trauer eine besondere Bedeutung zu. Für Begleitende ist es gut, solche Daten, wenn sie denn in der Begleitung genannt worden sind, zu bedenken. Es sind Tage, an denen der Schmerz des Verlustes besonders spürbar sein kann. Jahrestage bekräftigen, dass es ein »Nie wieder wie vorher« gibt. Darum sind sie sowohl voll an berührenden Erfahrungen als auch Zeugen einer nicht mehr zu wiederholenden Erfahrung.

Erfahrungen bleiben. Sie können auch durch den Tod nicht ausgelöscht werden, solange der Verstand Erinnerungen zulässt. Jahrestage sind auch Zeiten dieses unvergänglichen Wissens – wenn auch zugleich des Schmerzes, dass es keine neuen Erfahrungen mehr geben wird.

Impulszitat

»Wenn ich schon das Datum auf mich zukommen sehe, tut mir alles weh. Sein Todestag macht mich stumm. Ich weiß, dass er tot ist. Ich begreife es dennoch nicht. Wie tröstlich, dass Sie an seinen Geburtstag gedacht haben« (Klaus W., ein Vater, dessen Sohn verunglückt ist).

Übung: Verbunden auch über die Gedenktage

ZEIT 45 Minuten

VORBEREITUNG Platz im Raum für einen Weg, bunte Tücher oder Alltagsgegenstände.

ZIEL Die Trauernde wird ermutigt, die Jahrestage in den Blick zu nehmen, ihren Empfindungen Ausdruck zu verleihen, das Verbindende über die Jahrestage aufzunehmen und dem Schmerz des »Nie wieder« Raum zu geben.

DURCHFÜHRUNG Die Trauernde kann – wann es im Rahmen der Begleitung angezeigt sein sollte – eine Aufstellung von Daten machen, die im Blick auf den Verstorbenen für sie wichtig sind.

Die Begleiterin weiß, dass ein Jahrestag absehbar ansteht. Nach Einwilligung der Trauernden, diesen Tag in den Blick nehmen zu wollen, wird der Jahrestag mit seinen Erinnerungen gefüllt. Die Trauernde wählt bunte Tücher oder Alltagsgegenstände im Raum als Symbole für das, was sie im Erinnern mit dem Jahrestag verbindet. Zu den einzelnen Symbolen gibt es Erzählungen. Es findet keine Bewertung der vielleicht unterschiedlichsten Erinnerungen statt.

Nachdem der Jahrestag in seiner Bedeutung dargestellt ist, nehmen die Trauernde und die Begleiterin bewusst Abstand zu dem Symbolbild des Jahrestages. Sie gehen bewusst einzelne Tage (oder Wochen), die noch von dem Gedenktag trennen, zurück – bis zum Tag der Gegenwart. Aus dem so entstandenen Abstand schaut die Trauernde auf das Bild des Jahrestages. Jetzt kann sie äußern, was sie bewegt.

Die Begleiterin achtet darauf, was an Leben bestärkendem Erinnern und was an trauerndem Erinnern genannt wird. Beide Anteile bewegen den Zugang auf den Jahrestag. Hilfreich wird sein, dass ein solcher Gedenktag nicht nur mit Schreckensbildern verbunden sein muss. Der Schmerz, diesen Tag allein verleben zu müssen, bleibt bestehen. Der Schmerz ist aber vielleicht auch gefüllt mit Erfahrungen, die kostbar und bleibend sind.

Wenn es sich ergibt, können Trauernde und Begleitende auch überlegen, wie der Gedenktag in diesem Jahr zu gestalten sein könnte – gerade im Erinnern an das, was das Symbol für den Jahrestag gezeigt hat.

▷ Beachte: Wirklich nur die Impulse der Trauernden sollen das Erinnern dieses Tages füllen, nicht die gewünschten Bilder, die die Begleiterin in sich trägt.

Jetzt

Einführung

Für Trauernde ist der Begriff der Vergangenheit kaum zu ertragen. Sie hat den Charakter des ein für allemal Vorüber, hinter ihr ist ein endgültiger Punkt, nichts kann hinzugesetzt werden. Menschen nach einem tiefgreifenden Verlust erfahren ihr Leben oft als rückwärtsgewandtes Leben, die Zukunft wird arm und leer gesehen, sie ist einfach nicht real, bestenfalls in Wünschen noch vorstellbar, die Jetztzeit ist nicht fühlbar und füllbar.

Impulszitate

»Früher, als ich noch Lehrer war, gab es im Englischunterricht den Begriff der ›vollendeten Vergangenheit‹. Das Plusquamperfekt heißt ja wörtlich übersetzt ›mehr als vollendet‹. Damals sah ich das rein grammatikalisch und mochte diese Ordnung. Heute erschreckt und erbittert mich dieser Begriff zutiefst. Das Imperfekt (nicht vollendete Vergangenheit) dagegen reicht in die Gegenwart, ins Jetzt, ist noch nicht fertig. Das ist schön. Aber wenn ich sage, sie ist meine Frau gewesen, heißt es dann, das hat mit meiner Gegenwart nichts mehr zu tun? Wie brutal!« (Franz G., 67 Jahre, ein Jahr nach dem Unfalltod seiner Frau).

»Leb' in der Gegenwart! Zu leer ist und zu weit
Der Zukunft Haus, zu groß das der Vergangenheit.«
(Friedrich Rückert, Werke, Band 2. Leipzig und Wien, 1897, S. 94)

Übung 1: Flying pencil

ZEIT 90 Minuten

VORBEREITUNG Große Flipchartbögen und Filzstifte bereithalten.

ZIEL Die Trauernde kann verstehen, dass die Gestaltung des Jetzt in ihren Händen liegt.

DURCHFÜHRUNG Die drei Bögen werden nebeneinandergelegt. Die Trauernde wird gebeten, den ersten (benannt mit dem Begriff »Nimmermehrland«) mit Wörtern und Sätzen auszufüllen, gegebenenfalls auch mit kleinen Zeichnungen. Was war, was ist verloren? Dann bekommt sie das dritte Blatt ausgehändigt (betitelt mit »Sehnsuchtsland«) und gebeten, auch dieses zu füllen mit (früheren) Vorhaben, Plänen, Wünschen.

Für beide Blätter sollte sich während des Schreibens oder nach dem Schreiben im gemeinsamen Betrachten Zeit fürs Erzählen genommen werden.

Nun kommt das zweite und mittlere Blatt an die Reihe (es trägt die Bezeichnung »Fremdland«). Hier wird die Trauernde zur Methode des »flying pencil« aufgefordert. Die Schreibende sitzt vor dem leeren Blatt Papier und beginnt möglichst zügig und ohne Unterbrechung den Filzstift zu führen und zu schreiben. Der Stift wird dabei nicht abgesetzt. Die Zeitdauer kann vorher festgesetzt werden (meist etwa 5 bis 10 Minuten). Jeder Einfall wird notiert. Das unterbrechungsfreie Schreiben soll verhindern, dass Reflexionen während der Schreibphase den Schreibfluss blockieren. Bleiben neue Einfälle aus, werden die letzten Worte wiederholt oder der Stift wellenartig über das Papier bewegt, bis sich ein neuer Einfall einstellt.

Danach wird das »Fremdland«, nämlich das Jetzt, von beiden ausführlich betrachtet und besprochen.

Übung 2: Textarbeit

ZEIT 50 Minuten

VORBEREITUNG Gedicht kopieren (▶ Download-Materialien) und auf einem schön gestalteten Blatt bereithalten.

»Nie war mehr Anfang als jetzt,
Nie mehr Jugend oder mehr Alter als jetzt,
Nie wird es mehr Vollkommenheit geben als jetzt,
Oder mehr Himmel und Hölle als jetzt.«
(Walt Whitman, Song of myself, 1819)

ZIEL Den Wert und die Flüchtigkeit des Jetzt erkennen, um es nicht aufzuschieben, sondern zu leben. Und dass es eine Entscheidung braucht, um wieder aufzustehen und zu beginnen.

DURCHFÜHRUNG Den Text von Walt Whitman vorlesen und vor allem die Nie-Worte betonen. Ihn dann von der Trauernden nachlesen lassen. Die Begleiterin weist darauf hin, dass der erste Satz in der Vergangenheit steht, der zweite in der Gegenwart, der dritte und vierte in der Zukunft. In dem Umgang mit dem Text schlägt die Begleiterin vor, mit dem letzten Satz zu beginnen. »Was bedeutet für Sie ›Himmel‹ in Ihrem Jetzt? Was ist jetzt gerade Ihre persönliche Hölle?« Frage zum vorletzten Satz: »Was könnte das Wort ›Vollkommenheit‹ hier bedeuten? Haben Sie dazu irgendeine Assoziation, irgendeinen Kontakt?« Austausch über die Begriffe »Jugend« und »Alter«. Und zuletzt die Frage: »Anfang. Das klingt wahrscheinlich gerade nicht passend für Sie, noch ist so viel Ende in Ihrem Gemüt. Und doch: Was löst das Wort in Ihnen aus?« Es folgt eine ausführliche Diskussion.

➢ Beachte: Die Trauernde sollte Interesse an Textarbeit und ein gewisses Verständnis für philosophisches Denken aufweisen.

Kinder

Einführung

Oft sind auch Kinder von Verlusten mitbetroffen. Kinder, denen ein Elternteil verlorengeht – durch Trennung, durch Tod; Kinder, denen ein Geschwisterkind weggestorben ist. Die so betroffenen Kinder reagieren unterschiedlich auf das Ereignis des Verlustes. Sie sind eingebunden in ein (Familien-)System, das als Ganzes den Verlust durchleben muss. Immer sind Erwachsene – meist Elternteile – durch den Verlust selbst sehr betroffen, so dass der Blick auf die ebenfalls trauernden Kinder nicht so wachsam sein kann. Manchmal denken sich Kinder zum trauernden Elternteil in die Rolle der Tröstenden gerufen, was ihre eigenen Trauerwege hemmen kann. Gleiches gilt für Erwachsene, die um der Trauer der Kinder willen die eigene Trauer gewaltig abzuspalten suchen.

Die Reaktion der Kinder auf den Verlust kann Thema der Begleitung der erwachsenen Trauernden sein – sei es, dass sie sich schlecht fühlen, weil sie wegen der eigenen Besetzung durch die Trauer den Kindern nicht recht Beistand in deren Trauer sein können, sei es, weil sie ihre eigene Trauer unterdrücken, um den Kindern gerechter zu werden.

Inhalt der Begleitung kann auch die Sorge der Eltern/des Elternteils sein, dass die Kinder so scheinbar unberührt vom Verlust ihr Leben weiterführen.

Wie bei Erwachsenen mischen sich in der Trauer der Kinder die unterschiedlichsten Empfindungen – von emotionaler Lähmung bis aufstampfendem Trotz, von coolem Weitermachen bis zur Lebensverweigerung. Nicht wenige betroffene Kinder realisieren erst im Jugend- oder Erwachsenenalter, dass der Verlust eine einschneidende, das Leben hindernde, bleibende Auswirkung hat.

In dieser Methodendarstellung bündelt sich der Blick auf die zu begleitenden Erwachsenen.

Impulszitate

»Ich mache mir große Sorgen um meine vier Kinder. Die sind noch so jung. Wie sollen die den Verlust der Mutter verkraften können? Ich kann es ja selbst nicht!«
(ein 40-jähriger Mann nach dem Tod seiner Frau).

»Es tut mir leid. Aber ich kann ihnen nicht helfen. Ich bin froh, wenn ich nach dem Tod meines Mannes überhaupt den Alltag in seinen Grundbedürfnissen meistern kann. Ich fühle mich wie im Dauerzustand einer Ganzkörpermigräne. Ich kann mich um die beiden Mädchen nicht kümmern« (eine 32-jährige Mutter zweier Kinder, deren Mann durch einen Unfall ums Leben kam).

Übung: Was Kindern und Erwachsenen helfen kann in Zeiten der Trauernot

ZEIT 50 Minuten

VORBEREITUNG Stühle in der Anzahl der Kinder; Fingerpuppen; neutrale Gegenstände (zum Beispiel unterschiedliche Holzklötze).

ZIEL Die Trauernde kann ihre Einschätzung der Trauer ihrer Kinder und auch Möglichkeiten benennen, die Kinder in ihrer Trauer zu stärken.

DURCHFÜHRUNG

Variante 1: Sorge um die Trauer der Kinder
Die Trauernde wird gebeten, von ihren Kindern zu erzählen: Name, Alter, Aussehen. Dazu setzt sich die Trauernde auf einen Stuhl, der als Symbol des jeweiligen Kindes dienen soll. Die Begleiterin erwärmt die Personen der jeweiligen Kinder. Am Ende jeder der Darstellungen bittet die Begleiterin: »Du, N. N. (Name des Kindes), darfst dich jetzt in ein anderes Wesen verwandeln. Wähle dazu eine der Fingerpuppen aus.« Die gewählte Figur wird auf den Stuhl gelegt. Wenn alle Kinder als Personen erwärmt sind, nimmt die Trauernde eine der Figuren. Die Begleiterin ermutigt sie, als die gewählte Puppe zur Mutter/zum Vater oder zu einem Geschwisterteil oder zu einem anderen Wesen/Menschen über den Verlust zu sprechen.

Am Ende der Darstellungen bittet die Begleiterin die jeweilige Puppe, einen Satz zu sagen: »Meine Trauer ist … Ich brauche …«

In der anschließenden Reflexion ist deutlich zu machen, dass das, was die Trauernde aus den jeweiligen Rollen gesagt hat, das innere Wissen ist, das die Trauernde von ihren Kindern und deren Trauer hat. Mit diesem Wissen kann sie den Kindern begegnen.

Variante 2: Unfähigkeit, sich um die Kindertrauer selbst kümmern zu können
Wenn die Trauernde wegen der eigenen Besetzung durch die Trauer sich nicht nach eigenen Ansprüchen um die Kinder kümmern kann, ist nach Menschen im Umfeld der Kinder zu suchen, die ein besonderes Augenmerk auf das Kind halten könnten – Tante, Onkel, Paten, Großeltern, gute erwachsene Freunde.

Die Trauernde stellt für sich ein Symbol auf den Tisch und gruppiert die Kinder mit Holzklötzchen drumherum. Die Begleiterin bittet, sich mit der eigenen Trauer in diesem System zu positionieren und zu den Kindern zu sprechen, wie ihre eigene Lage gerade ist – emotional und körperlich beansprucht vom Schmerz der eigenen Trauer.

Dann wird überlegt, wer den jeweiligen Kindern eine Stärkung in deren Trauerweg sein könnte. Für diese Personen werden (möglichst unterscheidbare) Klötzchen neben die Symbole der Kinder gestellt. Die Trauernde kann sie einzeln ansprechen und bitten, auf N. N. mit ihrer/seiner Trauer besonders zu achten.

Die Begleitende überlegt mit der Trauernden, wie sie eventuell diese Trauerpartnerschaften in Gang bringen kann. Diese Partnerschaften für die Kinder müssen nicht aktionistisch spürbar sein. Es kann reichen, dass jemand ein Auge auf das jeweilige Kind hat.

▷ Beachte: Bei mehreren Kindern kann es eine Überforderung sein, in einer Sitzung alle Kinder in den Blick zu nehmen. Daher ist gut abzuwägen, eventuell für jedes Kind eine eigene Sitzung anzuberaumen.

Klagen

Einführung

Da streckt sich ein Mensch nach einem Leben aus, das ihm entgleitet, nach einem Sinn, der nicht mehr spürbar, nach einem Gott, der nicht mehr erkennbar ist. Oft kann er das Schweigen, in dem es ihm die Sprache verschlägt, nicht durchhalten. Über kurz oder lang öffnen sich seine Lippen, und sein Leid fließt aus ihm heraus.

Dass viele Fragen im Leiden, besonders auch die an die Anwesenheit Gottes, angemessen sind, dazu ermutigen uns auch biblische Gestalten wie Hiob. Selbst von Jesus am Kreuz wird dessen Erfahrung der Gottverlassenheit berichtet: »Mein Gott, mein Gott, warum hast du mich verlassen« (Matthäus 27, 46), betet er klagend-fragend zu einem Gott, dessen Nähe er jetzt nicht erfährt.

Gibt es solche Gebete zu einem Gott auch heute noch angesichts der Leiden, wo Gott endgültig zu schweigen scheint? Vielleicht beantwortet das eine Aussage von Elie Wiesel[20], der berichtet, dass es in Auschwitz und nach Auschwitz für Menschen grundsätzlich zwei Möglichkeiten des Gebets gibt: Auflehnung gegen Gott, weil sich der Vater im Himmel nicht als so groß, gerecht und gütig erwiesen hat, wie es Gottes Freunde gesagt haben, sowie Beschwörung der Gerechtigkeit und Liebe Gottes von Menschen, die an der Abwesenheit seiner Liebe leiden.

Impulszitat

»Das Haus
Nun vermietet an uns der tod
Wir wissen nicht, wann
er uns kündigen wird und
wem zuerst
Wir wissen nur: Alle klagen
sind abgewiesen«

(Reiner Kunze, das haus. Aus: ders., eines jeden einziges leben. Gedichte. © S. Fischer Verlag GmbH, Frankfurt am Main, 1986)

---

20 Elie Wiesel: Macht Gebete aus meinen Geschichten. Essays eines Betroffenen (2. Auflage). Freiburg u. a.: Herder, 1986, S. 41.

Übung: Klagepsalm

ZEIT 60 Minuten

ZIEL Wir berauben uns einer ganz wichtigen Äußerungsmöglichkeit, wenn wir in den Krisen unseres Lebens stumm bleiben.

Es gilt zu verstehen, dass es einen Unterschied zwischen Jammern und Klagen gibt. Jammern (nicht von ungefähr gibt es die Vorsilben voll-jammern und vor-jammern) hat den unbestimmten Charakter von weinerlichem Lamentieren, das in der Regel nicht auf eine eigene Tat oder Veränderung, sondern auf die Darstellung von Unzufriedenheit und das Erwecken von Mitleid gerichtet ist. Jammern belastet den anderen, der (Weh-)Klagende entlastet sich und hört auf, im eigenen Leid zu versinken. Es lohnt sich, diese biblische Tradition für die Abschiedssituationen unseres Lebens wiederzuentdecken. Ausdrücken, was sich eindrücken will. In der Begleitung gerade religiös gerichteter Fragen geht es nicht darum, Antworten für den Trauernden zu finden und zu geben, eher darum, Antwort zu sein in seinem Suchen nach Nähe und nach einer Beziehung, die diese Fragen aushält. In der Begleitung geben Mitgehende den Raum, in dem Fragen gestellt und möglicherweise eigene Antworten darauf gefunden werden dürfen.

DURCHFÜHRUNG Anleitung der Begleiterin (für die Stunde des Treffens oder als Hausaufgabe): »Bitte verfassen Sie einen Text (der Umfang ist Ihnen überlassen), konkret: einen Psalm mit dem Anfang: ›Mir ist so schwer, Herr!‹ Nehmen Sie Papier und Stift und lassen Sie es schreiben. Es geht nicht darum, ob Sie ein literarisch anspruchsvolles Werk oder einen ›richtigen‹ Psalm verfassen. Es ist auch nicht wichtig, dass die Elemente, die zum Genre Psalm gehören, bekannt sind. Im Anschluss werden wir dann mit dem Text arbeiten.«

1. Den Text langsam vorlesen lassen. Die Begleiterin macht sich Notizen zu den auftauchenden (Sprach-)Bildern.
2. Noch einmal vorlesen lassen oder selbst vorlesen, damit die Trauernde sich zuhören kann.
3. Vorhandene Bilder im ersten Teil zum Ist-Zustand in der Klage erwärmen, das heißt, mit allen Sinnen lebendig werden lassen (wer und wie bin ich, die hier so spricht?).
4. Das Gegenüber erwärmen (wer oder was ist das, an den hin ich spreche? Gott/Geist/Vater/Herr … Gottesbild?).
5. Hoffnungsbilder – wenn vorhanden – explorieren.

6. Rollentauschdialog: fragende, klagende, zürnende Person an Gott und umgekehrt.
7. Erklären.

Mögliche Erläuterung durch die Begleiterin:
- Psalmen sind kein Selbstgespräch, sondern haben ein Gegenüber. Dies beinhaltet eine winzige Hoffnung wider alle Hoffnung, dass sich durch die sprachliche Hinwendung etwas ändern könnte, es einen Ausweg gibt.
- Das bewusste Weggehen aus dem, womit ich mich sonst beschäftige, ein Stellen vor Gott. »Ich ließ meine Seele ruhig werden und still, wie ein kleines Kind bei der Mutter ist …« Vor Jahwe stehen heißt, in einen Raum einzutreten, der es mir erlaubt, mich zu mir hin zu verhalten, zu sich nach Hause zu kommen, gleichzeitig aber auch einen Abstand vor dem mich Bedrängenden zu finden.
- Erlaubnis zur Regression, damit ich den aufsteigenden Gefühlen von Wut und Traurigkeit nicht weiter davonlaufe, ist ein entscheidender Schritt. Oft kann gerade der Verwirrte oder Depressive diesen Schritt gegen die Übermacht erst wagen, wenn er von einem anderen Verstehenden dabei gestützt und ermuntert wird. 150 Psalmen sind die Zusage: Du darfst!
- Das Gefühl, am Ende zu sein. Der Schmerz muss nicht mehr verborgen werden (herausschleudern). Auch die Verzweiflung, sogar die an Gott, ist erlaubt. Entlastung, sich abwenden zu dürfen, ungläubig sein zu dürfen, und zugleich Anrede »Du«, »Herr«, in dessen Präsenz Trost liegt!
- Erkennen des wahren Zustands und der Projektionen.

▷ Beachte: Nicht für Gruppen geeignet, da die einzelne Schreiberin die volle Beachtung benötigt.

Kreativität

Einführung

Kreativität kann eine Hilfe werden, nach einem Verlust sich neue Lebensmöglichkeiten zu erschließen. Der Verlust engt nicht selten die schöpferischen Kräfte ein. Schwermut und Gram rauben die nötige Energie. Trauernde trauen sich oft nichts mehr zu. Die ganze Lebensenergie wird benötigt, um den Verlust zu verschmerzen. Kreativität kann und soll nicht erzwungen werden. Sie kann auf dem Weg der Trauer irgendwann hilfreich sein, neue Wege des eigenständigen Weiterlebens zu eröffnen beziehungsweise irgendwann auch auf das wieder zurückgreifen zu können, was an schöpferischer Kraft immer da war.

Impulszitat

»Ich bin selbst mit ihm gestorben. Ich kann nichts mehr. Ohne ihn bin ich erstarrt. Früher haben mein Mann und ich uns ausgetauscht über unsere Werke. Jetzt sitze ich starr vor den Materialien. Sie sprechen nicht mehr zu mir. Sie ziehen mich nicht mehr an. Ich bin mit ihm gestorben« (eine trauernde Künstlerin).

Übung: Entdecken anderer Möglichkeiten

ZEIT 60 Minuten

VORBEREITUNG Für Übung 1: Gegenstände (zum Beispiel Holzklötzchen), die Weg und Grenze markieren können.
Für Übung 2: Bunte Tücher und ein dunkles Tuch.

ZIEL Kreativität wecken, indem in Alltagsanforderungen, die durch den Tod des Partners nicht mehr erfüllt werden, ein anderer Weg erprobt wird. Rückbindung an kreative Kräfte, die früher da waren, die jetzt verdeckt sind, aber nicht auf immer verstorben sein müssen.

DURCHFÜHRUNG

1. Übung zur Kreativität, indem ein anderer als der bisher vertraute Weg gesucht wird
Die Trauernde berichtet von alltäglichen Situationen, mit denen sie nicht fertig wird. Diese Situation wird eingefroren und mit den Holzstücken dargestellt: »Ich kann seit dem Tod meines Mannes nicht mehr kochen. Es lohnt sich nicht für mich.« Die Trauernde legt ein Holzstück hin. Die Begleiterin stellt als Blockade ein Holzstück davor. Es geht nicht weiter. Dann kommt die Frage: »Wollen Sie das so?« Oder: »Will ich das so?«

Dann sind andere Wege zu suchen. Das blockierende Hindernis, der Tod des Partners, bleibt unverrückbar. Die Trauernde steht – in unserem Beispiel – mit der Unlust am Kochen da – als ein zunächst unverrückbares Holzklötzchen. Die Begleiterin ermutigt, sich – zum Beispiel mit diesem Thema – vor dem unverrückbaren Holzklötzchen zu bewegen. Die Ermutigung wird ausgesprochen, die Starre zu lösen und zu versuchen, sich aus der Fixierung auf das Unverrückbare doch zu bewegen. Vielleicht fallen neue Möglichkeiten ein. Andere als die Fixierung auf den Toten und die damit gegebene Unverrückbarkeit. Diese anderen Möglichkeiten kann sie ausprobieren, sie benennen. Sie überprüft bei jedem kreativen, neuen Gedanken der Bewältigung des Alltagsproblems, ob das angesichts des blockierenden Ereignisses wirklich geht. Sie soll sich nicht mit schnellen Lösungen zufriedengeben. Kreativ kann auch sein, noch keinen neuen Weg zu kennen, aber dafür wach zu bleiben.

2. Übung: Rückbindung an schöpferische Kräfte, die da sind, jetzt aber verdeckt und im Moment nicht zugängig
Die Trauernde wird gebeten, alle ihre schöpferischen Möglichkeiten zu benennen und für jede ein buntes Tuch hinzulegen. Wenn das Endbild erreicht ist, gehen Trauernde und Begleitende in etwas Abstand. Die Trauernde sagt, was sie angesichts ihrer kreativen Fähigkeiten bewegt. Die Begleiterin gibt ihr nun das dunkle Tuch – Zeichen für den Verlust – und bittet die Trauernde, dieses Tuch in Verbindung mit ihren kreativen Möglichkeiten zu bringen. Es kann sein, dass sie mit dem dunklen Tuch alle Kreativität verdeckt; es kann sein, dass sie das nur halb tut; es kann sein, dass sie das Tuch neben ihre Kreativität legt.

Nach dieser Übung folgt eine Reflexion, die den Ist-Zustand benennt. Wenn die Kreativität zugedeckt ist, so ist das Ergebnis, dass die Trauer derzeit diese Möglichkeiten verdeckt. Aber die Möglichkeiten sind da. Es wird Zeit brauchen, bis sie wieder sichtbar werden können. Die Begleiterin ist die Anwältin für dieses Wissen um die Möglichkeiten.

Wenn die Kreativität nicht vollends bedeckt ist, wird die Trauernde selbst entwickeln können, wie sie sich dieser schöpferischen Kräfte bedienen kann.

▷ Beachte: Das Suchen nach einem anderen Weg mag als Angebot einer anderen Möglichkeit dargestellt werden, nicht als ein Zwang, sich endlich mal auf andere Wege zu begeben. Es geht nicht um Schock, der Veränderung bewirken will.

In der 2. Übung ist sorgsam darauf zu achten, dass keine Überforderung in der Rückbindung an kreative Kräfte geschieht. Je nach Prozess des Trauerweges kann die Rückbindung als eine Vergewisserung an sich (ohne direkte Umsetzung) verstanden werden; in einem anderen Fall kann diese Vergewisserung der Start sein, diese Kräfte wieder zu nutzen.

Mut

Einführung

Einen geliebten Menschen zu verlieren, fordert den Zurückbleibenden dazu auf, neue Schritte zu wagen. In Zeiten der Trauer ist alles neu. Routinen und Gewohnheiten tragen nicht mehr. Das, was vor dem Tod selbstverständlich und normal war, ist nun unverständlich und verrückt. Trauernde fühlen sich »wie in einem Abgrund«; »alles ist bodenlos«, »der feste Grund ist dem Treibsand gewichen«. Überhaupt Schritte in diesem unbekannten Leben zu gehen, verlangt dem Trauernden Selbstvertrauen und Mut ab. Beides ist im hohen Maß angegriffen. Selbstvertrauen setzt voraus, dass ein Mensch – zumindest alltagstauglich – weiß, wer er selbst ist. Dass er darauf vertraut, dass Dinge und Gegebenheiten sich ihm so zeigen, wie er sie kennt. Der Tod des nahestehenden Menschen hat dieses (Selbst-)Vertrauen jedoch erschüttert bis hin zu zerrüttet. Um den neuen und unbekannten Weg gehen zu können, braucht der Zurückbleibende Mut. Mut haben, Mut zeigen, Mut aufbringen bedeutet normalerweise, dass ein Mensch in der Lage ist, dass er es sich zutraut, sich in eine unbekannte – vielleicht gefahrenvolle – Lage zu begeben und neue Erfahrungen zu machen. Im geregelten alltäglichen Leben kann er sich darauf vorbereiten. Kann er Kenntnisse erlangen, mittels denen er sich der Mut fordernden Situation stellt. Der plötzliche Eintritt des Todes vereitelt eine solche Vorbereitung. Er lässt Mut fordernde Situationen entstehen, die vorher nicht bedacht werden konnten. Alles muss sozusagen zum ersten Mal gemacht werden.

Impulszitate

»Ich würde gerne wieder ausgehen, aber ehrlich gesagt, fehlt mir der Mut dazu. Ich sehe schon die mitleidigen Blicke auf mir. Nein danke. Da bleibe ich lieber in meinen vier Wänden« (Elisa L., 52 Jahre, vier Monate nach dem Tod ihres Lebensgefährten).

»Mut gibt es gar nicht. Sobald man überlegt, wo man ist, ist man schon an einem bestimmten Punkt. Man muss dann nur den nächsten Schritt tun. Mehr als den nächsten Schritt kann man überhaupt nicht tun. Wer behauptet, er wisse den übernächsten Schritt, lügt. So einem ist auf jeden Fall mit Vorsicht zu begegnen. Aber wer den nächsten Schritt nicht tut, obwohl er sieht, dass er ihn tun könnte, tun müsste, der ist feig. Der nächste Schritt ist nämlich immer fällig. Der nächste Schritt ist nämlich nie ein großes Problem. Man weiß ihn genau.

Eine andere Sache ist, dass er gefährlich werden kann. Nicht sehr gefährlich. Aber ein bisschen gefährlich kann auch der fällige nächste Schritt werden. Aber wenn du ihn tust, wirst du dadurch, dass du erlebst, wie du ihn dir zugetraut hast, auch Mut gewinnen.

Während du ihn tust, brichst du nicht zusammen, sondern fühlst dich gestärkt. Gerade das Erlebnis, dass du einen Schritt tust, den du dir nicht zugetraut hast, gibt dir ein Gefühl von Stärke. Es gibt nicht nur die Gefahr, dass du zu viel riskierst, es gibt auch die Gefahr, dass du zu wenig riskierst. Dem Gehenden schiebt sich der Weg unter die Füße« (Martin Walser, Jenseits der Liebe. Roman, S. 136 © Suhrkamp Verlag Frankfurt am Main 1976. Alle Rechte bei und vorbehalten durch Suhrkamp Verlag Berlin).

Übung: Mut – »Dem Gehenden schiebt sich der Weg unter die Füße«

ZEIT 60 Minuten

VORBEREITUNG Den Impulstext von Martin Walser auf ein DIN-A4-Blatt kopieren (▶ Download-Materialien). Den Impulstext von Martin Walser in Einzelzeilen fassen und mit Ja/Nein-Antwortmöglichkeiten auf ein Blatt kopieren (▶ Download-Materialien), Stifte bereitlegen.

ZIEL Die Trauernde dafür sensibilisieren, dass sie sich zum Gehen der anstehenden Schritte immer wieder neu entscheiden muss.

DURCHFÜHRUNG
1. Die Trauerbegleiterin liest der Trauernden den Text vor.
2. Dann händigt sie ihr den Text mit den Antwortmöglichkeiten JA/NEIN aus.
3. Die Trauernde bekommt nun die Möglichkeit, den Text selbst zu lesen und anzukreuzen, was sie für richtig hält.
4. Erfahrungsgemäß werden mehr Sätze mit JA als mit NEIN angekreuzt.
5. Nun kommt es zur konkreten Beschäftigung mit zwei JA-Sätzen:
    a) Was wäre Ihr nächster Schritt?
    b) Was ist das »bisschen Gefährliche« daran?
    c) Was würden Sie daraus für einen Gewinn ziehen?

6. Abschlusssatz: »Im Gehen schiebt sich mir mein Weg unter meine Füße.«
7. Verabredung, dass sich die Trauernde diesen Satz mindestens ein Mal täglich sagt.

Arbeitsblatt
(▶ Download-Materialien)

Aussage	Stimmt:
Mut gibt es gar nicht. Sobald ich überlege, wo ich bin, bin ich schon an einem bestimmten Punkt.	JA | NEIN
Ich muss nur den nächsten Schritt tun. Mehr als den nächsten Schritt kann ich überhaupt nicht tun.	JA | NEIN
Wer behauptet, er wisse den übernächsten Schritt, lügt. So einem ist auf jeden Fall mit Vorsicht zu begegnen.	JA | NEIN
Aber wenn ich den nächsten Schritt nicht tue, obwohl ich sehe, dass ich ihn tun könnte, tun müsste, bin ich feig.	JA | NEIN
Der nächste Schritt ist nämlich immer fällig. Der nächste Schritt ist nämlich nie ein großes Problem. Ich weiß ihn genau.	JA | NEIN
Eine andere Sache ist, dass er gefährlich werden kann. Nicht sehr gefährlich. Aber ein bisschen gefährlich kann auch der fällige nächste Schritt werden.	JA | NEIN
Aber wenn ich ihn tue, werde ich dadurch, dass ich erlebe, wie ich ihn mir zugetraut habe, auch Mut gewinnen.	JA | NEIN
Während ich ihn tue, breche ich nicht zusammen, sondern fühle mich gestärkt. Gerade das Erlebnis, dass ich einen Schritt getan habe, den ich mir nicht zugetraut habe, gibt mir ein Gefühl von Stärke.	JA | NEIN
Es gibt nicht nur die Gefahr, dass ich zu viel riskiere, es gibt auch die Gefahr, dass ich zu wenig riskiere.	JA | NEIN
Mir als Gehendem schiebt sich der Weg unter die Füße.	JA | NEIN

(Martin Walser: Jenseits der Liebe. Frankfurt a. M.: Suhrkamp, 1976; modifiziert von Sylvia Brathuhn und Monika Müller)

Mythen

Einführung

Neben dem Verlust selbst leiden viele Menschen am Unverständnis oder an einer Besserwisserei ihres Umfelds. Es gibt zahlreiche Mythen, Missverständnisse und Gefahren, die daran schuld sind. Eine ist die Überzeugung, als Mitmensch, Kollege, Freund, Nachbar ahne man oder wisse gar, was für Trauernde hilfreich und nützlich ist. Weil nahezu jeder Mensch ab einer gewissen Altersstufe schon einmal Verlusterfahrungen gemacht hat, kann aus dieser Kenntnis manchmal (allzu) leicht ein Anspruch auf Betroffenenkompetenz und damit auf Sachverständigkeit abgeleitet werden. Vielfach wird dann die eigene Erfahrung mit Verlusten sowie die persönliche Art, damit umzugehen, in die Begleitung eines anderen transportiert und dem trauernden Gegenüber wird das geraten, was einem selbst guttat oder guttun würde. Der individuelle Trauerrhythmus des zu begleitenden Menschen sowie seine subjektiven Ängste und Bedürfnisse werden dabei nicht selten aus dem Blick verloren.

Auch ehrenamtlich Mitarbeitende sind wegen ihrer besonderen häufig biografisch begründeten Motivation und ihres sich daraus selbst gegebenen ethischen Arbeitsauftrags in Gefahr, ohne bewusste Reflexion oder ohne vorherige Zielabstimmung zu beraten, zu begleiten und so vermeintlich zu helfen.

Impulszitate

»Das ist alles nicht einfach. Meine Leute kennen diese ganzen Klischees über Trauer: ›Das geht mit der Zeit ganz vorbei, du wirst wieder komplett der Alte!‹, sagen sie. Oder auch: ›Du musst sie loslassen, nur nach vorne schauen, dieses ganze Schwelgen im Leid bringt nichts!‹ Und dann setze ich mich unter Druck und denke, das muss ich jetzt so machen, wie die sagen« (Lars G., 19 Jahre, neun Monate nach dem Tod seiner 17-jährigen Freundin).

»Ich dachte, ich wüsste Bescheid. Ich hatte viel gehört über das Phänomen Trauer, viel gelesen. Wissenschaftliches und Volksweisheiten. Es gibt viel Kluges darüber und viel Dummes. Ihr in Deutschland seid besonders gründlich, wie mit allem. Es gibt nationale Trauerinstitute und Seminare, in denen man trauern lernen kann.

Es gibt sogar eine Webseite mit dem Namen ›gute Trauer‹. Ich bitte Sie, was ist denn ›schlechte Trauer‹? Und glauben Sie mir, Trauer ist ganz, ganz anders, als sie beschrieben wird. Seit ich verwitwet bin, weiß ich gar nichts mehr. Jeden Tag zeigt meine Trauer neue Gesichter, aber sie gehört zu mir« (S. B., 78 Jahre, namhafte amerikanische Trauerforscherin).

Übung: Trauermythen und Trauerwahrheiten

ZEIT 45 Minuten

VORBEREITUNG Flipchartständer und -bögen, Papier, bunte Stifte, bekannte Trauermythen auf einem Blatt Papier sammeln und vorhalten.

ZIEL Verdeutlichen, dass Mythen keinen allgemeinen Wahrheitsgehalt haben, sondern anonyme menschliche Erklärungsversuche und Orientierungskonstrukte für Geschehnisse oder Ereignisse sind. Auch sie sind nur Träger einer geglaubten Wahrheit. Erkennen, dass das eigene Erleben von Trauer handlungsleitend ist für den je eigenen Prozess.

DURCHFÜHRUNG Die Trauerbegleiterin bittet die Klientin, ihr von Mythen bezüglich Verlust und Trauer zu erzählen, die sie von anderen gehört hat und/oder an die sie selbst glaubt. Die Mythen werden auf der linken Seite des Flipcharts untereinander aufgeschrieben. Sollte die Trauernde keine (mehr) wissen, ergänzt die Begleiterin (zum Beispiel: Trauer dauert ein Jahr; Trauer kann beendet werden; heftige Trauer hat Krankheitswert und muss behandelt werden; um zu überleben, muss man ausgehen, in Kur und Urlaub fahren, die Sachen schnell weggeben etc.). Dann werden die selbst erlebten Trauererfahrungen den Mythen gegenübergestellt (Trauer hört nie auf, verändert aber ihr Gesicht; Trauer ist die gesunde Reaktion auf einen Verlust etc.).

Danach kommen Begleiterin und Klientin in ein Gespräch über die Gefühle, Stimmungen und Vorkommnisse, denen die Trauernde glauben und trauen darf, weil sie sie selbst erlebt hat. Zum Schluss gibt die Begleiterin ihre Gedanken zum Begriff »Trauerwahrheit« wieder. Sie verdeutlicht, dass es hinter und neben jeder solch erfahrenen Wahrheit ein von einem anderen trauernden Menschen möglicherweise anders für wahr genommenes Erleben geben kann.

Jede dieser Erfahrungswahrheiten hat nur eine für den Einzelnen scheinbare Gültigkeit, sonst würde man diese zum Mythos erheben.

➤ Beachte: In einer Gruppensitzung können Mythen und Erfahrungswahrheiten gesammelt und ohne Bewertung, Widerspruch oder Zustimmung nebeneinander aufgelistet werden.

Nachruf

Einführung

Nachrufe erscheinen, um eine Öffentlichkeit über den Verlust eines Menschen zu informieren. Je nach Verbundenheit fallen sie entweder ziemlich plakativ aus oder geben bei persönlicherer Beziehung etwas vom Besonderen des Verstorbenen wieder.

Auch Traueranzeigen sind eine Form von Nachruf. Oft werden sie unter dem Eindruck des eingetretenen Todes verfasst, nicht selten nach Vorlagen von Bestattungsinstituten. Erst später wird Angehörigen bewusst, was sie alles hätten schreiben können, um dem Wesen des Verstorbenen Ausdruck zu verleihen. So kann der Nachruf zu einer Möglichkeit der ganz persönlichen Darstellung und Würdigung des Toten werden. Der Nachruf wird zur Vergewisserung der Persönlichkeit, die durch den Tod nicht mehr greifbar ist. So kann er zu einer Art der Verbindung über den Tod hinaus werden.

Der Nachruf kann Hilfe sein im Prozess, den Verstorbenen mit dem, was bleibend ist, als persönlichen Schatz in sich aufzunehmen beziehungsweise in sich ruhend zu wissen. In Müller und Schnegg[21] wird dafür der Begriff »ver-innern«, nach innen zu sich nehmen, verwendet.

Impulszitat

»Ich hätte so gerne noch dies und das alles über ihn gesagt. Als aber der Bestatter kam, wir auf die Schnelle eine Todesanzeige aufsetzen mussten, da war mein Kopf völlig leer. Wenn ich jetzt die Anzeige lese – wie hohl und nichtssagend ist sie doch. Das hat er nicht verdient – so wie zig andere aus der Welt verabschiedet zu werden«
(eine Trauernde, ein halbes Jahr nach dem Tod ihres Mannes).

---

21 Monika Müller, Matthias Schnegg: Unwiederbringlich. Von der Krise und dem Sinn der Trauer. Göttingen: Vandenhoeck & Ruprecht, 2016, S. 167.

Übung: Würdigung des Besonderen

ZEIT 60 Minuten

VORBEREITUNG Ein Foto des Verstorbenen, Briefpapier, Schreibzeug.

ZIEL Durch den Nachruf hat die Trauernde die Möglichkeit, sich (und vielleicht auch anderen Nahestehenden) der einzig gearteten Persönlichkeit des Toten zu vergewissern. Das kann ein Baustein sein, um den Verstorbenen in sich zu bewahren.

DURCHFÜHRUNG Die Trauernde hat ein Foto des Verstorbenen mitgebracht. Sie legt das Bild vor sich hin. Die Begleiterin bittet sie, das Bild in dem Abstand aufzustellen beziehungsweise hinzulegen, den sie gerade zum Verstorbenen spürt. Aus diesem Abstand erzählt sie etwas über den Toten: »So war er …«

Nach diesem Erzählen macht die Begleiterin das Angebot, auf diese Person einen Nachruf zu verfassen. Abzusprechen ist, wen dieser Nachruf als Adressaten haben soll – die Trauernde selbst? Die Familie? Freunde und Bekannte? Arbeitskollegen? … oder sonstige Beziehungsfelder. Die Trauernde erzählt etwas zu diesem Adressatenkreis und kann dann aufschreiben, was sie als Nachruf schreiben will.

Wenn Trauernde nicht so textsicher sind, kann die Begleiterin Stichworte aufschreiben und anhand dieser Stichworte einen Nachruf verfassen. Die Trauernde hat die Möglichkeit, diesen dann zu korrigieren.

Am Ende wird abgesprochen, wie dieser Nachruf eine würdige Darstellungsform erhält, zum Beispiel schön per Hand aufgeschrieben oder mit Computer und seinen Mitteln gestaltet. Die Begleiterin kann vorschlagen, dass zum Beispiel eines der Kinder oder Enkelkinder diesen Text in eine schöne Form bringt.

Die Trauernde wird gebeten, nach Fertigstellung den Nachruf zum nächsten Treffen mitzubringen, um im Angesicht des Fotos des Verstorbenen diesen Nachruf (feierlich) vorzutragen.

Ein kurzer Austausch über die Wirkung dieser Erstellung und Präsentation des Nachrufs rundet diese Einheit ab.

▶ Beachte: Eine Sorgfalt ist angezeigt, die Trauernde in den textlichen wie gestalterischen Möglichkeiten nicht zu überfordern. Die Begleiterin hält sich als Hilfs-Ich bereit, ohne sich aufzudrängen.

Nachsterbewunsch

Einführung

Einen trauernden Menschen zu begleiten, bedeutet vielfach, mit dem Wunsch des Nachsterbens konfrontiert zu werden. Trauerbegleiter/-innen erleben dann häufig eine Verunsicherung, die Fragen aufwirft: Wie soll ich darauf reagieren? Will sich dieser Mensch vielleicht sogar selbst töten? Muss ich jetzt irgendwelche Hilfsmaßnahmen einleiten? Um diese Fragen zu beantworten, ist es von Bedeutung, das Thema »Nachsterbewunsch« genau zu beleuchten. So kann der Trauernde mit Formulierungen wie »am liebsten wäre ich auch tot«, »ich möchte nicht mehr leben«, »ich fühle mich wie tot« oder »da ist kein Leben mehr in mir« ausdrücken, wie er sein momentanes Dasein erlebt. Seine Sprache bildet seinen inneren Zustand ab, wiederholt das, was er von sich weiß: »Ihr Tod hat auch mein Leben beendet.« Mit diesen Worten offenbart der Trauernde seine innere Verfassung.

Viele Trauernde drücken mit dem Wunsch des Nachsterbens auch ihre Sehnsucht nach Einheit und Ganzheit aus. Deutlich wird dies im Gebrauch von Bildern, von Metaphern: »Ich lebe nur noch hälftig«, »ich fühle mich wie amputiert, wie zerrissen«. Diese Aussagen sind ein Hinweis darauf, dass das »Wir«, das einst als »Ich und Du« eine Einheit, eine eigene dritte Gesamtperson bildete, nicht mehr ist. Zurück bleibt ein »Ich«, das nicht mehr weiß, was oder wer dieses Ich ist. Gedanken wie »ich fühle mich wie tot«, »am liebsten wäre ich tot« oder »ich möchte bei ihm sein« gehen über die sprachliche Wiederholung des eigenen Zustands hinaus. Diese Formulierungen verweisen auf die Sehnsucht, auf das, was fehlt, und bringen zum Ausdruck, dass die bisher empfundene Vollständigkeit verschwunden ist: »Einst war ich ganz, und diesen Zustand möchte ich wieder erreichen«, lautet das implizite Ziel des Nachsterbewunsches.

Schließlich ist zu berücksichtigen, dass der Zurückbleibende mit dem Verlust des nahen Angehörigen oder Freundes vom Tod getroffen und (selbst) zutiefst (im eigenen Empfinden »tödlich«) verwundet ist. Das Zerbrechen, das mit dem eingetretenen Tod einhergeht, ist für den Zurückbleibenden spürbar: »Du bist tot. Mein Leben – so wie es einst war – ist zerbrochen. Ich stehe vor einem Scherbenhaufen und verstehe doch nichts.« Dem Zerbrechen folgt der Zusammenbruch. Im Zusammenbruch wird das »Nichts« durchdekliniert: »Ich weiß nichts mehr. Ich kann nichts mehr. Ich will nichts mehr. Ich bin nichts mehr. Es ist nichts mehr. Es ist aus. Es ist vorbei. Es ist am Ende.« Begleiterinnen und Begleiter, die den artikulierten oder implizit ausgedrückten Nachsterbewunsch nicht als etwas Bedrohliches empfinden, sondern als etwas, das sein darf, ermöglichen es dem Trauernden, diesen Wunsch als einen Ausdruck von Liebe, Ehre und Treue gegenüber dem Verstorbenen zu verstehen.

Begleiter und Begleiterinnen stellen sich dennoch die Frage: »Wie soll ich beispielsweise auf den Satz ›am liebsten wäre ich auch tot …‹ reagieren?« Zunächst ist es wichtig, nicht dagegenzuhalten im Sinne von: »So etwas dürfen Sie nicht sagen« oder »es gibt doch noch so viele Gründe zu leben«. Auch belehrende Antworten wie »ich mache Ihnen verständlich, warum Sie das sagen« oder »ich erkläre Ihnen, warum dies durchaus eine nachvollziehbare Reaktion ist« sollten vermieden werden. Stattdessen könnte die Trauerbegleiterin antworten: »Ja, so sehr haben Sie ihn geliebt.« Mit diesen Worten lässt sie ein Licht aufscheinen; ein Licht, das die Trauernde in ihrem Schmerz nicht mehr erkennt, nicht erkennen kann. Eine aberkennende oder erklärende Reaktion wäre ein dürftiger Versuch, die Dunkelheit beiseitezuschieben, damit die Trauernde wieder Helligkeit erlebt. Sagt die Begleiterin jedoch »Ja, so sehr haben Sie ihn geliebt«, dann kann die Trauernde antworten: »Ja, genau!« Mit diesem »ja, genau« geht oft ein Seufzer der Erleichterung einher. Die Trauernde atmet tief durch, seufzt und zeigt damit, dass die Worte der Begleiterin ihr Herz berührt haben und sie sich unmittelbar verstanden fühlt: »Ja, so sehr habe ich ihn geliebt.«

Der Seufzer der Erleichterung wird zum Indikator dafür, dass das Herz der Trauernden berührt wurde. Dann kann der Trauernden auch gesagt werden: »Das kann auch nicht anders sein. Wenn man jemanden geliebt hat und dieser gewissermaßen durch den Tod entrissen wird, dann ist Sehnsucht da. Dann möchten Sie ihm folgen und sich wieder vereinigen. Sie wollen bei ihm sein. Es ist verständlich, dass Sie so fühlen.« Mit dem Wort »verständlich« wird das Verstehen eingeleitet: »Ja, genau!« Es scheint, als ob die Trauernde in diesem tiefen Atemzug wieder mit ihrem eigenen Lebensatem in Berührung kommt. Sie atmet sich sozusagen aus der Todesrichtung zurück ins Leben. Vor diesem Hintergrund ist auch der Gedanke zu erspüren, dass der Trauer selbst der Trost des »Stirb und lebe« innewohnt. Körper (Atmen) und Geist (Reflektieren) geraten nun in einen Einklang. Sie sind Zeugen füreinander. Die Verfassung der Trauernden kann dann Leben und Denken in Einklang bringen, so wie dies auch die Trauernde und die Begleiterin tun können. Leben und Denken in einem gemeinsamen Bezug. Es sind keine getrennten Welten. Es ist ein Denken, das aus dem Leben hervorgeht, und ein Denken, das dem Leben dient.

Impulszitate

»Da ist so viel Leere in mir und um mich herum. Ich spüre mich nicht mehr, weiß gar nicht, wieso ich noch lebe. Mein Herz ist zerrissen und schlägt doch. Mein Blut ist eiskalt, erstarrt und fließt doch, mich fröstelt und friert als wäre ich selbst tot. Ich kann und will nicht mehr« (Horst F., 73 Jahre, acht Wochen nach dem Tod seiner Frau).

»Es gab einen Punkt, da brach alles über mir zusammen. Ich ließ es geschehen. Was hätte ich auch tun können. Mir war alles abhandengekommen. Ich konnte nur noch kapitulieren. Der Schmerz war grausam. Und doch lernte ich in diesem Schmerz sehen. Ich erkannte, dass ich so nicht weitermachen konnte. Martha würde nicht wiederkommen und meine Zeit auf Erden wollte genutzt werden. Es ist nun 17 Monate her. Ich gehe noch täglich zum Grab. Es ist noch viel Schmerz da. Doch heute denke ich ›wärst du nur noch bei mir‹ und nicht mehr ›wäre ich nur tot‹. Das macht einen Unterschied. Ich muss – und will – mein Leben gestalten. Martha würde das begrüßen« (Horst F., 73 Jahre, 17 Monate nach dem Tod seiner Frau).

Übung: »Vergangen nicht, verwandelt ist, was war« (Rainer Maria Rilke)

»*Du* bleib(s)t«
Es waren einmal zwei Menschen – *Ich* und *Du* –, deren Lebenswege sich begegneten. Im Laufe der Zeit spürten sie, dass sie füreinander bestimmt waren. Sie gestanden sich ihre gegenseitige Liebe und begannen ein gemeinsames Leben aufzubauen. Immer öfters benutzten sie das Wort »*Wir*«. In diesem *Wir* war ihre ganze gemeinsame Welt enthalten. Die beständig weiter wachsende *Wir*-Welt war mehr als die *Ich*-Welt, war mehr als die *Du*-Welt, denn sie enthielt beide. *Ich* und *Du* waren in dieser Welt in dem *Wir* aufgehoben und zum Teil auch aufgegangen. Es war nicht mehr logisch nachvollziehbar, wer *Ich* oder wer *Du* war. *Ich* war *Du* und *Du* war *Ich*. Gleichzeitig lebten beide auch ihre je eigene *Ich*-Welt, ihre je eigene *Du*-Welt. Sie waren glücklich miteinander, spürten ihre tiefe Verbundenheit, ihre Welt war licht und glücklich. Keine Vorahnungen,

keine Befürchtungen, keine Ängste verdunkelten das gemeinsame Glück. Und dann geschah das, was in ihrer Welt keinen Platz hatte. Der Tod brach ein und nahm das geliebte *Du* mit sich. *Wir*, diese dritte Gesamtperson, die sie beide waren, zerbrach. *Ich* blieb verlassen und verletzt, geschunden und zerbrochen zurück. Und nun wurde etwas Merkwürdiges deutlich. Ein Teil von *Ich* war mitgestorben und ein Teil von *Du* war zurückgeblieben, blieb für immer, gehörte unzertrennlich zum zurückbleibenden *Ich*, war für immer mit ihm verbunden. Egal, wohin der Weg gehen würde. *Du* würde bleiben und für immer Teil von *Ich* sein. Als *Ich* das begriff, wusste *Ich*, »mein Leben geht weiter. Es wird ein anderes sein, doch *Du* wird immer bleiben und begleiten.«

ZEIT   60 Minuten

VORBEREITUNG   Kopie der »Ich-Du-Wir-Skizze«, Kopie des Märchens, Kopie des Gedankens von Rainer Maria Rilke (»Vergangen nicht, verwandelt ist, was war«) (alle drei Kopiervorlagen ▶ Download-Materialien).

ZIEL   Dem Trauernden das Gefühl geben, dass sein Nachsterbewunsch eine Antwort seiner Liebe, ein Sehnen nach Ganzheit und ein Zeichen des Zerbruchs seiner Wir-Welt ist.

DURCHFÜHRUNG   Der Trauernde bekommt zunächst die »Ich-Du-Wir«-Skizze ausgehändigt mit der Einladung, diese Skizze zu kommentieren: »Wenn Sie diese Skizze sehen, was gehen Ihnen für Gedanken durch den Kopf?« (In der Regel wird diese Skizze mit glücklichen Zeiten in Verbindung gebracht.)

Dann liest die Trauerbegleiterin das Märchen »Du bleib(s)t« vor. Anschließend bittet sie die Trauernde, das Märchen vorzulesen. Hiernach entwickelt sich ein Gespräch.

Zum Schluss bekommt die Trauernde den Gedanken von Rainer Maria Rilke ausgehändigt mit der Bitte, diesen in den kommenden Tagen/Wochen bis zum nächsten Treffen immer mal wieder zu bedenken und die auftauchenden Gedanken aufzuschreiben und mitzubringen.

Alternativ können auch die beiden Zitate von Horst F. mitgegeben werden.

▶ Beachte: Es geht nicht darum, der Trauernden ihren Nachsterbewunsch zu nehmen, sondern ihr die Möglichkeit zu geben, zu verstehen, dass der Nachsterbewunsch immer auch Ausdruck ihrer Liebe ist und damit auch in unaufhebbarer Weise zur Trauer gehörig ist. Gleichzeitig gilt es sorgsam zu unterscheiden, wo sich der Nachsterbewunsch in eine Selbsttötungsabsicht wandelt. Dann braucht es fachliche Hilfe, um das Leben bewahren zu können. Ein alarmierendes Zeichen ist etwa, wenn ein Wunsch nach Beendigung des Lebens keine Unterbrechung kennt, wenn es keinerlei ins Leben zielende und das Leben einbeziehende Gedanken und Hinweise mehr gibt. Mitlebende aus dem Familien- und Freundeskreis sind grundsätzlich zur Wachsamkeit aufgerufen, wenn der Wunsch nach Selbsttötung als Erlösung vorgetragen wird und Ort, Datum und/ oder Methode des Freitodes schon überlegt sind.

Neid

Einführung

Der Neid hat keinen guten Ruf. Er gehört zu den Gefühlen, die gesellschaftlich nicht geachtet sind. Neid ist aber eine der Möglichkeiten, ein Mangelempfinden auszudrücken. Neid kann ein vorübergehendes, flüchtiges Empfinden sein, wenn die eigene Persönlichkeit sich gefestigt weiß. Neid kann aber auch zu einer Besetzung werden, die sehr viel Lebensenergie abzieht. Durch seine lähmende, schädigende oder empört richtende Spaltkraft wird Neid dann zu einer quälenden Unzufriedenheit, die sich nicht beruhigen lässt.

Trauernde können Neid entwickeln über Mitmenschen, die keine Trauer zu tragen haben. Trauernde können neidisch werden auf das Glück anderer Menschen. Trauernde können ihr Mangelempfinden so weit treiben lassen, dass sie aus Neid Missgunst entwickeln – bis hin zur gedanklichen oder tatsächlichen Verhinderung des Wohlbefindens anderer.

Um den Neid nicht einzig im Dunkel des Negativen zu belassen, sondern auch den dahinter sich verbergenden Schmerz zu erahnen, hilft die Herkunft des deutschen Wortes »Neid«: Es taucht das erste Mal im Gotischen auf (»nidwa«) und bedeutet, sich nach etwas zu verzehren. Darin schwingt die Seite des sehnsüchtigen Schmerzes mit. Das wird helfen, das Phänomen des Neides in der Trauer weniger abwertend anzuschauen.

Impulszitat

»Ich kann da gar nicht hinsehen, wie Menschen, die viel älter sind als ich, Hand in Hand über die Straße gehen. Wieso dürfen die glücklich sein, während ich allein schmachten muss? Wenn ich das sehe, ist mein Tag gelaufen. Es ist, wie wenn mich eine Macht anstachelt, denen Böses zu wünschen. Ich muss mich sehr zwingen, diese Gedanken nicht weiter laufen zu lassen. Ich bin dann völlig erschöpft. Und fühle mich richtig schlecht, unwert« (ein Mann, der nach dem Tod seiner Frau sich der Umwelt verschließt).

Übung: Neid zwischen Schmerz und Abwehr

ZEIT 45 Minuten

VORBEREITUNG Kärtchen, einen Stift, eine abgeschlossene Ecke im Raum (zum Beispiel durch Stühle zu markieren), eventuell einen flachen Stein, auf dessen einen Seite »Neid«, auf dessen anderen Seite »Schmerz« geschrieben steht.

ZIEL Das Gefühl des Neids als eine Wirklichkeit wahrnehmen, ohne sie moralisierend zu bewerten. Den Neid als Wegweiser des Mangelschmerzes erfahren. Die Öffnung für diesen Schmerz begreifen, um damit auch dem Neid die besetzende Kraft zu nehmen.

DURCHFÜHRUNG Das Thema des Neides steht im Raum. Die Begleiterin bittet die Trauernde, etwas zu diesem Erleben des Neides zu sagen. Die Begleiterin schreibt Stichworte auf, die sich aus dem Erzählten als Wesensmerkmal des Neiderlebens der Trauernden ergeben. Da das ein schambesetztes Thema ist, bittet die Begleiterin die Trauernde, mit ihr an einen geschützten Ort zu gehen – in die in sich abgeschlossene Ecke.

Die Begleiterin hat die Kärtchen mit den Stichworten. Sie bittet die Trauernde, zu jedem dieser Stichworte eine Bewertung abzugeben. Die Begleiterin formt diese Bewertung um in einen Satz, der auf den dahinter liegenden Schmerz verweist.
- Beispiel: Es ist schlecht, dass ich anderen das Glück ihrer Zweisamkeit nicht gönne. – Mein Schmerz: Ich muss allein zurechtkommen.
- Beispiel: Ich kann mir nicht verzeihen, dass der Neid so mächtig ist. – Mein Schmerz: Ich bin so verzweifelt einsam, dass ich nichts anderes mehr denken kann.

Die Begleiterin schreibt auf die Rückseite der Kärtchen die jeweiligen Schmerzanteile. Die Reflexion zur Übung weist auf, dass der Neid auch eine Kehrseite hat – den eigenen Schmerz. Diesem gilt es, sich zuzuwenden.

Als Erinnerungsmarke kann ein Stein oder Ähnliches mitgegeben werden, auf dessen einen Seite »Neid«, auf dessen anderen Seite »Schmerz« geschrieben steht.

Die Sitzecke wird verlassen, um wieder in den Raum des erweiterten Lebens einzutreten. Den Stein kann die Trauernde, wenn sie mag, mitnehmen.

▷ **Beachte:** Die Übung wird nur dann sinnvoll eingesetzt, wenn in der Begleitung das Thema »Neid« als eine Qual der Trauernden zur Sprache kommt.

Neuland

Einführung

Einen nahestehenden Menschen an den Tod zu verlieren, bedeutet für den Zurückbleibenden, aus der vertrauten Routine des Alltags herauszufallen und einen erzwungenen Abschied vom Bisherigen nehmen zu müssen. Nichts ist mehr, wie es war. Alles erscheint in einem anderen Licht, muss neu gedeutet und mit Sinn gefüllt werden. Der Schmerz um den Verlust des geliebten Menschen verdunkelt die bestehende Welt und lässt vieles nur schattenhaft aufscheinen. Im regelhaften Leben erscheint dem Menschen sein alltägliches Leben in einer relativen Selbstverständlichkeit. Menschen kennen sich aus, wissen, wo es langgeht, haben Erklärungen und finden nahezu immer Antworten auf das, was ihnen begegnet. Der Tod schlägt in seiner Unmissverständlichkeit jedoch bisherige Erklärungen und Antworten aus der Hand. Plötzlich ist das, was selbstverständlich und vertraut war, unerklärlich und fremd. Normalität ist verschwunden, Alltag gibt es nicht mehr. In dieser Terra incognita, dem Fremdland, dem unbekannten Neuland, fühlen Zurückbleibende sich nicht selten verloren, orientierungs- und heimatlos. Normalität muss neu definiert, Alltag schrittweise wiedererschlossen und die Welt im täglichen Tun langsam wieder bewohnbar – zur Heimat – gemacht werden. Der Zurückbleibende erlebt sich in diesem Neuland – dem jeglicher Alltag fremd ist – wie ein Zwischenwesen, wie ein Bürger zweier Welten: Nichts ist mehr so, wie es war, und noch nichts ist so, wie es vielleicht einmal werden kann. Es gibt nur dieses Dazwischen, das aus »es war einmal« und »es ist noch nicht« besteht. Abschied und Neubeginn stehen sich hier unvermittelt gegenüber beziehungsweise lösen sich ohne Zwischenstufe ab. In diesem Neuland braucht der Trauernde zum einen Zeit, um sich zurechtzufinden, und zum anderen benötigt er sogenannte Wegweiser oder Lotsen, die ihm helfen, hier wieder Fuß zu fassen und »das« Leben zu »seinem« Leben zu machen.

Impulszitate

»Bisher kannte ich mich aus. Wusste immer, was jetzt dran ist. Und jetzt? Ich bin wie eine Fremde im totalen Neuland. So müssen sich die Flüchtlinge fühlen, die hier ankommen. Manchmal werden ihnen helfende Hände entgegengestreckt und manchmal werden sie auch als Bedrohung wahrgenommen. Genauso fühle ich mich« (Gerda L., 75 Jahre, nach dem Tod ihrer 42-jährigen Tochter).

»Meine Frau war mein ein und alles. Sie war diejenige, die immer alles gemanagt hat. Egal, ob es darum ging, was wir einkaufen, was wir essen, welcher Einladung wir Folge leisten, wohin wir in Urlaub fuhren und welcher Mülleimer rausgebracht werden musste. Ich habe das getan, was sie organisiert hat. Und so war es gut. Sie hat mich nicht gegängelt. Sie wusste einfach Bescheid und war die Strukturiertere von uns beiden. Jetzt ist sie nicht mehr da. Ich kenne mich nicht aus. Mir fehlt die Richtung. Wie soll ich das alles hinkriegen ohne sie? Es scheint mir fast unmöglich« (Lothar R., 74 Jahre, nach dem Tod seiner 70-jährigen Ehefrau).

»Ich spürte Unheimliches, sah Unheimliches aufblitzen, unsichtbare Zeichen geheimen Einverständnisses wurden getauscht, eine Rätselsprache gesprochen, kurz, ein Spiel gespielt, dessen Regeln ich nicht verstand« (Marie Luise Kaschnitz, Wohin denn ich. Aufzeichnungen, S. 21 © 1963 Claassen Verlag in der Ullstein Buchverlage GmbH, Berlin).

Übung: Wortgeländer

ZEIT 60 bis 90 Minuten

VORBEREITUNG Briefpapier mit Umschlag, schön schreibender Stift, sanfte Begleitmusik, Abspielgerät.

ZIEL Trauernde Menschen bekommen häufig ungewollte Ratschläge, Informationen und Verhaltensmaßregeln. In dieser Übung können sie sich sozusagen selbst Ratgeber, Informant und Wegbereiter beziehungsweise Wegweiser sein. Die Worte kommen aus ihnen selbst heraus und können auf diese Weise besser angenommen werden.

DURCHFÜHRUNG Die Trauerbegleiterin achtet genau auf die Worte, die die Trauernde sagt, und schreibt diese – nach Ankündigung – mit.

Beispiel anhand des Zitates von Gerda L. So würde die Trauerbegleiterin fragen: »Kennen Sie das Gefühl des Neulandes?«

»Bisher kannte ich mich aus. Wusste immer, was jetzt dran ist. Und jetzt? Ich bin wie eine Fremde im totalen Neuland. So müssen sich die Flüchtlinge fühlen, die hier ankommen. Manchmal werden sie als Bedrohung wahrgenommen und manchmal werden ihnen helfende Hände entgegengestreckt.«

Prägnante Begrifflichkeiten:
Bisher
Auskennen
Wissen
Fremde
Neuland
Flüchtling
Bedrohung
Hilfe

Arbeitsimpuls für Trauernde: Schreiben Sie aus den Begriffen einen unterstützenden Text, den Sie einem Freund/einer Freundin, der/die – ebenso wie Sie – einen nahestehenden Menschen verloren hat, schenken könnten. Beginnen Sie den Brief mit *Lieber Freund/Liebe Freundin* und beenden Sie ihn mit *dein Freund/deine Freundin*.

Liebe Freundin, es ist nun 14 Monate her, seit deine Tochter verstorben ist. Bisher habe ich immer gedacht, du kämst ganz gut klar und hast dich wieder einigermaßen erholt. Ich kenne mich nicht aus mit Trauer, doch kann ich mir gut vorstellen, wie du leidest und deine Tochter vermisst. Manchmal denke ich, wie gut es sein würde, wenn wir ein Wissen darüber hätten, wie es in dieser anderen Welt ist. Ich stelle es mir so vor, dass es den Toten gut geht. Dort, wo sie jetzt sind, ist kein Leid, kein Schmerz, keine Ungewissheit. Alles ist hell und klar und gut. Unsere Toten gehen in dieses Land wie Fremde, die sofort zu Hause sind. Da ist nichts, was stört oder hindert. Du hingegen musst hier in deiner Welt ganz neu zurechtkommen. Das stelle ich mir so schwer vor. Jeder Schritt ist ein Schritt in neues, unbekanntes Land. Doch ich weiß, du schaffst das. Klar, manchmal möchtest du es den Flüchtlingen gleichtun. Weglaufen, irgendwo hingehen, wo es dir besser geht. Irgendwohin, wo die Bedrohung durch die Trauer nicht mehr da ist. Und gleichzeitig weißt du, dass die Trauer zur Liebe gehört und sie es ist, die dir hilft, dich langsam in das Unabänderliche, das Unfassbare einzufügen. Ich grüße dich aufs Herzlichste und glaube fest daran, dass du das schaffen wirst. Deine Freundin.

▷ **Beachte:** Diese Aufgabe eignet sich im Wesentlichen für Trauernde, die bereit sind, sich auf Schreibübungen einzulassen.

Alternativ: Wenn die Trauernde dies ablehnt, kann vielleicht eine Sprechübung daraus werden: »Was würden Sie einem Freund in solcher Situation sagen?«

Nimmermehr

Einführung

Wir Menschen sind Wesen der Vergangenheit, der Gegenwart und der Zukunft. Immer sind diese drei Zeitangaben in unseren Lebensfluss eingebunden. Stirbt jedoch ein nahestehender Mensch, dann ist dieser Lebensfluss für einen Moment – wie lange dieser auch dauern mag – eingefroren. Die Vergangenheit mit diesem Menschen ist vollendet. Vollendete Vergangenheit. Hinter allem Erleben wird ein Schlusszeichen, ein endgültiger Punkt gesetzt. Nichts kann mehr hinzugefügt werden. *Nimmermehr!* Für diejenigen, die nach dem Tod eines geliebten Menschen zurückbleiben, ist dies eine schmerzhafte, erschütternde Erkenntnis. Gab es auch im größten Leid, im Schmerz, im Erleben der versiegenden Kräfte, in der Angst vor dem bevorstehenden Tod immer noch ein bewusst oder unbewusst gedachtes »Später«, so ist dies nun endgültig ausgelöscht. Mit der letzten Berührung erstarb es. Mit dem letzten Augen-Blick wurde es blind. Mit dem letzten Atemzug wurde es ausgehaucht. Endgültige Stille. Endgültiger Stillstand. Es gibt kein »Später« mit dem Verstorbenen mehr, die Vergangenheit ist vollendet. Die Gegenwart ist bestimmt durch das »Nimmermehr«, das sich in allen Gegenständen des Hauses manifestiert. Die Zukunft des Zurückbleibenden hat sich entleert, ist »arm und leer«, wie Sigmund Freud es formulierte. Das »Nimmermehr« wahrzunehmen, zu realisieren, daraus Erkenntnisse zu ziehen und anzunehmen, dass dies für *(n)immermehr* zum eigenen Leben gehören wird, ist eine der wichtigsten Aufgaben, denen sich eine Zurückbleibende, eine Trauernde zu stellen hat. Dieses »Nimmermehr« ins eigene, verbleibende Leben zu integrieren und sich dennoch und gleichzeitig wieder eine lebenswerte Zukunft zu erobern, das scheint Trauernden anfänglich eine kaum lebbare Aufgabe.

Impulszitate

»Er hatte doch gesagt, dass wir gemeinsam alt werden. Direkt nach seiner Berentung nächstes Jahr wollten wir einen langen Fahrradurlaub machen. Wir haben die Route schon ausgearbeitet. So viele Abende und Wochenenden mit der Planung verbracht. Wie kann das sein? Alles liegt noch herum und schreit mich lautlos an: ›Nimmermehr werdet ihr hier entlang fahren. Das Hotel werdet ihr nicht besuchen.

Die Donau nicht befahren. Den kleinen Markt nicht bebummeln.‹ Ich bin fast verrückt geworden an diesem Nimmermehr. Es hat mich morgens aus der Schlaflosigkeit geweckt, hat mich durch den regungsglosen, leeren Tag begleitet und mich erbarmungslos in die finstere, einsame Nacht hineingestoßen. Das Nimmermehr war die einzige Konstante in dieser schrecklichen Zeit. Schmerzhaft, bohrend, höhnisch, laut und unverrückbar wahr. Für immer nimmermehr!« (Maria B., 60 Jahre alt, nach dem Tod ihres 64-jährigen Mannes).

»Jetzt dröhnt mir das Wort Tod durch den Kopf, mit seinem Namen verbunden wie ein unzertrennliches Gespann. Hin und wieder versuche ich mich da-zwischen-zu-zwängen, doch das gelingt mir nicht, ich lebe zu sehr. Ich fühle mich ausgestoßen, darf nicht mit von der Partie sein. Sein wundervoller Name und dieses Wort schieben gemeinsam alles beiseite. Sobald ich an etwas anderes zu denken versuche als an dieses Wortgespann, versperren sie dem Gedanken den Weg. Sie lassen höchstens ein paar Worte durch, die dazugehören.
Niemals.
Immer.
Für Immer Niemals Mehr!«
(Connie Palmen, I. M. Ischa Meijer. In Margine. In Memoriam. Aus dem Niederländischen von Hanni Ehlers. S. 361 ff. Copyright der deutschsprachigen Ausgabe © 1999, 2001 Diogenes Verlag AG Zürich).

Übung: Die Bäume der Trauer

ZEIT Ca. 60 Minuten

ZIEL Bewusstmachung, dass es das Nimmermehr *und* das Immernoch *und* das Wiederneu gibt.

VORBEREITUNG Auf ein großes Zeichenblatt oder auf drei DIN-A4-Blätter werden drei Bäume gemalt (siehe Arbeitsblatt; ▶ Download-Materialien). Verschiedenfarbige dünne Filzschreiber oder Filzstifte, sanfte Begleitmusik, Abspielgerät.

(Vergangenheit) Baum 1 ist der »Nimmermehr-Baum«. Die Trauernde wird eingeladen, in die Äste, die Blätter, den Stamm, die Wurzeln hineinzuschreiben oder zu malen, was »nimmermehr« erlebt werden kann. (Die Stifte haben verschiedene Farben, die Trauernde soll dazu ermutigt werden zu schauen, welche Farbe sie für was nutzt.) Während des Schreibens läuft leise Musik. Die Trauer-

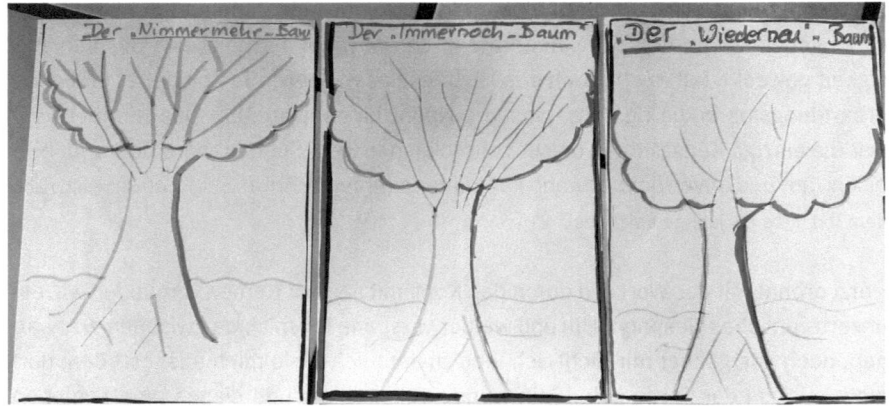

begleiterin bleibt im Raum, beteiligt sich jedoch nicht an dem Akt des Malens beziehungsweise Schreibens, kommentiert auch nicht. Nach spätestens zehn Minuten bittet sie die Trauernde innezuhalten und fragt nach ihren momentanen Gefühlen. (Sollte die Trauernde vorher ins Stocken kommen, dann müssen die 15 Minuten nicht zwingend eingehalten werden.) Die Gefühle werden von der Trauerbegleiterin auf einem Blatt mitgeschrieben und abschließend noch einmal vorgelesen. Dann bedankt sich die Trauerbegleiterin für die intensive Auseinandersetzung mit dem »Nimmermehr« und bittet die Trauernde nun, sich dem Baum 2 zuzuwenden.

(Gegenwart) Baum 2 ist der »Immernoch-Baum«. Die Trauerbegleiterin lädt die Trauernde ein, in diesen Baum all das einzuschreiben oder zu malen, was immer noch ist. Hier ist es wichtig, dass es nicht nur darum geht, die schmerzhaften Gefühle, die immer noch da sind, einzuschreiben, sondern auch das, was immer noch ist und Halt gibt, zum Beispiel der Hund und die täglichen Spaziergänge, die Fähigkeit zu atmen, der Nachbar, der die Zeitung bringt, und so weiter.

Während Baum 1 sozusagen die Leere repräsentiert, steht Baum 2 für das Verbleibende. Während des Schreibens läuft leise Musik. Die Trauerbegleiterin bleibt im Raum, beteiligt sich jedoch nicht an dem Akt des Malens beziehungsweise Schreibens, kommentiert auch nicht. Nach zehn Minuten bittet sie die Trauernde innezuhalten und fragt nach ihren momentanen Gefühlen. Die Gefühle werden von der Trauerbegleiterin auf einem Blatt mitgeschrieben und abschließend noch einmal vorgelesen. Dann bedankt sich die Trauerbegleiterin für die intensive Auseinandersetzung mit dem »Immernoch-Baum« und bittet sie, sich dem Baum 3 zuzuwenden.

(Zukunft) Baum 3 ist der »Wiederneu-Baum«. Die Trauerbegleiterin lädt die Trauernde ein, in diesen Baum all das einzuschreiben oder zu malen, was sie sich wünscht und wieder vorstellen kann. Hier ist es wichtig, dass die Trauernde nicht bedrängt wird. Wenn die Übung zu früh eingesetzt wird, kann es geschehen, dass der Baum leer bleibt, und auch das muss dann akzeptiert werden. Spürt die Trauerbegleiterin jedoch die Bereitschaft der Trauernden, sich auf die Zukunft einzulassen, dann dürfen der Trauernden auch ein paar Angebote gemacht werden, zum Beispiel wieder lachen können, Tanzen gehen, in Urlaub fahren, die Steuerklärung machen, ohne zu weinen, mit Dankbarkeit auf das Gewesene zurückblicken …

Baum 3 repräsentiert sozusagen die Keimlinge, die Knospen, die wachsenden Früchte. Während des Schreibens läuft leise Musik. Die Trauerbegleiterin bleibt im Raum, beteiligt sich jedoch nicht an dem Akt des Malens beziehungsweise Schreibens, kommentiert auch nicht. Nach zehn Minuten bittet sie die Trauernde innezuhalten und fragt auch jetzt nach ihren momentanen Gefühlen. Auch diese Gefühle werden von der Trauerbegleiterin auf einem Blatt mitgeschrieben und abschließend noch einmal vorgelesen. Dann bedankt sich die Trauerbegleiterin für die intensive Auseinandersetzung mit dem »Wiederneu-Baum«.

Abschließend werden die drei Bäume nebeneinander betrachtet und die Trauerbegleiterin fragt nun noch einmal, wie es der Trauernden mit Blick auf alle drei Bäume geht. Dann fasst die Begleiterin mit eigenen Worten die Übung und das Wahrgenommene zusammen. Anschließend kann ein Gedicht oder literarisches Zitat vorgelesen werden.

Beispiel: »Bäume sind für mich immer die eindringlichsten Prediger gewesen. (…) Bäume sind Heiligtümer. Wer mit ihnen zu sprechen, wer ihnen zuzuhören weiß, der erfährt die Wahrheit. Sie predigen nicht Lehren und Rezepte, sie predigen, um das Einzelne unbekümmert, das Urgesetz des Lebens« (Hermann Hesse, Bäume. Betrachtungen und Gedichte. Frankfurt a. M.: Insel, 1984, S. 9).

▷ Beachte: Es ist wichtig, dass am Schluss der Übung nicht neu in die Bäume eingestiegen wird, sondern nur das Gefühl, das beim Betrachten der Bilder entsteht, kommuniziert wird.

Die Zeitangaben sind nur Orientierungshilfen, es kann alternativ auch möglich sein, alle drei Blätter nebeneinanderzulegen und die Trauernde entscheiden zu lassen, wie sie damit verfahren will.

Normalität

Einführung

Der Begriff »Normalität« geht etymologisch auf den lateinischen Grundbegriff »norma« zurück, der Winkelmaß, Richtschnur, Regel und Vorschrift bedeutet. Hier wird bereits auf besondere Weise deutlich, dass Normalität durchaus auch etwas mit Normen zu tun hat. Normen sind das, woran wir Menschen uns oftmals selbstverständlich halten. Sie stellen Eckpunkte unseres gemeinschaftlichen Alltagslebens dar. Normalität ist für den Menschen ein Dasein, in dem er sich orientieren kann und in dem er auf unbestimmte Weise sicher ist, dass sein Leben eine Bedeutung hat, auch wenn er weder weiß noch wissen kann, was für eine Bewandtnis oder Sinn dies sein soll. Im alltäglichen Sprachgebrauch verstehen wir Menschen unter Normalität in der Regel das Selbstverständliche, das, was nicht erklärt, nicht hinterfragt und nicht immer wieder neu bedacht werden muss. Diese Art der Normalität ist gekennzeichnet durch Routine, Gewohnheiten und Selbstverständlichkeit. In der Normalität kennen Menschen sich aus, wissen, was von ihnen erwartet wird, und können mit bestimmten Herausforderungen umgehen. In der Normalität scheint es so etwas wie einen sicheren Boden zu geben. »Es ist normal, dass mein Kind morgens das Haus verlässt und nach der Schule wieder heimkehrt.« »Es ist normal, dass meine Schwester in den Urlaub fährt und nach 14 Tagen wieder zurückkehrt.« »Es ist normal, dass meine Mutter abends einschläft und morgens wieder aufwacht.« Doch was ist, wenn dem nicht so ist? Was ist, wenn der Tod einen Strich durch die Rechnung der Normalität macht? Was ist, wenn ein Mensch, der in unhinterfragter Selbstverständlichkeit davon ausging, dass sein Leben genauso verläuft wie geplant, mit einem Schlag feststellen muss, dass es ganz anders kam? Was ist, wenn Normalität vorbei ist? Wenn sie zum Ausnahmezustand gerät? Wenn sie neu erschlossen und definiert werden muss?

Im Angesicht des Todes eines nahestehenden Menschen wird das Herausfallen aus der Normalität, aus dem, was einst sicher und Sinn gebend war, fast immer als Trauer auslösender Verlust erfahren, der sich als Schatten über alles legt, was selbstverständlich und sinnhaft schien. Deuten wir darüber hinaus den Begriff der Normalität noch mit Blick auf unser Verhalten aus, dann wird normales Verhalten regelhaft als Verhalten verstanden, das mehr oder weniger sozial akzeptiert wird und nur geringfügig von den sozialen Erwartungen abweicht.

Normales Verhalten unterliegt demnach bestimmten Normen und Erwartungen und ermöglicht ein geregeltes Miteinander. Welches Verhalten wird jedoch nach dem Tod eines nahestehenden Menschen als normal angesehen? Und wie lange wird das Trauerverhalten, das sich als Reaktion auf die außer Kraft gesetzte Normalität ausbildet und noch keine Routine kennt, geduldet? Häufig wird das Gefühl der Trauer, das sich beim Tod des geliebten Menschen einstellt, vom Umfeld zwar zur Kenntnis genommen und anerkannt, gleichzeitig sollte es jedoch nach Möglichkeit nur im mehr oder weniger »unsichtbaren« Privatbereich zum Ausdruck gebracht werden. Nicht selten wird das Trauerverhalten von den Mitmenschen als ein vorübergehendes Ausdrucksgeschehen betrachtet, das – um es überspitzt auszudrücken – schon mit der Bestattung als beendet angesehen wird und schnellstmöglich wieder »normal« sein soll. Die existenziellen Leidempfindungen sollen sich rasch wieder auflösen und dem Alltag mit all seinen Aspekten, Normalitäten und Herausforderungen soll wieder die volle Aufmerksamkeit geschenkt werden. Hieran wird auch – vielleicht versöhnlich – erkennbar, warum Menschen, die nicht in einer liebenden Beziehung, sondern in einer eher unverbindlichen Verbundenheit zum Verstorbenen standen, so viel rascher wieder zur Normalität übergehen können, nicht selten zum Leidwesen und Unverständnis der im Schmerz verhafteten Trauernden. Die Nicht-Liebenden, die Bekannten werden oftmals nur für den Moment der Begegnung mit dem Ereignis aus dem Fluss ihres Lebens herausgenommen, schwimmen jedoch – um im Bild zu bleiben – recht schnell wieder im Lebensstrom, in der Normalität mit.

Impulszitate

»Weil Trauer in jedem Menschenleben vorkommt, ist sie zunächst etwas ganz Normales, auch wenn ihr Erscheinen mit einem Herausfallen aus der Normalität verbunden ist. Sie ist nicht der Ausnahmefall von Leben, sie ist nicht die Katastrophe, die grundsätzlich mit einem bösartigen Schicksal verbunden ist, sie ist kein Abweichen von Gesundheit, also keine Krankheit. Die Trauer ist normal, ein Bestandteil und eine Aufgabe des Lebens. Sie ist Leiden im Gesunden. Trauer ist in ihrer Macht und Gewalt nicht zu unterschätzen, aber die meisten Menschen lernen mit dieser ganz normalen Trauer irgendwann umzugehen, durchleben sie – nicht selten über mehrere Jahre – und üben sich darin ein, mit ihr neu und oftmals auch wieder lustvoll zu leben« (Monika Müller, Sylvia Brathuhn, Matthias Schnegg, Handbuch Trauerbegegnung und -begleitung. Theorie und Praxis in Hospizarbeit und Palliative Care. Göttingen: Vandenhoeck & Ruprecht, 2013, S. 21).

»Meine Freundin sagte neulich zu mir: ›Mein Gott, langsam musst du auch mal wieder in der Normalität ankommen. So kann es ja nicht weitergehen.‹ Normalität? Was für eine Normalität? Die von früher, also die, bevor Harald tot war? Oder die Normalität von meiner Freundin? Ihr Leben geht ja fein weiter. Ich störe sie halt mit meinem ›ewigen Getrauere‹, wie sie es nennt. Für mich ist das hier Normalität. Jeden Tag aufwachen und wissen, er ist nicht da. Jeden Tag aufwachen und wissen, er kommt nicht wieder. Jeden Tag aufwachen und den Schmerz ertragen müssen. Jeden Tag überleben müssen. Das ist meine Normalität. Da muss ich nicht erst ankommen«
(Birgit W., 49 Jahre, 17 Monate nach dem Unfalltod ihres Mannes).

Übung: Zähmen – sich vertraut machen

ZEIT 30 Minuten

VORBEREITUNG Eine kleine Kladde, Stift, Auszug aus der Erzählung »Der kleine Prinz« (1943) von Antoine de Saint-Exupéry (▶ Download-Materialien).

»Guten Tag«, sagte der Fuchs.
»Guten Tag«, antwortete höflich der kleine Prinz, der sich umdrehte, aber nichts sah.
»Ich bin da«, sagte die Stimme, »unter dem Apfelbaum …«
»Wer bist du?«, sagte der kleine Prinz. »Du bist sehr hübsch …«
»Ich bin ein Fuchs«, sagte der Fuchs.
»Komm und spiel mit mir«, schlug ihm der kleine Prinz vor. »Ich bin so traurig …«
»Ich kann nicht mit dir spielen«, sagte der Fuchs. »Ich bin noch nicht gezähmt!«
[…]
»Was bedeutet das: ›zähmen‹?«
[…]
»Das ist eine in Vergessenheit geratene Sache«, sagte der Fuchs. »Es bedeutet: ›sich vertraut‹ machen.«
»Vertraut machen?«
»Gewiss«, sagte der Fuchs.
[…]
Der Fuchs verstummte und schaute den Prinzen lange an:
»Bitte … zähme mich!«, sagte er.
[…]
»Was muss ich da tun?«, sagte der kleine Prinz.
»Du musst sehr geduldig sein«, antwortete der Fuchs.

ZIEL Fremdes und Vertrautes reflektieren, Struktur in die gegenwärtige Unübersichtlichkeit bringen sowie das Neuentstehen von Normalität beachten.

DURCHFÜHRUNG Die Trauerbegleiterin liest das Zitat aus »Der kleine Prinz« vor. Dann wird die Trauernde eingeladen, sich drei Dinge, die jenseits ihrer Normalität liegen, ihr also fremd (noch ungezähmt) sind, und drei Erfahrungen, die ihr vertraut sind, also noch ein gewisses Maß an Normalität bieten, zu überlegen und aufzuschreiben. Hierüber wird sich dann ausgetauscht.

Als Hausaufgabe wird der Impuls gegeben, die Erfahrungsliste jeden Abend oder Morgen bis zum nächsten Treffen zu ergänzen. Wenn vorher Fremdes sich in Vertrautes gewandelt hat, soll es neu kategorisiert werden. Für diese Übung eignet sich eine kleine Kladde, auf der jeweils links die Fremdheitserfahrungen und rechts die Vertrautheiten eingetragen werden können. Die Trauernde wird gebeten, diese Kladde beim nächsten Mal wieder mitzubringen.

▶ Beachte: Diese Übung kann als »Impulsaufgabe« über mehrere Treffen mit einbezogen werden!

Ohnmacht

Einführung

Wir Menschen leben unser Leben vielfach mit der unbewussten Gewissheit, alles in der Hand zu haben. Wir machen Pläne, ordnen, strukturieren, entwerfen und verwerfen wieder. Wir treten in Situationen ein und wir treten aus Situationen heraus. Es gibt jedoch auch Situationen, aus denen wir nicht heraustreten können. Das sind die sogenannten Grenzsituationen (Karl Jaspers). Es sind die Situationen, die uns zum Schicksal werden und in denen der Mensch auf schmerzhafteste Weise erfährt, dass er »ohne Macht« ist. Es ist ein machtvoller Kontrollverlust, der kaum aushaltbar ist. Eine Grenzsituation kann weder aufgelöst noch verlassen werden. Der einzelne Mensch kann sich nur zu ihr verhalten. In keiner Situation wird das Gefühl der Ohnmacht so vordergründig und beherrschend wie in der Grenzsituation Tod. »Mein Mann ist tot und ich kann nichts dagegen tun.« »Mein Kind hat sich das Leben genommen und ich bin in diesem Film gefangen.« »Meine Mutter, die mich immer genervt hat, ist nun tot.« Egal was ein Mensch fühlt, denkt, sagt, tut, die Grenzsituation bleibt und ist als solche nicht auflösbar: An ihr scheitert der Mensch. Scheitern bedeutet, dass der Mensch, und in diesem Fall ist es die Trauernde, sich mit dieser, sie umfassenden Situation auseinandersetzen und eine Grundhaltung dazu finden oder entwickeln muss. Die Art und Weise, wie dies geschieht, ist höchst individuell. Während die einen versuchen, das Gefühl der Ohnmacht mit Aktionismus zu ertragen, kann es beim anderen dazu kommen, dass er oder sie in lethargische Starre verfällt und das Geschehene sozusagen auf diese Weise erträgt, und ein Dritter versucht möglicherweise über rationale Erklärungen mit der Situation zurecht- beziehungsweise in Einklang zu kommen. Alle Versuche, sich zu der Grenzsituation zu verhalten, sind sogenannte Überlebensstrategien und in diesem Kontext weder als gut noch schlecht zu bewerten: Sie sind anzuerkennen als etwas, das dem »Überleben« dient.

Impulszitate

»Es ist ein Scheißgefühl, nichts tun zu können. Einfach ohnmächtig abzuwarten, bis der Tag sich verabschiedet und ich wieder ins Bett kann. Das ist das Einzige, worauf ich mich im Moment verlassen kann« (Barbara L., 43 Jahre, deren Sohn sich mit 21 Jahren das Leben nahm).

Orlando
Im Dunkel des Tages
der Mensch sich verrennt;
weiß Hilfe nicht finden,
wenn die Seele ihm brennt.

Er sieht sich da selbst
ganz neben sich stehen;
will Held sein und kann nicht
die Kräfte erflehen.

Erdrückt von der Last,
hoffnungsvoll wund;
entstellt und verschoben,
wenn Not er gibt kund.

Das Leiden des Herzens,
es wird nicht erkannt;
seine Mühe zur Abkehr
mit Abwehr gedankt.

Am Grund seines Seins
das Kind in ihm schreit;
hier ist er zu Hause
In Machtlosigkeit.
© Patrick Bahlo

Übung: Wege mit und aus der Ohnmacht

ZEIT   60–90 Minuten (eventuell auch zwei Sitzungen à 60 Minuten)

VORBEREITUNG   Originalgedicht »Orlando« kopieren, das bereits umgeschriebene Gedicht kopieren (▶ Download-Materialien), ein leeres Blatt, Stifte.

ZIEL   Anhand des Gedichts »Orlando« erkennt die Trauernde, dass es Menschen gibt, die Ähnliches fühlen, denken und erleben. Im Gespräch kann sich die Trauernde anhand des »Anderen« selbst erkennen. Das Umschreiben des Gedichtes zeigt eine andere Perspektive auf. Ohnmacht wird anerkannt und gleichzeitig kann die Bedeutsamkeit des Perspektivenwechsels auf »sanfte« Weise erfahren werden.

DURCHFÜHRUNG   Die Trauerbegleiterin liest das Gedicht »Orlando« vor und stellt Impulsfragen daraus:
- »Kennen Sie bei sich selbst auch ein Seelenbrennen und wenn ja, wie würden Sie dies in Worte kleiden?«
- »Wo werden Ihre ›Hilferufe‹ gehört?«
- »Welche Gedanken tauchen bei Ihnen auf, wenn Sie die Worte ›hoffnungsvoll wund‹ hören?«
- »Könnten Sie das Gedicht so umformulieren, das es eine andere Wendung nimmt?« (Alternativ kann das bereits im Vorfeld umgeschriebene Gedicht genommen werden.)

Beispiel:
Überschrift geben (zum Beispiel Ort der Trauernden)
Im Lichte des Tages
Ich gehe umher
finde Hilfe
und fühl' mich nicht länger so leer.

Ich sehe mich selbst
Wie ich so da steh'
Bin stark und in der Lage
Zu sagen ich geh'.

Ich trage die Last
Zuversichts hell
Ich weiß, es ist schwer
Und alles andere als schnell.

Das Leid meines Herzens
Es wird anerkannt
Seine Mühe zur Heilung
Mit Zuwendung gedankt.

Im Grund meines Herzens
Dankbarkeit keimt
Ich habe geliebt
Das auf jeden Fall bleibt.

(Sylvia Brathuhn)

Die Trauerbegleiterin liest auch dieses Gedicht vor und stellt Impulsfragen daraus:
- »Wo haben Sie bislang Ihre Hilfe gefunden und wo nahmen Sie die Kraft her, diese zu suchen?«
- »Wohin gehen Sie? Was ist Ihr Ziel?«
- »Wofür sind Sie dankbar?«

Die Übung wird beendet, wenn das Gespräch in seinem Fluss versiegt.

▶ Beachte: Die Aufgabe, das Gedicht umzuformulieren, kann auch als Hausaufgabe für die nächste Sitzung vereinbart werden.

Pause

Einführung

Trauerarbeit – ein durch Sigmund Freud geprägter Begriff – ist anstrengend, auslaugend und erschöpfend. Trauer ist beständig unbeständig, sie ist abwesend anwesend, sie ist berechenbar unberechenbar, sie ist fassbar unfassbar, sie ist zerbrochene Verdichtung und sie kennt weder Feierabend noch Urlaubszeiten. Trauer besteht aus unzähligen Antinomien, die darauf verweisen, dass das Leben, das einst heil und ganz erschien, nun fragmentarisch, zersplittert, dornendicht und minenreich erscheint. Das Leben, das der Trauernden eher einem Nichtleben oder einem fortwährenden Überlebenskampf gleicht, ist kaum aushaltbar. Woher die Kräfte nehmen, um den täglichen Prüfungen zu begegnen? Wie sich diesen unzähligen Prüfungen, die jeden Tag aufs Neue warten, stellen? Wie den alltäglichen Stolpersteinen begegnen? Woher den Überlebensmut nehmen? All diese Fragen zeigen, dass Trauer harte innere Arbeit ist, die den Menschen oftmals an den Rand der Erschöpfung führt und in ihm den Wunsch nach einer Trauerpause entstehen lässt. Es geht Trauernden nicht darum, dass die Trauer »weg sein soll«, dass sie nichts mehr spüren wollen, sondern es geht ihnen darum, für einen Moment – wie lange auch immer dieser sein mag – aus diesem auszehrenden Erschöpfungszustand aussteigen zu können, das Hamsterrad der quälenden Gedanken anzuhalten, sich zu erholen, wieder zur Kraft zu kommen, um dann ihren Trauerweg weiter zu beschreiten.

Im Pausen-los erscheinenden Prozess der Trauer werden dennoch viele solcher Pausen erlebt. Manche bewusst, manche unbewusst. Eine Pause von der Trauer – eine Trauerpause – kann auf vielfältige Weise geschehen: durch Arbeit, durch intensive sportliche Beschäftigung, durch Hinwendung zu anderen Dingen, durch kreativen Ausdruck, durch das Gespräch, durch Schlaf, durch Ablenkung, durch Lachen und durch Momente der Unbeschwertheit. Trauernde stehen ihren Pausen oft in einer ambivalenten Haltung gegenüber: Einerseits werden sie heftigst herbeigewünscht, andererseits wird ihre Anwesenheit oft mit einem schlechten Gewissen beantwortet. Da wurde gelacht über eine Erzählung und schon meldet sich die innere Stimme und sagt: »Was bist du für eine? Dein Mann ist tot und du lachst.« Oder es wird sich gefreut über eine gelungene Präsentation bei der Arbeit und schon ist da die innere Stimme, die sagt: »Wie kannst du dich über eine solche Banalität freuen?« Und doch: Das Leben zwingt den Trauernden in seine Pausen, ob er es will oder nicht.

Impulszitate

»Mein Bruder ist seit vorgestern ein Jahr tot! Ein Jahr, das mir so viel Kraft abverlangt hat. Ich kann einfach nicht abschalten. Immer, wenn ich ihn vor mir sehe, denke ich wieder und wieder NEIN! Letzte Woche waren wir mit meinen Eltern im Urlaub. Das war schön. Nachmittags lag ich am Strand und mir wurde schmerzlich bewusst, dass ich den ganzen Tag noch nicht an Thomas gedacht hatte. Es fühlte sich an wie Verrat und doch war es auch erholsam. Ich muss es mir erlauben. Thomas ist deswegen nicht vergessen. Er bleibt trotzdem in mir und mit mir, auch wenn ich mal nicht an ihn denke« (Iris B., 28 Jahre, 14 Monate nach dem Tod ihres 18-jährigen Bruders, der bei einem Autounfall starb).

»Es ist nicht wahr, dass ich immer an H. denke. Arbeit und Gespräch machen das unmöglich. Aber die Zeiten, wo ich nicht an sie denke, sind für mich vielleicht die Schlimmsten. [...] Etwas ganz Unerwartetes ist geschehen. Aus verschiedenen Gründen, die überhaupt nichts Geheimnisvolles an sich haben, war mir ums Herz leichter als seit Wochen. Erstens erhole ich mich einfach von körperlicher Erschöpfung. Und am Tag zuvor habe ich zwölf sehr ermüdende, aber sehr gesunde Stunden verbracht und nachts besser geschlafen; und nach zehn Tagen tief hängenden grauen Himmels und warmer, feuchter Windstille schien die Sonne, und es wehte ein Lüftchen. Und in dem Augenblick, wo ich um H. die bisher mindeste Trauer empfand, erinnerte ich mich ihr plötzlich am klarsten« (C. S. Lewis, Über die Trauer. Düsseldorf: Patmos, 2006, S. 39; 48).

Übung: Atem-Pause

ZEIT 10–15 Minuten

VORBEREITUNG Die Bereitschaft der Trauerbegleiterin und der Trauernden, auch den Körper und die Atmung in die Begleitung einzubeziehen.

ZIEL Mittels kurzer Atemübungen der Trauernden Entspannung und Pause anbieten.

DURCHFÜHRUNG Es wird eine Einladung zu einer kleinen Körper- und Atemübung ausgesprochen:

»Setzen Sie sich ganz bequem hin und machen Sie sich bereit für eine Wahrnehmungsreise durch Ihren Körper. Sie können die Augen geöffnet oder geschlossen lassen. Werten Sie nicht. Nehmen Sie nur wahr. Die Übung wird etwa zehn Minuten dauern.
Wenn Sie mögen, schließen Sie jetzt die Augen und atmen Sie dreimal bewusst in Ihrem eigenen Tempo ein und aus.
Wie stehen ihre Füße auf dem Boden?
Wie spüren Sie Ihre Oberschenkel auf dem Stuhl?
Wie ist der Kontakt Ihres Gesäßes auf der Stuhlfläche?
Wie ist Ihr Rücken im Kontakt mit dem Stuhl?
Wie fühlen sich Ihre Schultern an?
Wie ist die Haltung Ihres Kopfes?
Wie fühlt sich Ihr Gesicht an?
Nun bitte ich Sie, Ihre Konzentration auf Ihre Atmung zu lenken. Nehmen Sie Ihre Atmung einmal ganz bewusst wahr. Wie atmen Sie? Sind es tiefe oder flache Atemzüge? Sind sie langsam oder schnell? Atmen Sie durch den Mund oder die Nase? Atmen Sie in den Brustkorb oder in den Bauch?
Nun bitte ich Sie, einmal drei bewusste Atemzüge zu nehmen und auf die Ausatmung zu achten.
Dann wiederholen Sie mehrere bewusste Atemzüge und sprechen innerlich bei jedem Einatmen die Silbe PAU und bei jedem Ausatmen die Silbe SE. PAU – SE … PAU – SE … PAU – SE …
Jetzt bereiten Sie sich darauf vor, Ihre Atmung wieder unbewusst fließen zu lassen, öffnen Sie Ihre Augen, blinzeln Sie ein paar Mal kräftig, bewegen Sie Hände und Füße und recken und strecken Sie sich. Sie sind wieder da.«

Die Trauerbegleiterin kann die Trauernde fragen, wie sie sich während der Übung gefühlt hat und wie es jetzt nach der Übung ist. Wenn die Atemübung zur Entspannung führte, kann sie als Impuls für angespannte Zeiten mit nach Hause gegeben werden.

▷ Beachte: Die Übung kann sowohl an den Anfang der Einheit gesetzt werden, um daraus ein Gespräch zu entwickeln, oder an das Ende der Sitzung als Impuls für die Zeit zu Hause.

Plötzlich

Einführung

Obgleich wir Menschen wissen, dass wir sterben werden, dass wir sterblich sind, sind wir – wie Sigmund Freud es formuliert – unbewusst von der Illusion unserer Unsterblichkeit überzeugt. Wir leben unser Leben, als wäre es unendlich und würde ewiglich währen. Dies gilt auch für den Menschen, den wir lieben. Auch ihm schreiben wir auf unbewusste Weise eine Art Unsterblichkeit zu. Wir leben mit dem Gedanken von Gabriel Marcel, der einst sagte: »Einen Menschen lieben, heißt ihm sagen, du wirst nicht sterben.« Und dann geschieht es doch. Der Tod bricht in das Leben ein und zerstört das »Wir«. Nicht nur denkerisch und irreal, sondern wirklich und real. Plötzlich wird die bisher für unmöglich gehaltene Möglichkeit erfahrene und erlittene Lebenswahrheit. Der Mensch, der ein geliebtes Du war, ein Resonanzpartner, der Mensch, der mit seiner Liebe das Seinskompliment »es ist gut, dass es dich gibt« ausgesprochen hat, ist nicht mehr: »(M)ein Mensch ist tot«. Der Gedanke von Martin Buber – »Der Mensch wird am Du zum Ich« – gewinnt hier eine unfassbare existenzielle Bedeutung. Mit dem Tod des geliebten Du werden die Entwicklung, das Werden, der menschliche Werdeprozess auf abrupte, plötzliche und unbeeinflussbare Weise unterbrochen. Der Grenzübergang des geliebten Menschen vom Leben zum Tod erzeugt plötzlich, innerhalb eines verlöschenden Augenblicks, innerhalb eines ausbleibenden Atemzugs, Stillstand, Abbruch, Ende – auch beim Zurückbleibenden!

Im erlebten Lebensstillstand durch den Tod findet ein ungewollter Wandel, ein plötzlicher Statuswechsel statt: Aus der Ehefrau wird von einem Moment zum anderen die Witwe und aus dem sterbenden Ehemann wird von einem Moment zum anderen der Verstorbene. »Wer bin ich, wenn der geliebte Mensch mich nicht mehr anschaut?«, fragt der zurückbleibende Mensch und macht in dieser Frage auf eindringliche Weise den Identitätszerbruch, der eine Art Seelenbeben auslöst, deutlich. Im Erleben des Wir-Zerbruchs verliert sich das Ich. Alle Routinen und Gewohnheiten hören plötzlich und schlagartig auf. Träume und Pläne werden unwiderruflich zerschlagen. Das bisherige, auf Möglichkeit und Distanz basierende Denkwissen weicht einem auf Faktizität und Erleben basierenden Erfahrungswissen. Der Zurückbleibende hat das Gefühl, einem Geschehen oder einer höheren Macht, der er nichts entgegensetzen kann, zu unterliegen, der Fortbestand des Lebens scheint gefährdet.

Das Phänomen »Plötzlich« ist aus zwei verschiedenen Richtungen zu betrachten. Zum einen gibt es das »Plötzlich«, das einem Tod geschuldet ist, der aus dem gesunden Leben heraus eintritt. Tod durch Unfall, durch Herzinfarkt, durch Lungenembolie, durch Gewaltverbrechen, durch Suizid. Diesem »Plötzlich« gehen in der Regel keine Warnsignale voraus. Der Tod tritt auf unvorbereitete Weise ins Leben ein. Letzte Worte, letzte Gesten, Abschiednahme im Leben sind unmöglich geworden. Erst im Nachhinein erweisen sich die letzten Begegnungsmomente als die letzten. Für viele Angehörige ist dies unerträglich. Immer wieder wird gegrübelt, was der geliebte Mensch wohl empfunden, gedacht und gefühlt haben mag, als der Tod eintrat. Immer wieder tauchen im Inneren Worte, Gesten und Handlungen auf, die noch gesagt oder ausgeübt hätten werden wollen. Zum anderen gibt es das »Plötzlich«, das auch dann empfunden wird, wenn der Verstorbene lange vorher krank und der Tod aufgrund einer fortschreitenden Erkrankung erwartbar wurde. Für Angehörige im palliativen und hospizlichen Kontext ist es vielfach schwierig, die Situation des »Plötzlich« zu beschreiben. Da wurde ein Mensch über viele Monate begleitet. Der Tod wurde immer wieder thematisiert. Jeden Tag erlebten die Angehörigen, wie der schwerstkranke Mensch wieder ein wenig mehr von seinen bisherigen Fähigkeiten und Möglichkeiten, von seinem bisherigen Leben verlor, und doch gab es immer wieder auch Hoffnung. Und dann plötzlich: Schluss! Aus! Vorbei! Niemals wieder! Dieses »Plötzlich« ist so unvermittelt, dass es Verstand und Herz kaum begreifen können. Vielfach stehen Zurückbleibende am Bett des Verstorbenen und fragen fassungslos: »Wie kann das sein?«, »Warum gerade jetzt?«. Hier ist es wichtig, dass diejenigen, die den Abschied aus dem professionellen oder ehrenamtlichen Kontext heraus begleiten, begreifen, dass es immer ein »Plötzlich« ist. Dass erst im Nachhinein festgestellt werden kann, dass der letzte Atemzug und der letzte Augenblick die endgültigen waren.

Impulszitate

»Aber dann kommt er [der Tod] und reißt mir [...] die Geliebten aus den Armen, mein Denkwissen platzt zur Wirklichkeit auf. Aus der Wahrheit, die ich eingeübt und mir vertraut gemacht habe, fährt es plötzlich heraus, wie ein Blitz in die Krone durch den Stamm bis in die Wurzeln des Baums schlägt [...] Dann ›schmecke‹ ich ihn. Die Wahrheit wissen ist das eine, sie zu schmecken bekommen das andere« (Fridolin Stier, Vielleicht ist irgendwo Tag. Freiburg, Heidelberg: Kerle, 1981, S. 112).

»Sie war ja lange krank. Wir wussten ja, dass Anna sterben wird. Und doch, als es dann soweit war und der Atem aussetzte, habe ich immer nur gedacht, gleich, gleich atmet sie weiter. Es war plötzlich so furchtbar still. Immer wieder habe ich sie angeschaut und innerlich gefleht ›*Atme!*‹. Meine Schwester hat mir gesagt, dass es doch vorhersehbar war. Was heißt denn vorhersehbar? Die Endlosigkeit der Stille kann ich noch immer nicht fassen« (Lothar S., 56 Jahre, seine Frau starb nach viermonatiger Krankheit an einem Lungenkarzinom).

»Und plötzlich weißt du: Es ist Zeit, etwas Neues zu beginnen und dem Zauber des Anfangs zu vertrauen« (Meister Eckhart).

Übung: »Plötzlich ist alles anders!«

ZEIT 60 Minuten

VORBEREITUNG Vier DIN-A4-Blätter, auf jedem Blatt steht ein Wort: PLÖTZLICH – IST – ALLES – ANDERS, in unterschiedlichen Farben; Kugelschreiber, vorbereitetes Blatt mit dem Impulszitat von Meister Eckhart (▶ Download-Materialien).

ZIEL Die Auseinandersetzung mit dem Phänomen »Plötzlich« soll dem trauernden Menschen die Möglichkeit geben, sein Nichtverstehen zu verstehen und anzunehmen. Gleichzeitig ist es Ziel der Übung, in das unübersichtliche »Alles« eine Art Übersichtlichkeit zu bringen und das »Anders« von verschiedenen Seiten zu betrachten.

DURCHFÜHRUNG Die Trauerbegleiterin greift das Thema »Plötzlich« auf. (Unterschiedliche Formulierungsvorschläge: »Das kam sehr plötzlich für Sie«, »Das ›Plötzlich‹ scheint ein Thema für Sie zu sein?«, »Ich würde mir gerne mit Ihnen einmal das ›Plötzlich‹ anschauen.«
  Die Trauerbegleiterin spricht den Satz: »Plötzlich ist alles anders.«
  Sie legt der Trauernden die vier Blätter vor und bittet sie, auf jedes Blatt einzelne Assoziationen zu den jeweiligen Begriffen zu schreiben.
  Die Trauernde kann diese Assoziationen Blatt für Blatt oder im Hin und Her schreiben. Es kann als Stillarbeit gemacht werden oder im Gespräch mit der Trauerbegleiterin.

Sobald die Trauerbegleiterin merkt, dass der Assoziationsfluss versiegt, fragt sie die Trauernde zunächst, wie es ihr jetzt, in diesem Moment geht.

Dann werden die Assoziationen vorgestellt und es entwickelt sich ein Gespräch.

Abschließend bekommt die Trauernde das Zitat von Meister Eckhart auf einem vorbereiteten Blatt mit nach Hause, mit der Bitte, während der Zeit bis zum nächsten Treffen mal darauf zu achten, ob, wann und wie sich bei ihr dieses »plötzliche Wissen« einstellt.

▶ Beachte: Diese Übung eignet sich dann, wenn die Trauernde bereit ist, sich auf freies Assoziieren einzulassen. Es sollte kein zusätzlicher Druck erzeugt werden. Beim nächsten Mal ist unbedingt an die »Hausaufgabe« zu denken.

Quellen der Kraft

Einführung

Die meisten Menschen haben Eigenschaften und Stärken, die sie immer wieder dazu befähigt haben, Schwierigkeiten und scheinbar aussichtslose Situationen im eigenen Leben durchzustehen, damit umgehen zu können – und vielleicht sogar gestärkt daraus hervorzugehen. Wenn ein nahestehender Mensch stirbt, dann versagen diese persönlichen Mächte. Das bisher Funktionierende läuft ins Leere. Trauernde Menschen müssen sich auf massivste Weise anstrengen, mit dem Leben zurechtzukommen. Das erschöpft und raubt Kraft. Sie fühlen sich abgeschnitten vom Leben und von ihrer Lebendigkeit. Der Tod legt sich wie eine das Feuer löschende Decke über die Quelle ihrer bisherigen Lebenskraft. Der Terminus »Quelle« stammt von dem althochdeutschen Begriff »quella«, der Ursprung bedeutet und als kontinuierlich aus der Erde hervorsprudelnder Wasserstrom verbildlicht ist. Vor diesem Bedeutungshorizont von Quelle steigen bei vielen Menschen innere Bilder von fruchtbarer Erde, von Wachstum und Entwicklung, von Geschenk und Lebensbejahung auf. In der Trauer erzeugt das Bild der Quelle andere Assoziationen. Trauer ist zunächst verlustorientiert und damit defizitär ausgerichtet. Der erlittene Verlust, das auf immer Verlorene, steht alles beherrschend im Vordergrund. Er verweist auf Leere. Auf Nichts, Ödnis, Mangel, Vakuum, Wüste. Er bezeugt den Niemand, das Nie und das ewige Nimmermehr. Es deutet nichts darauf hin, dass es in der Trauer oder für die Trauernde eine Quelle gibt. Da sprudelt nichts. Da werden Trockenheit, Dörre und Stillstand erlebt. Allenfalls ist ein Lebensrinnsal spürbar, das sowohl Schmerz und Leid in sich trägt als auch solches hervorbringt. Die Quellen der Kraft scheinen versiegt, die Trauernde hat dem Leid und der Qual wenig bis nichts entgegenzusetzen. Zollen wir der Tatsache Hochachtung, dass Menschen den tiefen existenziellen Einschnitt, den der Tod eines geliebten Menschen bedeutet, überleben und es wieder lernen zu leben, dann ist es hilfreich und unterstützend, den Kraftquellen, den Ressourcen Aufmerksamkeit zu schenken.

Impulszitate

»Das Loch, in das ich fiel, wurde zur Quelle, aus der ich lebe« (Ruthmarijke Smeding, Das Loch, in das ich fiel, wurde zur Quelle, aus der ich lebe. In: Angelika Daiker [Hrsg.], Selig sind die Trauernden. Trauer- und Gedenkgottesdienste. Ostfildern: Schwabenverlag, 1998, S. 13).

»Gestern sagte eine Freundin zu mir: Du schaffst das schon. Du bist doch immer ein Quell von Optimismus und Lebensbejahung gewesen. Und dann hat sie auch noch hinzugefügt: Du bist es doch immer gewesen, die gesagt hat: ›Man muss es nur wollen.‹ Ja, schlaue Worte. Doch aller Optimismus bringt mir Hendrik nicht wieder. Also was soll das alles? Ich kann einfach nicht mehr« (Birgit M., 46 Jahre, nach dem Tod ihres Mannes, der an einem Gehirntumor starb und sehr wesensverändert war in den letzten Monaten).

Übung: Meine Quelle – Was ist in ihr verborgen?

VORBEREITUNG Ein schöner, ausreichend großer Karton mit Deckel, 10 bis 12 verschiedenfarbige Wollknäuel; der Deckel hat 15 Löcher, die groß genug sind, um die Wollfäden durchzuziehen; die Wollfäden werden unterschiedlich weit von innen durchgezogen, so dass sie von außen über der Kiste hängen oder auf dem Deckel liegen. Post-it-Zettel oder verschiedenfarbige kleine runde Moderationskarten, Stifte, ein Zitatkärtchen von Marc Aurel: »Blicke in dich. In deinem Inneren ist eine Quelle, die nie versiegt, wenn du nur zu graben verstehst.«

ZEIT 45 Minuten

ZIEL Die bewusste Suche nach der eigenen Kraftquelle. Was speist die Trauernde? Was ist ihr Stütze und Halt? Was ermöglicht es ihr, den Verlust zu überleben und bewusste Schritte im und ins Neuland zu tun?

DURCHFÜHRUNG Die Kiste mit den Wollknäueln symbolisiert die innere Quelle der Trauernden. Vieles liegt im Verborgenen, ist kaum sichtbar. Die Trauernde darf sich dieser Quelle zuwenden und sie aufmerksam betrachten. Die Wollknäuel sind in der Kiste eingebettet, und die Enden ragen in unterschiedlicher Länge heraus. Die Trauernde wird eingeladen, einen Faden herauszuziehen, so lange sie ihn haben möchte. Er soll eine ihrer Kräfte symbolisieren, die in ihrer inneren Quelle sind. Wenn sie sich entschieden hat, soll sie beschreiben, für was dieser Faden steht.

Mögliche Impulsfragen:
- »Welche Kraft in Ihrem Leben symbolisiert der Faden?«
- »Was bedeutet diese Farbe?«
- »Wenn Sie sich mit diesem Faden symbolisch verbinden, was könnte sich ändern in Ihrem Alltag oder in Ihrem Trauerprozess?«
- »Welche Überschrift würden Sie dieser Kraft geben?«

Die Trauerbegleiterin schreibt die Überschrift auf ein Post-it-Zettelchen und heftet es an den Faden. Die Übung wird weitergeführt, solange die Trauernde noch bereit ist, weitere Kräfte aus ihrer Quelle zu bergen. Am Ende fasst die Trauerbegleiterin zusammen, gibt der Trauernden die Überschriftkärtchen und liest das Zitat von Marc Aurel vor.

➤ Beachte: Diese Übung kann auch als Gruppenübung gemacht werden. Dann nimmt sich jede Trauernde einen Faden und heftet unterschiedliche Post-it-Zettel daran. Am Ende liest jede Trauernde ihre Kräfte, die sie in der Quelle entdeckt, vor.

Rationalisierung

Einführung

Rationalisierung dient dazu, sich nicht von Emotionen überschwemmen zu lassen. Die Möglichkeiten des Verstandes werden eingesetzt, um ein Ereignis – auch die Trauer – beherrschbarer zu machen. Zumindest steht die Absicht dahinter. Rationalisierung kann so ein hilfreiches Zwischenlager sein, um sich vor der überbordenden Wucht von Gefühlen zu schützen. Rationalisierung hält in bestimmten Lebensumständen die Lebensmöglichkeit offen. Rationalisierung kann aber auch zu einem Hinderer werden, um dadurch den heftig anklopfenden Gefühlen Einhalt zu gebieten. Da Rationalisierung auch eine schützende Funktion haben kann, ist sie nicht grundsätzlich abzuwerten. Es kommt auf den Zeitpunkt an, wann sie sich vom Schützer zum Hinderer wandelt.

Impulszitat

»Es sterben so viele Menschen, woher nehme ich das Recht, jetzt über den Tod meiner Frau zu klagen?« (ein Ehemann nach über 50-jähriger Ehe nach dem Tod seiner Frau).

Übung: Zwei Puppen – Begegnung zweier Elemente

ZEIT 60 Minuten

VORBEREITUNG Symbole für Verstand (ratio) und Gefühl (emotio): Je nach Ausgestaltung der Übung können dies Gegenstände sein, die sich im Raum befinden. Es können verschiedenfarbige Tücher, Fingerfigürchen, mehrere verschiedenfarbige Papierkärtchen sein. Bei der Variante der Schreibübung sind Stifte (zum Beispiel Filzstifte) nötig.

ZIEL Die Schutzfunktion der Rationalisierung würdigen und einen Weg bedenken, die Rationalisierung zugunsten der Begegnung mit den Gefühlen zurücktreten zu lassen.

DURCHFÜHRUNG Grundlegend für die Übung ist die Begegnung zwischen Verstand (der ausdrücklich als »ratio« benannt wird, wenn vorher das Wort der Rationalisierung gebraucht wurde) und Gefühl.

Je nach Akzeptanz wird die Ausdrucksform der Begegnung gewählt:

Begegnung mit Tüchern, die als Puppen geknüpft sind
Die Begleiterin erwärmt die jeweiligen Rollen, ehe es zu einer Begegnung der beiden Begriffe kommt. Die Trauernde hält beide Puppen in ihren Händen und führt den Dialog. Die Begleiterin ist als wahrnehmende Beobachterin dabei und achtet auf die Akzente, die die Begegnung ergibt.

Am Ende des Dialogs bittet die Begleiterin die Trauernde, sie möge die Puppe des Verstandes zu sich halten und ihr zusprechen: »Verstand, in der Zeit seit dem Verlust von N. N. schätze ich an dir …« – »Verstand, daher danke ich dir für …« – »Verstand, heute bitte ich dich …« Mit diesen Aussagen lässt sich ein Gespräch über die schützende Funktion des Verstandes führen. Vielleicht wird es auch möglich, dem Verstand einen würdigenden Platz zuzuweisen und den Gefühlen – unter dem bleibenden Schutz des Verstandes – Raum zu eröffnen.

Ebenso wird die Puppe der Gefühle angesprochen: »Gefühl, ich danke dir …« – »Gefühl, ich fürchte an dir …« – »Gefühl, heute bitte ich dich …« Mit diesen Aussagen lässt sich offenbaren, warum Gefühle zurückgehalten werden und was hilfreich ist, dass die Empfindungen sich auszudrücken wagen.

Begegnung mit Fingerfigürchen
Die Trauernde wählt Fingerfigürchen für die Begriffe »Verstand« und »Gefühl« aus. Die Auswahl ist schon eine Ausdrucksform über die Bedeutung der beiden Begriffe. Auch bei dieser Übung sollen die beiden Figuren in eine Interaktion eintreten. Das kann ein Dialog sein, das kann auch eine Spielszene sein.

Im Anschluss an die Begegnung gibt es ein reflektierendes Gespräch. Dann hält die Trauernde das »Verstand«-Figürchen zu sich und spricht zu ihr: »Verstand, ich schätze an dir …« – »Verstand, daher danke ich dir für …« – »Verstand, heute bitte ich dich …«

Und zum »Gefühl«-Figürchen sagt sie: »Gefühl, ich danke dir …« – »Gefühl, ich fürchte an dir …« – »Gefühl, ich wünschte mir von dir …«

▶ Beachte: Es ist sorgsam zu bedenken, in welcher Funktion die Rationalisierung bei der Trauernden gerade verwendet wird. Wenn sie zurzeit als Schutz angewandt wird, gilt es, sie in dieser Funktion zu würdigen. Die Trauerbegleiterin wird diesen Schutzmechanismus im Blick halten, um zur gegebenen Zeit das

Hindernde der Rationalisierung zugunsten einer emotionalen Öffnung des Verlusterlebens zu ermöglichen. Letzterem dient auch die vorgeschlagene Übung.

Ratschläge

Einführung

Wir Menschen leben in einer Zeit, in der wir für nahezu alles Lösungen haben, in der fast alles handhabbar ist. In dieser »entzauberten Welt« (Max Weber) erlebt sich der Mensch auf vielerlei Gebieten als omnipotent. Der Tod jedoch nichtet diese vermeintliche Omnipotenz und verweist darauf, dass sich alles Lebendige letztlich doch unserer Verfügbarkeit entzieht. Er veranschaulicht im ausgedrückten Verlustschmerz der Trauernden, dass wir in einer Welt leben, in der wir, vielleicht auch widerstrebend, doch anerkennen müssen, dass viele Fragen keine Antwort finden. Dass alle Versuche, Kontrolle und Transparenz herzustellen, immer wieder, so scheint es, an einer grundsätzlichen Intransparenz des Menschen und der Welt und des Lebens scheitern. Dass alle Versuche, über den Tod verfügen und ihn beherrschen zu wollen, uns zuletzt mit leeren Händen zurücklassen. Die Zeit der Trauer ist eine Zeit, die – gerade in den Anfängen – von Orientierungslosigkeit und Ratlosigkeit geprägt ist. Trauernde befinden sich in dieser Zeit häufig jenseits ihres bisherigen Wissens-, Verstehens- und Entscheidungshorizonts. Alles ist neu und unbekannt, furcht- und angsteinflößend, ängstigend und verunsichernd.

Dieser Zustand ruft im sozialen Beziehungsgefüge nicht selten das Bedürfnis hervor, der Trauernden Lösungen in Form von Ratschlägen anzubieten. Es ist für Familie, Freunde, Nachbarn, Kollegen schwer, »nur« dabei zu sein und nicht helfen zu können. Es ist fast nicht aushaltbar, dem permanenten Leid beiwohnen zu müssen. Die Trauernde ist mit dem, was ihr widerfahren ist, eine Zeugin für die Ausgesetztheit des Menschen, für die Kontingenz des Seins, und so schürt sie die Angst und das Unbehagen der Mitmenschen in Bezug auf ihr Anderssein, das unmissverständlich auf deren eigene Sterblichkeit verweist: »Auch mir kann dies widerfahren.« Vor diesem Hintergrund können Ratschläge, die der Trauernden entgegengebracht werden, vielfach als hilflose Versuche, Kontrolle über die unkontrollierbare Situation zu erlangen, gedeutet werden. Die Hilflosigkeit und die Ohnmacht der Trauernden können kaum oder nicht ausgehalten werden und so versuchen Menschen schnelle Lösungen herbeizuführen, die nicht selten in dem Bestreben gründen, den Tod und seine vernichtende Macht möglichst schnell wieder aus dem lebendigen Dasein zu verbannen. Der Ratschlagende versucht auf diese Weise wieder in die »unbewusste Unsterblichkeitsillusion«, in die »alltägliche Sterblichkeit« zurückzukehren. Dies ist davon gekennzeichnet, dass der Tod immer einen anderen, an einem anderen Ort, zu einer anderen Zeit trifft.

Die Ratschläge, die Trauernde empfangen, sind mannigfaltig, unterschiedlich und erweisen sich häufig als nicht dienlich oder sogar als verletzend. Trauer ist nicht durch Ratschläge zu domestizieren, sie folgt keinen eindeutig bestimmten Regeln, die es dem Ratschlagenden erlauben, ihr mit geschickt ausgeklügelten Rezepten, Trostworten, Sinnsprüchen und Medikamenten zu Leibe rücken zu können. Die Trauer ist bei aller Vergleichbarkeit im Prozess der Auseinandersetzung doch eine sehr eigene, für den Einzelnen einmalige Lebenserfahrung, die er im eigenen, individuellen Experimentieren durchleben und eben auch durchleiden muss. Trauernde sind häufig nicht in der Lage, sich gegen die Ratschläge zu wehren, fühlen sich bevormundet, gegängelt und belehrt, verletzt, getroffen und klein gemacht.

Impulszitate

»Letzte Woche sagte meine Kollegin zu mir: ›Wenn du mal wieder mehr ausgehen würdest, kämest du auch auf andere Gedanken.‹ Ich fühlte mich hilflos und auch wütend bei diesen Worten. Warum soll ich auf andere Gedanken kommen? Und was sollen das für Gedanken sein? Warum darf ich nicht einfach so sein, wie ich bin? Ich kann es manchmal nicht mehr ertragen und hätte die Kollegin am liebsten angeschrien. Doch zu guter Letzt habe ich halt freundlich genickt. Ich fühle mich einfach nicht in der Lage, darauf so zu reagieren, wie es mir guttäte« (Hanna B., 57 Jahre, elf Monate nach dem Tod ihrer 20-jährigen Tochter, die an Leukämie verstarb).

»[…] und ich möchte Sie, so gut ich es kann, bitten […] Geduld zu haben gegen alles Ungelöste in Ihrem Herzen und zu versuchen, *die Fragen selbst* liebzuhaben wie verschlossene Stuben und wie Bücher, die in einer sehr fremden Sprache geschrieben sind. Forschen Sie jetzt nicht nach den Antworten, die Ihnen nicht gegeben werden können, weil Sie sie nicht leben könnten. Und es handelt sich darum, alles zu leben. *Leben* Sie jetzt die Fragen. Vielleicht leben Sie dann allmählich, ohne es zu merken, eines fernen Tages in die Antwort hinein« (Rainer Maria Rilke, Briefe an einen jungen Dichter. Leipzig: Insel, 1929, S. 21).

Übung: »Die guten ins Kröpfchen, die schlechten ins Töpfchen«

ZEIT 45 Minuten

VORBEREITUNG Ein schönes Gefäß und eine Art Papierkorb/Abfalleimer. Das Zitat von Rainer Maria Rilke auf eine Karte geschrieben (▶ Download-Materialien).

ZIEL Die Trauernde darin bestärken, nur die Ratschläge anzunehmen, die ihr wirklich hilfreich erscheinen, und sich von den anderen, den nichtdienlichen, abzugrenzen.

DURCHFÜHRUNG Die Trauerbegleiterin leitet die Übung mit der »verkehrten« Zeile aus dem Grimm'schen Märchen Aschenputtel ein und fragt die Trauernde, ob sie diesen Satz kennt. Im Märchen heißt es: »die guten ins Töpfchen, die schlechten ins Kröpfchen«. Im Gespräch wird der Unterschied herausgearbeitet: nämlich, dass es in dieser Reihung möglich ist, dass die Trauernde nur die Ratschläge annimmt und verinnerlicht, die ihr auch bekömmlich sind, und dass sie die unbekömmlichen ablehnen und ins Töpfchen, also außerhalb ihrer Person, ablegen darf.

Impulsfragen:
- »Was haben Sie denn in der vergangenen Woche [Zeit] für Ratschläge bekommen?«
- »Welcher davon hat Ihnen gutgetan und welcher nicht?«
- »Wie sind Sie mit den Ratschlägen umgegangen, die Ihnen nicht guttaten?«
- »Was würden Sie gern tun, mit nicht wohltuenden oder vielleicht auch verletzenden Ratschlägen?«
- »Was brauchen Sie, um mit nicht wohltuenden Ratschlägen umgehen zu können?«

Exkurs

Je nach Gesprächsverlauf kann die Trauerbegleiterin auch eine Verbindung zwischen bekömmlichen und unbekömmlichen Lebensmitteln und korrespondierenden Ratschlägen herstellen.

Während des Gespräches schreibt die Trauerbegleiterin die jeweiligen Ratschläge auf und je nach Antwort sortiert sie diese in zwei Portionen. Anschließend bittet sie die Trauernde, »die guten ins Kröpfchen (schöne Schale) und die schlechten ins Töpfchen (Papierkorb/Abfalleimer)« zu tun. Im Gespräch wird die Trauernde darin bestärkt, dass sie nicht alles, was ihr geraten wird, annehmen muss. Hier können auch Themen wie Selbstverantwortung, Selbstschutz und Selbstfürsorge eine Rolle spielen, die dann bei einem der nächsten Treffen wieder aufgegriffen werden.

Die Übung wird damit beendet, dass die Trauerbegleiterin das Zitat von Rainer Maria Rilke vorliest und den Schluss der Sitzung einleitet mit den Worten: »Abschließend möchte ich Ihnen eine Bitte mitgeben, der von einem guten Freund an Sie formuliert wurde.« Das Zitat wird der Trauernden mitgegeben.

▶ Beachte: Auch Begleitende neigen – aufgrund ihrer Wissenskompetenz und auch aus innerer Hilflosigkeit heraus – dazu, Ratschläge zu geben. Immer sollten sie sich dann selbst aufs Neue befragen: »Wem hilft dieser Ratschlag: dem trauernden Menschen oder mir?«

Resonanz

Einführung

Trauer lässt sich auch beschreiben als die Reaktion auf den Verlust von einem Resonanzraum. Das Wort »resonare« (»widerhallen«) bezeichnet in Physik und Technik das verstärkte Mitschwingen eines schwingfähigen Systems, wenn es einer Einwirkung unterliegt. Als Folge stellt sich im Laufe der Zeit der Zustand der eingeschwungenen Schwingung her, bei dem die Amplitude konstant bleibt und die Schwingungsfrequenz mit der Anregungsfrequenz übereinstimmt. Die physikalische Beschreibung des Phänomens Resonanz übertragen auf die menschliche Interaktion bedeutet: Resonanz entsteht aus dem menschlichen Grundbedürfnis und der menschlichen Grundfähigkeit, mit der Welt, mit anderen Menschen und mit sich selbst in wesentlicher Interaktion, in Dialog, in einem wechselseitigen Verhältnis von Anrede und Antwort zu stehen beziehungsweise sich aktiv in ein solches Verhältnis zu setzen.

Das Resonanzprinzip kann also auf drei Ebenen stattfinden: als Beziehung zwischen Leib und Seele, als Beziehung zwischen zwei Menschen und als Beziehung zwischen Mensch und Umwelt, seinem Tätigsein in dieser Umwelt.

Auch in der Trauer spielt die Resonanz eine wichtige Rolle. Die Trauer beklagt, dass die zwischenmenschliche Resonanz nicht mehr gegeben ist. Zwischenmenschliche Resonanz heißt nicht Echo. Vielmehr ist eine andere Person – der Verstorbene – mit mir als Person mitgeschwungen. Wie bei den Schwingungen einer Stimmgabel sind meine und seine Lebensäußerungen und -bewegungen im Widerhall gewesen. Ein solcher Resonanzraum – ein schönes Wort ist hier auch Resonanzhafen – ist auf besondere Personen bezogen und begrenzt, ist exklusiv, ist auf Dauer angelegt und vermittelt Zugehörigkeit. Im Verlust einer sinnerfüllten Beziehung wird diese Resonanz sehnsüchtig vermisst und intensiv gesucht. In einer antwortlosen oder nicht widerhallenden Welt fühlt sich der Mensch verloren.

Impulszitate

»Das mit meinem Mann war etwas ganz Besonderes. Wir hatten irgendwie die gleiche Wellenlänge. Er sprach mir oft aus der Seele« (H. C., 77 Jahre, eineinhalb Jahre nach dem Tod des Ehepartners).

»Wir waren füreinander nicht identisch, sondern komplementär, sich wechselseitig ergänzend« (K.-H. F., 58 Jahre, nach dem Tod seines langjährigen Lebenspartners).

Übung: Die Stimmgabel

ZEIT 40 Minuten

VORBEREITUNG Zwei Stimmgabeln.

ZIEL Die nun so schwere Trauerarbeit besteht darin, statt verstärktem Zwang-Resonanzbegehren, Abschottung, Sich-Verlieren an die Welt (Über-Offenheit) mit möglicherweise anschließendem Resonanz-Verstummen sich wieder auf sich selbst einzuschwingen. Es geht darum, das Selbst, das ja auch dank des Mitschwingens des Anderen bestand, wiederzufinden, zu definieren und zu stabilisieren.

DURCHFÜHRUNG Die Trauerbegleiterin schlägt die Stimmgabel an. Bringt man nun den Fuß der angeschlagenen Stimmgabel in Kontakt mit einem Resonanzkörper wie einer Tischplatte, wird der erzeugte Ton verstärkt und ist viel deutlicher zu hören. Ein oft vorgeführter Versuch zur Resonanz in der Physik basiert auf zwei an entkoppelten Resonanzkörpern befestigten, auf die gleiche Frequenz geeichten Stimmgabeln: Wird eine Stimmgabel angeschlagen und einige Sekunden später wieder angehalten, erklingt der Ton immer noch; die zweite Stimmgabel wurde durch die von der ersten Gabel ausgesandte Schallwelle zu Schwingungen in ihrer Eigenfrequenz angeregt.

Dies ein bis zwei Mal vorführen. Dann die Trauernde fragen, was sie aus diesem Versuch versteht und auf ihre Situation übertragen kann. Sie wird ohne, aber vielleicht auch mit Hilfe von der Begleiterin verstehen, dass das, was den Verstorbenen an Klang ausmachte, auch nach seinem Verstummen immer noch im Raum, in der Welt ist und dass sie das in der ihr eigenen Art spüren und wiedergeben kann.

Ressourcen

Einführung

Die Zeit der Trauer entspringt einer durch den Tod entstandenen Lücke und der daraus empfundenen Leere, die allumfassend und undurchdringlich erscheint. Das »Nicht mehr«, das »Nie wieder«, das »Aus-und-Vorbei« sind vorherrschende Kennzeichen der Trauerzeit. Angesichts des erlittenen und erlebten Verlustes ist die Sichtweise der Zurückbleibenden nahezu immer defizitorientiert. Jeder Lebensmoment erscheint als Prüfung und stellt eine enorme Herausforderung dar. Da gilt es zu realisieren, dass der Mensch, den man liebt(e), für immer und ewig tot ist. Es gilt zu realisieren, dass nichts mehr so sein wird, wie es »früher« einmal war. Es gilt, den erlittenen Kontrollverlust auszuhalten und anzunehmen. Die damit einhergehenden Ohnmachts- und Hilflosigkeitsempfindungen entkräften und verunsichern. Auch der nicht selten erlebte Nachsterbewunsch – »am liebsten wäre ich auch tot« – kann als Zeugnis der Leere betrachtet werden, denn in einer als leer empfundenen Welt erscheint das eigene Überleben fast unmöglich.

Die defizitäre Orientierung schließt auch die belastenden Notwendigkeiten des praktischen Alltags ein. Der Rasen muss gemäht werden – »Das habe ich noch nie gemacht«. Die Steuererklärung muss ausgefüllt werden – »Das kann ich doch gar nicht!«. Die Kinder wollen versorgt sein – »Wie soll ich das jemals alleine schaffen. Das kann ich nicht!« »Mein Mann war immer eine Stütze und Unterstützung für mich. Er hat mich geliebt, so wie ich war. Und jetzt ist er tot! Niemand wird mich je wieder so lieben wie er.« In diesen Worten wird deutlich, dass auch der verstorbene Ehemann eine Ressource war, die nun nicht mehr nährt.

Die Frage, die sich jetzt stellt, ist: »Woher nehmen trauernde Menschen trotz dieser immer und überall spürbaren Leere die Kraft zum Überleben?« Das heißt, es gilt, den defizitorientierten Blick hin zu den vorhandenen Ressourcen zu wenden. Dies bedeutet nicht, das Defizitäre oder die Tragweite des Verlustes zu minimieren oder gar zu ignorieren. Das, was nicht mehr ist, darf weiterhin gewürdigt und betrauert werden, und gleichzeitig darf der Blick sich versuchsweise darauf richten, was der Trauernden die Kraft zum Überleben sichert. Was sind ihre inneren und äußeren Ressourcen? Sehen wir Ressourcen als Möglichkeitsraum, als individuelles und stärkendes Potenzial, dann können auch die Fragen gestellt werden: Was sind die Stärken und Fähigkeiten der Trauernden? Wo liegen ihre Talente und Begabungen? Welche davon sind stärkend und fördernd? Was sind ihre Glaubenssätze? Gibt es spirituelle Bindungen? Welcher Art sind ihre sozialen Beziehungen? Gibt es einen Arbeitsplatz und wie wird dieser empfunden? Wie ist die Bindung zum Verstorbenen? Was hilft ihr in aller Leere auch wieder Fülle zu entdecken oder zuzulassen? Häufig entdeckt eine Begleiterin bei ihrer Trauernden Ressourcen. Doch alle Ressourcen sind leblose Kraft, wenn nicht die Trauernde sich ihnen zuwendet und sie (wieder-)belebt, um ein Neu-Leben zuzulassen.

Impulszitate

»Ressourcen sind die notwendige lebenszugewandte Seite, ohne die wir schwere Krisen und Verluste nicht überleben können« (Chris Paul, Wie kann ich mit meiner Trauer leben? Ein Begleitbuch. Gütersloh: Gütersloher Verlagshaus, 2000, S. 79 f.).

»Das Einzige, wozu ich mich immer wieder aufraffen kann, sind die Spaziergänge in der Natur. Die tun mir gut. Da werde ich abgelenkt, kriege den Kopf frei. Ich muss mich um nichts kümmern, außer dass ich einen Fuß vor den anderen setze. Und wenn ich mal stehen bleibe und nichts tue, ist es auch okay. Keiner treibt mich an. Da spüre ich mich wieder. Das gibt mir Kraft« (Anna-Maria F., 67 Jahre, elf Monate nach dem Tod ihres Mannes durch Herzinfarkt).

Übung: »Mein Ressourcen-Rucksack«

ZEIT 45–60 Minuten

VORBEREITUNG Eine grüne runde Moderationskarte (mittlerer Größe) mit den Worten »Mein Ressourcen-Rucksack«; viele kleine bunte runde Moderationskarten, die beschriftet werden können; ein schönes Stück Papier; ein schön schreibender Filzstift; Buntstifte; ein kleiner selbstgebastelter Papierrucksack (Größe DIN A4 oder DIN A5, entweder schon vorbereitet oder in Einzelmaterialien); verschiedenfarbiges Tonpapier oder Briefumschläge in der Größe DIN A4 oder DIN A5; eine Rolle ca. zwei Zentimeter breites Geschenkband; ein paar doppelseitige Klebestreifen; eine große Büroklammer.

Rucksack-Bastelanleitung: Der DIN-A4-Umschlag wird auf der Rückseite mit zwei bunten Bändern versehen. Auf die Vorderseite wird eine runde Moderationskarte geklebt mit der Aufschrift »Mein Ressourcen-Rucksack« und es wird eine große Büroklammer dazugegeben, um den Rucksack am Ende zu verschließen. Erfahrungsgemäß gestalten Menschen den Rucksack sehr kreativ.

ZIEL
1. Mittels der Gestaltungsarbeit die eigene Krea(k)tivität spüren lassen.
2. Die Möglichkeit schaffen, einen Perspektivwechsel in der Sichtweise der Trauernden anzuregen und ihr Impulse zu geben, um ihre persönlichen Ressourcen zu entdecken und zu aktivieren.

DURCHFÜHRUNG
1. Die Trauerbegleiterin lädt die Trauernde ein, sich einen persönlichen Ressourcen-Rucksack zu basteln. Die Materialien liegen auf dem Tisch, und eine individuell improvisierte Anleitung geschieht durch die Trauerbegleiterin. Während der Krea(k)tiveinheit wird das Gespräch sehr frei geführt. Es können Fragen gestellt werden: »Wann haben Sie das letzte Mal etwas gestaltet? Wie ist das für Sie, aus Einzelteilen etwas zusammenzusetzen? Sind Sie geduldig und nachsichtig mit sich selbst, wenn etwas nicht sofort klappt?« Die Fragen sind individuell und auch von der Trauerbegleiterin abhängig.

Nachdem der Ressourcen-Rucksack fertiggestellt wurde, wird er sowohl von der Trauernden als auch von der Begleiterin gewürdigt. Vielleicht kommt auch hier die defizitäre Sichtweise zum Ausdruck, wie zum Beispiel die kritische Haltung gegenüber dem Selbstgeschaffenen (»Ich kann das eigentlich nicht«, »Na ja, so toll ist es nicht geworden«, »Da habe ich auch schon Schönere gesehen«, »Ich konnte noch nie basteln«). Hier geht es dann nicht darum, diesem zu widersprechen, sondern vielleicht folgende Fragen zu stellen:
- »Wie ging es Ihnen während des Herstellungsprozesses?«
- »Ich sehe, dass Sie nicht ganz zufrieden sind. Wenn Sie diesen Rucksack nun einmal mit liebevollem Blick betrachten: Was könnte Ihnen dann daran gefallen?«
- »Welche Rolle spielt Perfektion oder Unvollkommenes in Ihrem Leben?«

Hier kann sich ein Gespräch entwickeln, es können jedoch auch nur kurze Austauschfragmente sein.

2. Die Trauerbegleiterin legt nun die grüne Moderationskarte auf den Tisch mit der Aufschrift: »Mein Ressourcen-Rucksack«. Um diese Karte herum liegen viele kleine runde, verschiedenfarbige Moderationskarten. Die Trauerbegleiterin liest

jetzt den Satz von Chris Paul (siehe das erste Impulszitat) vor und fragt die Trauernde, welche Ressourcen ihr zur Verfügung stehen und dazu beigetragen haben beziehungsweise dazu beitragen, dass sie bis zum heutigen Tag (und darüber hinaus) ihren Trauerweg gehen kann. Nun könnte eine Trauernde antworten: »Ich habe nie den Mut verloren.« Als Ressource zeichnet sich dann das Thema »Mut« ab. Diese Ressource schreibt die Trauernde auf eine der kleinen Karten und steckt sie in den Rucksack. Das Gespräch geht weiter, indem die Begleiterin zum Beispiel fragt: »Fällt Ihnen noch etwas ein?« »Ja. Meine Arbeit hilft mir sehr.« Die Ressource »Arbeitsplatz« wird notiert und in den Rucksack gesteckt. Die Trauerbegleiterin kann nun auch hier weiterfragen: »Was genau ist es, was Ihnen an Ihrem Arbeitsplatz hilft?« »Die Gespräche mit den Kollegen und auch die Struktur, die ich dadurch erhalten habe.« Die Trauerbegleiterin resümiert, dass hier mindestens drei Ressourcen zu erkennen sind: A. Die Fähigkeit zu Beziehung und Gespräch. B. Die Fähigkeit zu spüren, was guttut und hilft. C. Struktur als hilfreich anzusehen. Nach jeder gefundenen Ressource wird diese auf ein Kärtchen geschrieben und in den Rucksack getan.

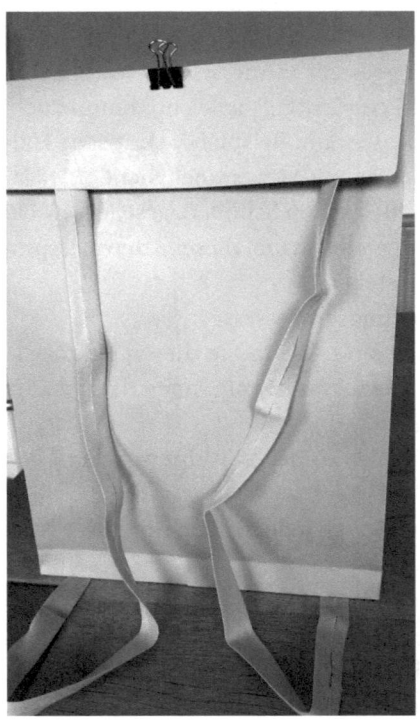

Wenn der Ressourcenfluss versiegt, dann wird die Übung beendet. Die Trauernde wird abschließend gefragt, wie sie sich während des Prozesses gefühlt hat und wie sie sich mit ihrem Ressourcen-Rucksack fühlt. Die Trauerbegleiterin fasst nochmal zusammen, dass der gefüllte Rucksack zur Verfügung steht und sozusagen eine Hilfe sein kann, den verlustreichen Weg zu gehen. Anregend wird der Trauernden noch der Impuls mitgegeben, in niedergeschlagenen Momenten oder regelmäßig am Abend in den Rucksack zu greifen und sich mit der zum Vorschein kommenden Ressource zu beschäftigen. Oder eben auch neue Ressourcen hinzuzufügen.

▶ Beachte: Manche Trauernde können mit dem krea(k)tiven Gestalten nichts anfangen. Dann ist es gut, schon einen fertigen Ressourcen-Rucksack dabei zu haben (zum Beispiel: www.paperjohn.de).

Scham

Einführung

Verlust wirft aus der Normalität des Lebensflusses. Für manche Menschen ist das schwer hinzunehmen – nicht allein, weil der Verlust so einschneidend ist, sondern weil sie die Normalität durchbrechen müssen. Manche reagieren mit Scham, dass sie ein »Trauerfall« geworden sind. Da gibt es den Wunsch, so schnell wie möglich wieder im Alltag zu sein – wenigstens in der Wahrnehmung der Außenwelt. Die Scham kann die Verletzbarkeit verdecken wollen. Dahinter mag sich die Sehnsucht nach einer tragenden Sicherheit verbergen. Scham kann auch erzeugt sein von der Vorstellung, nun die Aufmerksamkeit anderer auf sich zu ziehen, womit die Trauernde schwer umgehen kann. Die Beachtung tut einerseits gut, andererseits schafft sie innere Anspannung, weil die Trauernde sich nicht wert empfindet, dass ihr besondere Aufmerksamkeit entgegengebracht wird. Von außen betrachtet ist die Trauer kein Grund zur Scham. Für die Betroffene ist sie Ausdruck einer Verlegenheit, aus der Reihe des Normalen herauszufallen. Statt die Beileidsbekundung als Zuwendung annehmen zu können, setzt das Gefühl einer eher unangenehmen Bedrängnis ein.

Scham kann auch die Art des Todes des verlorenen Menschen auslösen – Tod durch fahrlässig verursachten Unfall, Tod durch eine gesellschaftlich geächtete Krankheit, Tod durch Selbsttötung, Tod mit Schuldanteilen der Trauernden, Tod ohne eine versöhnte Wiederverbindung von Getrennten.

Impulszitate

»Es ist mir unangenehm, dass man mich anspricht« (Erna F. nach einem halben Jahr Witwenschaft).

»Ich wage mich kaum auf die Straße. Wenn die Leute im Dorf erfahren, dass unser Philipp an Aids gestorben ist …« (Werner G., Schuldirektor nach dem Tod seines einzigen Sohnes).

Übung: Ich schäme mich

ZEIT 60 Minuten

VORBEREITUNG Ein abgegrenzter Bereich im Raum, Tücher, die die einzelnen Elemente und Auslöser der Scham symbolisieren.

ZIEL Die Scham als Ausdrucksform erkennen, sich in der Verwundbarkeit nicht zeigen zu können/wollen. Es geht um Würdigung dieser Haltung der Abwehr, nicht um ihre Bewertung. Die Trauernde mag erkennen, dass die Scham ihr kein schlechtes Gefühl hinterlassen muss, dass sie aber die Scham zugunsten einer Ermutigung zum Leben durchbrechen kann.

DURCHFÜHRUNG »Ich schäme mich« – wofür? Die Trauernde spricht von der eigenen Wahrnehmung, im Umgang mit der Veröffentlichung des Verlustes, mit geächteten Todesursachen, mit ungelöster Schuld auch Scham zu empfinden. Die Begleiterin bittet die Trauernde, sich in die Rolle der Scham zu begeben. Dazu sucht sie den abgeteilten Bereich im Besprechungsraum auf. Als Scham kann sie diesen Raum enger oder weiter machen, wie es angemessen erscheint. Als Scham benennt sie Anteile, die sie ausmachen: von Verwundbarkeit bis Stolz bis Abwehr der Realität des Todes bis unangenehme Berührung bis zur Übernahme von Anteilen, die nicht ihre sind (stellvertretendes Fremdschämen).

Nach der Darstellung verlassen Trauernde und Begleiterin den abgegrenzten Raum und schauen von draußen auf die Szene. Die Trauernde kann wertschätzen, was an der Scham ihr hilfreich und was ihr unangenehm und behinderlich ist. Die Begleiterin zeigt die verschiedenen Funktionen der Scham auf und ermutigt die Trauernde, diese ohne Abwertung ihres Empfindens anzunehmen.

Die Begleiterin fokussiert auf das, was sie als stärkstes Motiv der Scham erkannt hat – vielleicht die Furcht, aus der Rolle der Normalität zu fallen, oder den Schutz vor Verwundbarkeit. Dieses in der Reflexion gefundene Hauptmotiv wird mit einem Tuch symbolisiert. Die Trauernde wird gebeten, sich dieses Tuch zu nehmen und sich damit zu ummanteln. Welche Empfindungen werden wachgerufen? Sind es Empfindungen, die die Trauernde geschützt sehen will, oder sind es Empfindungen, auf die die Trauernde aus dem momentanen Erleben verzichten will? Regt sich ein Widerstand, diese Scham tragen zu sollen?

Entsprechend kann die Scham als schützende Hilfe begrüßt werden oder als unnötige Barriere geöffnet und symbolisch abgelegt werden.

▷ Beachte: Die Scham ist ein sehr sensibler Schutz und kann gleichzeitig auch als schlechtes, unangemessenes Gefühl erlebt werden. Daher bedarf es in dieser Begleitung einer besonderen Sensibilität, die Scham zu schützen, damit sie befragungsfähig wird. Erst dann kann sich ein Angebot öffnen, Scham zu relativieren oder abzulegen.

Schmerz

Einführung

Angesichts des Todes wird im Zurückbleibenden ein Trauerschmerz ausgelöst, der die Normalität außer Kraft setzt, existenzielle Fragen aufwirft, auf die Brüchigkeit und Begrenztheit des eigenen Lebens verweist und aufzeigt, wie verletzlich und endlich es ist. Der Schmerz durchdringt und durchtönt den Trauernden auf allen Ebenen seines Menschseins und wird als ein Gefühlchaos, als ein körperliches, spirituelles und soziales Leid beschrieben, dem er machtlos und mit wenig Möglichkeit der Beeinflussung ausgeliefert ist. Empfindungen wie Erschütterung, Wut, Ergebenheit, Hilflosigkeit, Vereinsamung, Angst, Hoffnungslosigkeit, Verzweiflung, Ablehnung, Verweigerung, Fassungslosigkeit und Entsetzen prägen die seelische und psychosoziale Landschaft dieses Trauerschmerzes. Auf der körperlichen Ebene schildern Trauernde Brustschmerzen, Beklemmungen, Atemnot, Schlaflosigkeit, Magenschmerzen, Unruhe, Schwere, Appetitlosigkeit, Unkonzentriertheit, um nur ein paar der physischen Beschwerden zu nennen.

Der Trauerschmerz ist geprägt von widersprüchlichen Empfindungen, die sich nicht an Regeln und Vorgaben halten, die sich dem Trauernden auf verschiedene Weise zeigen und ihn oft genug unerwartet überfallen. Die Wucht des Trauerschmerzes erklärt auch die unterschiedlichsten Ausweichversuche von trauernden Menschen. Gespeist durch die Unsicherheit, was sich ihm in diesem Schmerz zeigt, getrieben von der Angst, dem Schmerz nicht gewachsen zu sein, versuchen viele Trauernde, den Schmerz gar nicht erst zuzulassen, ihn zu verdrängen, zu unterdrücken, ihm mit Aktionismus zu begegnen, ihn zu betäuben oder ihn zu rationalisieren. Das Verhalten, das von außen vielleicht vernunftwidrig und befremdlich erscheint, hat jedoch angesichts der Größe des Schmerzes einen Sinn. Der Schmerz will überlebt werden.

Gleichzeitig leiden viele Trauernde darunter, dass man ihnen den Schmerz rein äußerlich gar nicht ansieht, dass ihre inneren Verwundungen äußerlich unsichtbar sind. Es ist wichtig, dass den Umgangsstrategien mit Verständnis begegnet wird. Deuten wir den Begriff der Strategie als die Kunst, zur richtigen Zeit das Rechte zu tun, dann hat auch das Thema »Verdrängung« Sinn für den, der sich ihrer bedient. Damit ist nicht gesagt, dass sich die Verdrängung dauerhaft hilfreich, heilsam oder lebensdienlich auswirkt. Wird die Verdrängung jedoch als ein momentaner Behelf gewürdigt, mit sich und dem unbekannten Leben umzugehen, eröffnet sich dem Trauernden die Chance, dass er es zulässt und lernt, sich seinem Trauerschmerz zuzuwenden. Dies ist eine wichtige Aufgabe in der Trauer (siehe auch das Thema »Verdrängung«).

Impulszitate

»Da wurde mein Herz vor Schmerz verfinstert, und was ich immer ansah war tot. Die Vaterstadt wurde mir unerträglich, das Mutterhaus eine seltsame Bitternis. Was immer ich gemeinsam mit ihm erlebt hatte, verkehrte sich ohne ihn in unerträgliche Qual« (Aurelius Augustinus, Die Bekenntnisse. Übertragung, Einleitung und Anmerkungen von H. U. von Balthasar. 4. Auflage. Einsiedeln: Johannes-Verlag, 2002).

»Vor Jahren hatte ich einen Unfall. Wochenlang litt ich unter Schmerzen. Ich nahm Analgetika und machte Physiotherapie. Jeden Tag. Ich wusste, es wird besser. Jetzt habe ich auch jeden Tag Schmerzen. Sie sind anders. Das Leben schmerzt mich. Oder soll ich lieber sagen, der Tod schmerzt mich. Ich kann es manchmal kaum ertragen. Es ist, als wäre ich überall wund« (Franziska L., 36 Jahre, zehn Monate nach dem Tod ihres Mannes).

Übung: Mein Trauerschmerz

ZEIT 45 Minuten

VORBEREITUNG DIN-A4-Blatt mit den vorgezeichneten Umrissen einer Person, ausreichende Auswahl an Buntstiften.

ZIEL Der Trauernden die Möglichkeit geben, ihren Schmerz zu lokalisieren, ihn zu erkennen und anzunehmen sowie zu verstehen, dass der Schmerz ein Ausdruck ihrer Trauer und Gradmesser ihrer Liebe ist. Die Trauernde versteht, dass im Trauerschmerz immer auch der Keim lebt, darin nicht stecken bleiben zu wollen.

DURCHFÜHRUNG Die Trauernde erhält ein DIN-A4-Blatt mit den vorgezeichneten Umrissen einer Person und eine ausreichende Auswahl an Buntstiften. Dann wird die Trauernde eingeladen, mit Farben und Symbolen in die konturenhafte

Person hineinzumalen, wo der Trauerschmerz sich zeigt und wie er sich zeigt (hier können auch Worte eingeschrieben werden).

Leitende Impulsangebote hierbei können sein:
- »Versuchen Sie einmal den Trauerschmerz, wie immer er sich auch zeigen mag, in Ihrem Körper zu lokalisieren. Wo manifestiert er sich oder taucht er auf?«
- »Was ist es für ein Schmerz? Wie zeigt sich der Schmerz? Wann spüren Sie ihn?«
- »Wenn Sie diesem Schmerz eine Farbe geben würden, welche Farbe wäre das?«
- »An welcher Stelle des Körpers haben Sie was gespürt und was verbinden Sie mit dieser Farbe?«

Wenn der Malvorgang beendet ist, lässt sich die Begleiterin das Bild vorstellen und stellt Fragen dazu. An dieser Stelle der Übung kann auch paraphrasiert werden, dass hier Sprachmetaphern wie »ich trage die Last auf meinen Schultern«, »es schnürt mir das Herz ab« oder »ich verliere den Boden unter den Füßen«, »ich fühle mich wie amputiert« und andere mehr zum Ausdruck kommen.

Die Übung wird damit beendet, dass die Trauerbegleiterin fragt, was der Trauernden bisher geholfen hat und was sie vielleicht noch braucht, um mit diesem Schmerz zu leben.

▶ Beachte: Die Bedeutsamkeit des Trauerschmerzes wird von den Trauerforschern uneingeschränkt anerkannt. Auch wenn die jeweiligen Autoren und Autorinnen eine unterschiedliche Einordnung und Priorisierung vornehmen, so besteht doch eine unausgesprochene Einigkeit darüber, dass Trauer und Schmerz zueinander gehören. Den Schmerz zu unterdrücken, ihm seine Daseinsberechtigung abzusprechen, ihn medikamentös zu betäuben, steht dem Wesen der Trauer entgegen. Der Schmerz will gelebt werden und drängt alles andere zur Seite.

Schuld

Einführung

Verlusterleben ist oft verbunden mit Schuldempfinden. Als Schuld wird erlebt, nicht genug für den Verstorbenen getan zu haben, ihm emotional, pflegerisch, in der Eigenart seiner Persönlichkeit etwas schuldig geblieben zu sein. Es gibt auch objektive Schuld, die einen Trauerweg belasten kann, weil es mit dem Verstorbenen keine Möglichkeit der Aussprache und der Versöhnung mehr gibt.

Nicht ungewöhnlich sind Schuldgefühle, die versuchen, das Unfassliche der Endgültigkeit des Verlustes durch eine Schuldzuschreibung erklärbarer zu machen oder anderes in der Beziehung nicht sehen zu müssen. Das gilt auch da, wo Schuldzuschreibungen an Dritte gemacht werden – die Ärzte, die Pflegenden, der mobbende Chef ..., gilt aber auch in persönlichen Zuschreibungen, weil dem Verstorbenen nicht das gegeben wurde, was er nach Meinung der Trauernden hätte erwarten dürfen und haben müssen.

Die Trauernde wird das Thema »Schuld« einbringen.

Impulszitate

»Das Krankenhaus hat versagt. Hätten die Ärzte früher reagiert, hätte er nicht so jämmerlich sterben müssen« (Susanne A. nach dem qualvollen Sterben ihres Mannes).

»Das werde ich niemals mehr los. Ich bin vor Jahren schuldig geworden und kann es jetzt nicht wieder gut machen« (Karl M. im hohen Alter, rückblickend auf sein über 50-jähriges Zusammenleben mit seiner verstorbenen Frau).

Übung: Schuldzuschreibungen im Blick

ZEIT 60 Minuten

VORBEREITUNG
1. Für die Übung mit Blick auf das, was die Trauernde dem Verstorbenen schuldig geblieben ist: zwei Stühle und zwei Tücher als Rollenmarkierungen.

2. Für die Übung mit Blick auf Schuldzuschreibungen an Dritte: zwei Gegenstände (zum Beispiel Holzklötze), die als Rollenträger dienen, und ein Stück etwas transparenter Stoff, der zur gegebenen Zeit zwischen die Gegenstände gehalten werden kann.

ZIEL Die Trauernde wird befähigt, mit dem zu leben, was sie als schuldhaft an sich erfährt. Sie wird eine Möglichkeit nutzen, die Schuld im Spiegel der Wahrnehmung des Verstorbenen betrachten zu lernen. Oft gibt es ein tiefes Wissen, dass der Verstorbene zu Vergebung und Versöhnung bereit ist.

Die Trauernde kann begreifen lernen, dass hinter der Schuldzuschreibung auch der Schmerz der Unwiederbringlichkeit stehen kann.

DURCHFÜHRUNG

1. *Übung zur persönlichen Belastung, am Verstorbenen schuldig geworden zu sein:* Die Trauernde äußert ihre Schuldempfindungen. Die Begleiterin ermutigt sie, das so lebendig wie möglich zu erzählen. Sie lädt ein, die Schuld ins Gespräch mit dem Verstorbenen zu bringen.

Ein Stuhl wird für den Verstorbenen eingerichtet und als Rollenzuschreibung mit einem bunten Tuch markiert. Die Trauernde wird gebeten, sich in den Abstand zu setzen, den sie für dieses fiktive Gespräch braucht. Dann wird sie dem Verstorbenen sagen, worin sie sich ihm gegenüber schuldig fühlt. Das können Ereignisse der näheren Vergangenheit gewesen sein, aber auch weiter zurückliegende Zusammenhänge. Die Begleiterin erwärmt die Situation, in der die Trauernde sich diese Begegnung vorstellt. Sie wird auch den Verstorbenen beschreiben lassen, zum Beispiel wie alt er gerade ist, was er anhat, wie seine Stimme klingt, wie er da sitzen wird …

Nach dieser Erwärmung spricht die Trauernde alles zu dem Stuhl des Verstorbenen hin, was sie auf dem Herzen hat. Die Begleiterin merkt sich die Aussagen.

Dann setzt sich die Trauernde auf den Stuhl des Verstorbenen, nimmt das Tuch als Rollenmarkierung, dass sie jetzt aus der Rolle des Toten sprechen wird. Die Begleiterin nimmt das Tuch der Rollenmarkierung der Trauernden und spricht aus dieser Rolle sinngemäß, was die Trauernde vorher ausgeführt hat. Die Trauernde in der Rolle des Verstorbenen wird ermutigt, darauf zu antworten.

Ein Gespräch schließt sich an, in dem die Begleiterin darauf hinweist, dass die Trauernde aus der Rolle des Verstorbenen ausgesprochen hat, was sie sich aus der lebendigen Erfahrung mit ihm als Antwort zusprechen kann.

2. *Übung zu Schuldzuschreibungen gegenüber Dritten:*
Die Trauernde wird gebeten, für sich einen Gegenstand und für die von ihr Beschuldigten einen Gegenstand aufzustellen. Sie wird die Vorwürfe aussprechen. Sie wird aus der Rolle der Beschuldigten eine Antwort formulieren. Das kann mehrfach hintereinander geschehen.

Die Begleiterin fragt dann die Trauernde, was sie am liebsten täte. Die Interventionen können kurz besprochen werden.

Die Begleiterin bietet eine Erweiterung der Wahrnehmung an. Trauernde und Begleiterin wenden sich den gestellten Gegenständen wieder zu. Die Begleiterin legt einen oder mehrere weitere Gegenstände in die Szene und hält dann das etwas transparente Tuch zwischen die eingangs gestellte Szene und die durch die Begleiterin erweiterte Szene.

An die Trauernde wird die Frage gerichtet, was das sein könnte, was da hinter der Auseinandersetzung von Verschulden oder Nichtverschulden stehen könnte. Die Begleiterin macht Angebote wie: »Es gibt keine Gerechtigkeit.« »Die Mächtigen gewinnen immer.« »Ich muss zurückstecken.« »Ich kann den Tod nicht fassen. Irgendetwas, irgendwer muss doch daran schuld sein.«

Die Trauernde kann zu den Angeboten Stellung nehmen. Es ist viel gewonnen, wenn sie den Anteil der Unfassbarkeit der Endgültigkeit des Todes als ein Motiv mit annehmen kann.

▷ Beachte: Zur 1. Übung: Wenn Trauernde sich und ihr Verhalten als schuldhaft empfinden, gilt es, diese Einschätzung zu respektieren. Die Begleiterin wird Schuld nicht absprechen, weil die Trauernde es so erlebt. Die Begleiterin wird helfen, sich in dieser Zuschreibung zurechtzufinden. Bei der Übung zur Wiederbegegnung mit dem Verstorbenen ist sehr darauf zu achten, ob dies für die Trauernde zu diesem Moment leistbar ist.

Wenn die Schuld im Rollentausch keine Versöhnung ermöglicht, ist die Begleiterin gehalten, stützende Worte zu sagen, die trotz einer nicht möglichen Vergebung die Trauernde wertschätzt.

Bei der 2. Übung ist abzuklären, wie weit die Zuschreibung an Dritte ein wirklich schuldhaftes Handeln offenbart. Es ist ratsam, sich zur Schuldfrage nicht positionierend zu äußern. Die Begleiterin wird in ihrer Unterstützung der Trauernden darauf abzielen, das hinter der Schuldfrage sich Verbergende der Unfasslichkeit der Tatsache des Verlustes zu thematisieren.

Schweigen

Einführung

Trauer erfasst den ganzen Menschen, ist schmerzhaft, kompliziert, verwickelt und besteht aus vielen Facetten. Eine Facette der Trauer kann sein, dass sie Worte einfriert, dass sie die Sprache verschlägt, dass sie stumm macht und ins Schweigen versetzt. So wie die Pause zur Musik gehört (Stefan Zweig), so gehört auch das Schweigen zum Gespräch. Wir Menschen sind kommunizierende Wesen, wir möchten uns mitteilen und im Gespräch mit dem Gegenüber sozusagen eine gemeinsame Welt kreieren, in der wir verstanden werden und den Gegenüber verstehen. Manchmal sind die Worte, die gesprochen werden, alltäglich und banal, manchmal sind sie informativ und zielführend, manchmal sind sie tiefgründig und sinnstiftend. Wir sind es gewohnt, dass der Redefluss, das gesprochene Wort, der Austausch immer wieder von Pausen unterbrochen werden. In diesen Pausen wird nicht gesprochen, die Gesprächspartner schweigen. Manchmal ist es beredtes Schweigen, manchmal ist es verlegenes oder ratloses Schweigen. Und auch wenn der eigene Partner sozusagen ein »mundfauler« Kandidat ist, weiß der Gegenüber, dass sein Schweigen nicht von Dauer sein wird. Irgendwann wird er schon was sagen, wird das Gespräch wieder in Gang kommen. Der Tod jedoch setzt diese unbewusst gesetzte Annahme außer Kraft. Das Schweigen hält an. Das Schweigen ist für immer. Das Schweigen ist immerwährend. »Nie mehr werden seine Lippen sich bewegen.« »Nie mehr wird er unter der Dusche singen.« »Nie mehr wird sie mir sagen, dass sie mich liebt.« »Nie mehr wird mir sein Mund ein beruhigendes ›ist schon okay‹ zusprechen.« Für trauernde Menschen ist dieses Schweigen, das sich fortan über ihr Leben senkt, manchmal kaum aushaltbar, und doch ist es da und bleibt. Ein Versuch, diesem Schweigen zu entkommen, ist die quälende Frage der Zurückbleibenden, wie es dem geliebten Verstorbenen nun wohl gehen wird. Es besteht der Wunsch nach Kontakt zur »Welt, die keiner kennt«, es stellt sich die Frage »Schaut er von oben herunter und sieht mich?« und auch hier bleiben alle Fragen, alle Kontaktversuche antwortlos. Das Land des Todes gibt keine Antworten preis. Es schweigt sich in die Welt der Trauernden hinein.

Eine weitere Dimension des Schweigens ist das Schweigen der Menschen um die Trauernde herum. Die Trauernde erfährt immer wieder, dass sowohl nahestehende als auch flüchtig bekannte Menschen nicht mit der unbekannten

Situation umgehen können. Es wird geschwiegen oder sich vielfach in Floskeln und Ratschläge geflüchtet, was fast immer deren eigener Hilflosigkeit, Überforderung und Angst entspringt. Dieses große Schweigen, das der Hinterbliebenen jetzt auf unterschiedlichen Ebenen entgegenschlägt, lässt auch sie selbst verstummen und vereinsamen. Der eigene Redefluss droht zu versiegen. Vertraute Wörter und Sätze, wie »Pass auf dich auf«, »Bis morgen«, »Ich liebe dich«, »Wer geht einkaufen?«, »Wann kommst du heute Abend?« finden keinen Resonanzpartner mehr, auch hier entsteht ein Schweigen, das kaum erträglich ist.

Letztlich lassen sich vier Dimensionen des Schweigens ausmachen. Der Verstorbene schweigt. Das Land des Todes schweigt. Die Trauernde selbst schweigt. Und auch ihre Mitmenschen fallen ins Schweigen.

Impulszitate

»Es ist schrecklich. Mein Mann war wirklich nie eine Plaudertasche, doch wenigstens gab es ein ›Guten Morgen. Hast du gut geschlafen?‹ Oder ein ›Wie war dein Tag?‹ oder ›Schlaf gut. Bis morgen!‹ Es waren immer nur wenige Worte, doch genau diese Worte gaben mir immer den Impuls, erzählen zu können. Sie waren verlässlich und haltgebend. Wenn mein Mann sagte ›Schlaf gut. Bis morgen!‹, dann war das wie ein Versprechen. Alles war richtig. Jetzt gehe ich abends ins Bett und alles schweigt. Ich lausche zu seiner Bettseite herüber und höre nichts. Mein Mann schnarchte. Ich fand es manchmal so störend. Jetzt sehne ich mich geradezu danach. Ihn einfach hören und in diesem Hören spüren und wissen, dass er da ist. Nie wieder werde ich ihn hören. Ich habe nicht mal eine Nachricht von ihm auf meiner Mailbox. Seine Stimme ist für immer im Schweigen aufgegangen und das Schweigen überträgt sich auf mich. Ich kann nichts mehr sagen« (Verena N., 48 Jahre, drei Monate nach dem Tod ihres Mannes).

»Es ist eine Beredsamkeit des Schweigens, die tiefer eindringt, als es das Sprechen je könnte« (Blaise Pascal).

Übung: Das Schweigen entziffern

ZEIT 60 Minuten

VORBEREITUNG Die Skizze »Die vier Dimensionen des Schweigens« kopieren (▶ Download-Materialien); Stifte bereitlegen.

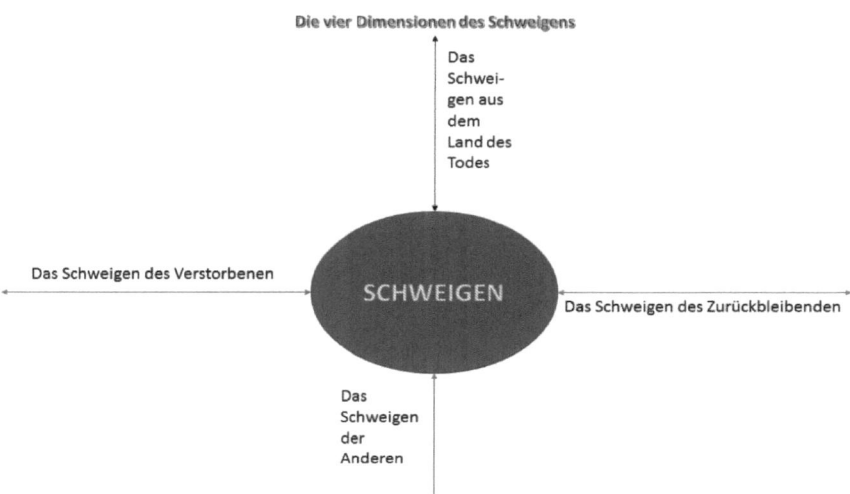

ZIEL Indem das Schweigen »portioniert« wird, kann sich die Trauernde Schritt für Schritt mit je einer Dimension beschäftigen. Sie wird in die Lage versetzt zu begreifen, dass es unterschiedliche Dimensionen des Schweigens gibt.

DURCHFÜHRUNG Die Trauerbegleiterin greift das Thema »Schweigen« auf. In der Regel gibt es dazu Stichworte seitens des trauernden Menschen: »Er sagt nichts mehr.« »Am Anfang haben alle angerufen und kamen vorbei. Jetzt höre ich nichts mehr.« »Wenn ich doch nur ein Zeichen von ihm bekommen würde.« »Es ist so still, wenn ich nach Hause komme.« Alle diese Aussagen haben das Schweigen als Inhalt.

Die Trauerbegleiterin zeigt der Trauernden die Skizze »Die vier Dimensionen des Schweigens« und erklärt diese. Dann lädt sie die Trauernde ein, in die Skizze hineinzuschreiben, was sie gern hören oder auch sagen würde.

Für jede Dimension soll sich ausreichend Zeit genommen werden.

Anschließend liest die Trauernde ihre Notizen vor.

Die Trauerbegleiterin fragt, mit welcher Dimension sie sich zuerst auseinandersetzen wollen, und dann wird sich darüber ausgetauscht.

Auszug aus einem Beispielgespräch (TB = Trauerbegleiterin; T = Trauernde):
TB: »Ja, Sie haben eine Menge geschrieben. Mögen Sie mir das mal vorlesen?«
T liest vor.
TB: »Was beschäftigt Sie denn jetzt in diesem Moment, beim Lesen Ihrer Gedanken am ehesten?«
T: »Wie soll ich es ohne dich schaffen? Ich weiß es nicht. Ich kriege eigentlich gar nichts geregelt.«
TB: »Was heißt gar nichts?«
T: »Na ja, letzte Woche wollte ich den Rasen mähen, da bekam ich dieses Ding nicht an« (schaut verzweifelt und sauer gleichermaßen).
TB: »Wie sind Sie damit umgegangen?«
T: »Ich habe geweint, und vorher hab ich gegen den Rasenmäher getreten.«
TB: »Sie waren also sauer und traurig?«
T: »Ja.«
TB: »Was hat Sie sauer gemacht?«
T: »Dass mein Mann mir nicht hilft und nichts mehr dazu sagt.«
TB: »Was hätte er gesagt?«
T: »Lass mich das mal machen« (lächelt etwas verkrampft).
TB: »Und jetzt müssen Sie es selbst machen. Geht das?«
T: »Ich glaube, ich bin zu blöd dazu.«
TB: »Sind Sie das wirklich?«
T: »Offensichtlich, ja« (guckt trotzig).

TB: »Und ›geschlossensichtlich‹?« (mit einem kleinen Lächeln).
T: »Na ja, mir fehlt halt die Erfahrung. Das hat mein Mann immer gemacht. Darum habe ich mich nie gekümmert. Wie um so vieles nicht.«
TB: …

➤ Beachte: Diese Übung ist davon geprägt, dass sehr kleinschrittig auf die Aussagen, auf die Worte der Trauernden eingegangen wird.

Sehnsucht

Einführung

Die Sehnsucht ist eine sehr anstrengende Mitgeherin in der Trauer. Der Verlust lässt immer wieder das »Nie mehr!« aufkommen, das Gefühl, etwas/jemanden endgültig, unwiederbringlich abgegeben haben zu müssen. Die Sehnsucht versucht immer wieder, den Verlust einzuholen – und lässt einen letztlich immer wieder ermattet zurück. Die Sehnsucht ist schwer stillbar, schon gar nicht in den Anfängen der Trauer.

Es gibt eine Sehnsucht nach dem Verlorenen. Erinnerungen, Erfahrungen, Wesenszüge des Verstorbenen können im Laufe des Trauerprozesses in die eigene Person integriert werden. Das kann helfen, Sehnsucht zu stillen.

Es gibt die Verwirrung über das, was Sehnsucht ist.

Es gibt die Sehnsucht, dass der Prozess der Trauer einmal in seiner das Leben so belastenden Dimension aufhören kann.

Impulszitate

»Meine Sehnsucht nach ihr frisst mich auf!« (Markus E. ein Jahr nach dem Tod seiner jungen Frau).

»Ich weiß gar nicht, was das ist, was mich so runterzieht« (Katharina M. ein halbes Jahr nach dem Tod ihres Vaters).

»Wird es denn nie aufhören?!« (Thorsten S. in den Wochen nach dem Tod seiner Mutter).

Übung: Begegnung mit der Sehnsucht

ZEIT 60 Minuten

VORBEREITUNG Für die 1. Übung: Bunte Tücher oder andere kleine Gegenstände.
Für die 2. Übung: Fingerpuppen.
Für die 3. Übung: Ein Raum, in dem Platz für etwas Entfernung ist.

ZIEL Die konkrete Sehnsucht der Trauernden soll eine Ausdrucksform finden. Sie kann nicht gestillt werden, aber sie soll aussprechbar sein. Eine Perspektive, wie Sehnsucht sich beruhigen wird, wird aufgezeigt. Was die Sehnsucht alles mit sich trägt, wird erkennbar. Wohin die Sehnsucht einmal führt, wird als Hoffnungsperspektive eröffnet. Es gilt auch, etwas von der Sehnsucht als Schatz der Verbindung zu bewahren, ohne die Lebenskraft auf Dauer zu behindern.

DURCHFÜHRUNG

1. Übung: Die Trauernde benennt konkret, was sie mit der Sehnsucht verbindet. Dafür nimmt sie jeweils ein buntes Tuch oder Gegenstände und legt sie vor sich hin. Sie kann zu jedem Aspekt der Sehnsucht etwas erzählen. Am Schluss der Aufzählung sucht sie einen Abstand zu dem, was ihre Sehnsucht ausmacht. Es gilt, diese Sehnsucht zu erkennen und auszuhalten. Die Begleiterin fragt sie, was sie in diesem Moment, da sie die Sehnsuchtsanteile vor sich sieht, braucht – vielleicht eine Mitaushalterin, vielleicht Erinnerungen, die sie bewusst aufleben lassen kann. Wenn sie solche hat, kann sie die Symbole für diesen Sehnsuchtsanteil zu sich nehmen. Die Begleiterin kann diesen Prozess als ein »Ver-Innern« benennen: Ich nehme etwas von meinem Verlorenen, was mich im Moment mit Sehnsucht treibt, zu mir. Je lebensbestimmender eine Beziehung zum Verlorenen war, umso heftiger kann sich die Sehnsucht bemerkbar machen.

Die Begleiterin kann die Frage aufwerfen, ob »loslassen« jetzt das passende Wort wäre. Oder welches ist für Sehnsucht angemessen? Zu sich nehmen, im Blick behalten, ans Herz drücken …?

Was von der Sehnsucht möchte sie als Schatz bewahren? Dafür kann die Trauernde ein für sie stimmiges Symbol benennen, dem sie zum Beispiel einen besonderen Platz (wie in einer Schatztruhe) zuweisen kann.

Die *2. Übung* sucht nach dem, was eine diffuse Sehnsucht ist. Dazu dienen die Fingerpuppen. Die Auswahl der Puppen zeigt, welche Gefühle die Trauernde mit diesem Empfinden verbindet. Sie kann mit diesen oder exemplarisch mit einer dieser Figuren in einen Austausch kommen. Die Begleiterin fragt, ob dieser Anteil der Sehnsucht auch einen Rat hat, wie die Trauernde damit umgehen soll. Die Trauernde soll – so möglich – aus der Rolle der Fingerpuppe sich eine Antwort geben.

Beispiel: Die Sehnsucht zeigte sich als Kobold. Die Trauernde berichtet, warum sie gerade diese Figur gewählt hat. Die Trauernde legt dar, wie raffiniert die Sehnsucht sich immer wieder einschleicht. Denkt die Trauernde, sie habe sich durch intensive Arbeit von dieser Sehnsucht befreit, lauert die Sehnsucht wie ein nicht abschüttelbarer kecker Kobold hinter der Wohnungstür: Kaum eingetreten, überfällt die Sehnsucht die Trauernde.

In der spielerischen Begegnung ist es möglich, eine solche Szene durchzuspielen. Es kann da zum Dialog mit dem Kobold kommen: »Was willst du von mir? Wer hat dich geschickt? Können wir uns irgendwie zusammenfinden?« Ziel einer solchen Begegnung könnte sein, dass die Trauernde die Sehnsucht identifiziert, sie nicht mehr nur als belästigenden Kobold wahrzunehmen, sondern als einen Boten der anhänglichen Liebe. So hat die Sehnsucht ein Gegenüber und kann vielleicht Trägerin dieser ungebrochenen Verbindung sein. Es kann dann auch möglich sein, Anteile dieser Verbindung zum Verstorbenen bewusst in sich aufzunehmen. Im Bild gesprochen: Dem Kobold wird ein Mitwohnrecht im Lebenshaus der Trauernden eingeräumt.

Die *3. Übung* sucht die Perspektive, wann die Sehnsucht von ihrer besetzenden Kraft ablässt. Die Begleiterin fragt die Trauernde, wann sie denkt, dass das so sein wird. Dafür legt sie im Raum mit einem Symbol (einem Stuhl) einen Zielpunkt fest. Die Begleiterin geht mit der Trauernden wieder an den Ausgangspunkt und lässt die Trauernde auf das Ziel schauen. »Was wird auf dem Weg dahin passieren müssen?«, fragt die Begleiterin die Trauernde.

Am Ende gehen Begleiterin und Trauernde am Rand des Raumes zwischen Ausgang und Zielpunkt. Die Begleiterin wiederholt die nötigen Zwischenschritte, die die Trauernde vorher berichtet hat. Am Zielpunkt setzt sich die Trauernde auf den Stuhl, schaut zum Ausgangspunkt und spricht ihre Empfindungen aus. Ob der Weg weg von der besetzenden Kraft der Sehnsucht realistisch ist? Was von der Sehnsucht will sie über den Weg hin bis zum Leben öffnenden Ziel bewahren?

▷ Beachte: Die Sehnsucht ist sehr sensibel, daher braucht das Gehen mit der Sehnsucht eine große Wachsamkeit der Begleitenden. Sehnsucht soll nicht angeheizt werden. Sehnsucht soll aber auch nicht aufgelöst werden. Sie hat eine Funktion zwischen Abschiednehmen und neuer Lebensperspektive.

Selbstmitleid

Einführung

Trauernde haben dringende Gründe, Mitleid mit sich selbst zu haben. Die Trauer hat ein Recht um sich selbst. Und doch kanzeln Menschen dieses Gefühl nach einem Verlust oft genug als egoistisch oder selbstsüchtig ab und gehen mit sich selbst hart ins Gericht.

Selbst-los zu sein scheint eine vorrangige Tugend. Selbst-voll zu sein wird schnell als Untugend gebrandmarkt. So ist die Trauer um sich selbst eher ein für viele schambesetztes Thema. Diese Selbstbeweinung macht Angst, führt zu Schuldgefühlen, erniedrigt nicht selten das eigene, gesunde Trauern. Im gesellschaftlichen und moralischen Erwartungshorizont steht die Trauer als Trauer um einen Anderen, der verloren ist. Die Trauer richtet den Blick damit eindeutig auf den verloren gegangenen Menschen. Die angebliche Selbstlosigkeit und der mehr nach außen gerichtete Blick sind gesellschaftsfähiger. Vor allem in Trauerprozessen, die vor dem endgültigen Verlust stehen, wird diese von sich selbst absehende Trauer als die gute, die gelungene bezeichnet: Nicht ich als Verlierender stehe im Blick, sondern der, der in den Tod verloren gehen wird oder gegangen ist. Diese Haltung drückt sich in dem edlen Bekenntnis vieler in der Sterbebegleitung Tätigen aus, wenn es heißt, dass der Sterbende allein tonangebend ist. Es ist für die meisten Situationen so auch im Grundsatz zutreffend. Aber es bleibt, dass das Verlieren auch ganz heftige Trauer um den Zurückbleibenden selbst auslösen kann und darf!

Es ist da als Trauer um sich selbst. Diese Trauer muss ausgelebt werden können, Wut und Aggression gehören mit in die Trauer um sich selbst. Diese Gefühle sind weithin nicht gesellschaftsfähig – jammerndes Selbstmitleid –, obwohl alle irgendwie und in unterschiedlicher Dichte davon betroffen sein dürften. Sie gelten als zu egoistisch, zu wenig im Nimbus einer gelingenden, nur auf den Verlorenen schauenden Aufopferung. Die unausgesprochene Abspaltung dieser egozentrischen Anteile der Trauer kann schwere Hemmungen in das Gelingen eines Trauerprozesses legen. Die Schuldfrage wird zu einer Unerträglichkeit, die oft kein Ventil findet, weil die Trauernde sich unter einem moralischen Druck der Unangemessenheit sieht. Es ist belastend, wenn die eigene Seele gelähmt wird, sie sich verbieten muss, um sich selbst zu trauern, aber in aller Trauer um den Anderen auch voll in der Trauer um sich selbst steht. Das

Zulassen dieses Teils der Trauer öffnet auch wieder für eine ehrlich zugewendete Trauer für den Anderen.

Selbst-los trauern steht in der Not, das Selbst zu verlieren; selbst-voll trauern achtet auf sich.

Impulszitat

»Schon die Sprache, die wir gebrauchen, wenn wir über Selbstmitleid nachdenken, verrät die tiefe Abscheu, mit der wir es bedenken:
Selbstmitleid heißt oh weh, ich armes Würmchen, Selbstmitleid ist der Zustand, in dem die, die sich selbst leidtun, schwelgen oder sich suhlen. Selbstmitleid ist die gewöhnlichste und die universell am heftigsten verunglimpfte unserer Charakterschwächen, seine schädliche Zerstörungswut wird als Tatsache akzeptiert. ›Unser schlimmster Feind‹, wie Helen Keller es nannte. Sah noch nie was Wildes / Mitleid mit sich haben, schrieb D. H. Lawrence in einem oft zitierten vierzeiligen ›Sermon, der sich bei näherer Prüfung als bedeutungsleer und tendenziös herausstellt. Ein kleiner Vogel fällt erfroren von einem Ast / ohne sich jemals bemitleidet zu haben.‹ Das mag zwar das sein, was Lawrence (oder wir) über wilde Geschöpfe zu glauben für richtig halten, aber denken Sie an die Delphine, die nach dem Tod eines Partners das Essen verweigern. Denken Sie an die Gänse, die nach dem verlorenen Partner suchen, bis sie selbst die Orientierung verlieren« (Joan Didion, Das Jahr magischen Denkens. Übers. von A. Ravic Strubel. Berlin: Ullstein e-Books, 2014, S. 214).

Übung: Sich in den Arm nehmen

ZEIT 50 Minuten

ZIEL Es gilt, der Trauernden verständlich zu machen, dass sie ein Recht auf Mitgefühl mit sich selbst hat. Sie macht eine schwere Krise durch. Dem verstorbenen Menschen hilft keine heroische Tapferkeit mehr, kein Sich-Zusammenreißen, kein Sich-den-anderen-Beweisen. Trauernde dürfen nachsichtig sein mit ihrem Schmerz, ja auch ein Sich-gehen-Lassen kann entspannende Hilfe sein.

DURCHFÜHRUNG Anleitung der Begleiterin: »Oftmals fühlen wir uns so, als ob wir unserer eigenen Zuwendung nicht würdig sind. Aus welchem Grund auch immer haben wir gelernt, uns selbst nicht zu würdigen oder zumindest einen Teil von uns. Nachsicht ist der erste Schritt, uns wieder selbst zu achten und zu mögen.

Schließen Sie die Augen und stellen Sie sich vor, wie Sie Ihren Körper freundlich in den Arm nehmen. Geben Sie sich so viel Wohlwollen, wie Sie gerade brauchen. Falls Ihnen die Vorstellung, sich selbst in den Arm zu nehmen, schwerfällt, machen Sie sich folgendes Bild: Sie reisen in die Vergangenheit und treffen Ihr kleineres, jüngeres Ich – zum Beispiel vier oder fünf Jahre alt. Nehmen Sie das kleinere Ich in den Arm oder sogar auf den Schoß. Geben Sie ihm das, was es gerade braucht. Stellen Sie sich nun vor, wie Sie Ihre Arme um dieses arme Wesen legen, so als ob es ein Kind wäre, das nur einen Albtraum hatte, und flüstern Sie in sein Ohr, dass alles gut wird. Sagen Sie ihm, dass Sie für es da sind und dass Sie alles tun werden, damit es ihm bald besser geht. Hören Sie dem Kind (oder sich selbst) gut zu, wenn es von seinem Leid erzählt, und nicken Sie bestätigend, denn was es erlebt, ist sehr schlimm.

Immer dann, wenn Sie diesen beißenden Kummer und gleichzeitig die Selbstabwertung verspüren, schließen Sie kurz die Augen und stellen sich vor, Sie würden sich selbst umarmen. Aber auch, wenn es Ihnen die kommende Woche besser oder erträglich geht, was ich sehr hoffe, wenden Sie diese kleine Übung mehrmals täglich an.

Wenn Sie fähig sind, dies mit Ehrlichkeit zu tun, werden Sie Selbstmitgefühl und Rücksichtnahme auf sich selbst auf Ihrem Weg begleiten.«

Sexualität

Einführung

Trauer lebt im Bewusstsein der Umwelt mit Bildern von stillem Gram, Desorientiertheit und leisem Schmerz. Das Bild von lustvoller Sexualität, zumal triebhafter, teils auch aggressiver Natur passt nicht in die Vorstellung. In der Meinung der anderen besteht Körperlichkeit trauernder Menschen miteinander im Austausch von Blicken und zarten Berührungen. Sexualität aber kann ein Wiedererwachen von Vitalität bedeuten, kann die Trostsuche an einem anderen warmen Körper sein, kann die Sehnsucht aus Rückzug und Isolation bezeugen, kann Lebensteilnahme ausdrücken, all das und viel mehr, doch nicht zwingend ein Treuebruch mit dem verstorbenen Menschen besagen. Im Gegenteil: Der eigene Körper ist der Ort, der die Abwesenheit des geliebten Menschen vielleicht am stärksten nahebringt, und diesem Ort ist nicht zu entgehen.

Impulszitate

»Trauer bedient sich im Körper derselben Sprache wie Verliebtheit, da ist kein Unterschied. Die dummen Organe erzählen von Unruhe und Begierde, ohne eine Ahnung zu haben, dass das Verlangen nach einem Lebenden ein ganz anderes ist als das nach einem Toten. Herz, Darm, Magen, Haut, sie stimmen eine gleichlautende Elegie des Verlustes an. Darin liegt eine Mischung von Furcht und Sehnsucht, eine Unsicherheit des Verliebten, der ständig zu dem anderen hinmöchte, um sich zu vergewissern, ob sie noch lebt, diese Liebe, ob sie nicht wohlmöglich in einem unbewachten Moment gestorben ist, einfach verschwunden, das könnte ja sein. Er ist der Einzige, der meinen Körper beruhigen könnte, und er ist tot. Trauer ist Verliebtheit ohne Erlösung« (Connie Palmen, Logbuch eines unbarmherzigen Jahres, Aus dem Niederländischen von Hanni Ehlers. S. 10f. Copyright © 2013, 2014 Diogenes Verlag AG Zürich).

»Als er gestorben war, erwachte meine Sexualität auf eine vorher nicht zu ahnende Weise« (Traugott Roser, Schäm dich! Die verschwiegene Seite der Trauer. In: Leidfaden 2/2013, S. 26).

Übung: Filmarbeit

ZEIT 1–3 Stunden

VORBEREITUNG Den Film als DVD besorgen und/oder Teile schneiden (lassen).

ZIEL Sexualität als durchaus angemessenes Thema im Sterbe- und Trauerprozess sehen und sich mit den möglicherweise auftauchenden Scham- und Schuldgefühlen auseinandersetzen.

DURCHFÜHRUNG Den Film »Drei Farben: Blau« (1993 von Krzysztof Kieślowski) entweder gemeinsam mit der Trauernden anschauen (Achtung: Länge und Handlungsfülle) oder ihn als Hausaufgabe mitgeben. Es ist auch möglich, diesen Film zu schneiden oder schneiden zu lassen und nur betreffende Sequenzen zu zeigen. Der Film handelt von einer Witwe, die nach einem Unfall Mann und Tochter verloren hat. Und von deren Erkenntnis, dass ihr Mann eine Affäre hatte. Diese Erkenntnis öffnet ihr neben anderem eine neue Lebensperspektive, in der Sexualität als Ressource eine Rolle zu spielen beginnt.

Leitende Fragen nach dem Betrachten des Films könnten sein:
- »Wie hat Ihnen der Film/die Sequenz gefallen?«
- »Haben Sie Sympathien oder Antipathien mit der Hauptfigur?«
- »Mit anderen Personen in diesem Film?«
- »Wie ist für Sie die Grundstimmung des Films?«
- »Finden Sie darin etwas von Ihrem Trauerprozess wieder?«
- »Sind bei Ihnen Fragen aufgetaucht?«
- »War Ihnen das Thema, das Ausspielen von Intimität und Sexualität unangenehm?«
- »Wenn Sie die Ratgeberin der Hauptfigur wären, was würden Sie ihr auf den Weg geben wollen?«
- »Welchen Fortgang würden Sie wählen, wenn Sie den Film als verantwortliche Regisseurin weiterlaufen lassen müssten?«

▷ Beachte: Gerade bei diesem Thema ist es wichtig, dass sich die Begleiterin mit dem Thema »Sexualität« – beruflich und privat – auseinandergesetzt hat und nicht allzu befangen ist, es anzusprechen.

Sinn(e)

Einführung

Wir Menschen sind Sinn-Suchende. Wer Sinn sucht, begibt sich auf einen Weg. Etymologisch bedeutet »Sinn« genau dies: auf dem Weg sein, eine Reise machen, nach etwas trachten. Wir hören dies auch noch, wenn wir beispielsweise sagen: »Wonach steht dir der Sinn?« Wer auf dem Sinn-Weg unterwegs ist, lässt die Sinne schweifen. Auf dem Weg gibt es viel zu sehen, manches zu hören und zu spüren. Vielleicht rieche ich, was so in der Luft liegt, oder ich kann schmecken, was sich auf dem Weg so alles anbietet. Die Sinne beleben die Sinnsuche. Sie schenken Inspirationen aus dem Schmecken des Lebens und bewegen den Geist, weiter nach dem Sinn zu fragen. Wer vom Tod berührt wird, wird aus der Sinnreise gerissen. Viele Formulierungen, die Trauernde äußern, bringen dies zum Ausdruck: »Nichts macht mehr Sinn. Ich fühle mich wie erstarrt. Alles ist wie eingefroren. Ich fühle mich wie gelähmt. Wozu soll ich noch aufstehen?« Alle diese oder ähnliche Formulierungen bezeugen die Todesberührung. Als Todesäquivalente zeigen sie, dass »nichts mehr geht«. Stillstand. Der vom Tod Berührte ist in der Weglosigkeit angekommen, in der Aporie. Es geht nicht mehr weiter. Die Sinnreise ist unterbrochen. Ist wieder Auf-Bruch möglich? Wie sollte das »gehen«? Kommt die Trauernde wieder auf den Weg zurück? Als Weg-Wesen, das dem Sinn weiter nachspüren wird? Vorsichtig dürfen hier die Sinne für den Sinn in Anspruch genommen werden. Bei ihnen könnte die Trauernde, mit sehr kleinen Schritten vielleicht, Anregung finden, um wieder in Bewegung zu kommen.

Impulszitate

»Jeden Tag, jede Stunde, jede Minute frage ich mich, was das alles noch für einen Sinn hat. Marie war so unschuldig, so lebendig, so liebenswert und so voller Kraft. Ich verstehe das nicht. Das hat doch keinen Sinn. Warum hat der liebe Gott nicht mich zu sich genommen? Ich bin alt und verbraucht. Ich habe mein Leben gelebt« (Hannelore F., 72 Jahre, zwei Jahre nach dem Tod ihrer sechsjährigen Enkeltochter, die mit ihrem Sohn und ihrer Schwiegertochter bei ihr im Haus lebte. Marie starb nach einem Fahrradsturz).

»Für ausweglose, schicksalsschwere Lebenssituationen ist der Mensch von Natur aus schlecht ausgerüstet. Denken wir nur, wie schwer es ist, mit dem Tod eines Angehörigen [umzugehen]! Wie hilflos können wir plötzlich sein […] Nichts ist uns von Natur aus in die Wiege gelegt, um der Sinnlosigkeit eines solchen Leidens entgegentreten zu können. Da helfen weder unsere Hände, unsere natürliche Fähigkeit zu genießen und Lust zu empfinden, noch unsere Intelligenz weiter. So erleben wir uns ohnmächtig, ohne fertige Instrumente in der Hand, mit denen wir solches Leid mit einer leichten Bewegung zu beseitigen vermögen. Andererseits sehen wir aber immer wieder Menschen, die mit beeindruckender Größe einen Schicksalsschlag, ein schweres Leid […] bestehen. […] Wie können sie am Leiden bestehen?«
(Alfried Längle, Sinnvoll leben. Eine praktische Anleitung der Logotherapie. St. Pölten: Residenz Verlag, 2011, S. 52).

Übung: Sinn(es)-Reise

ZEIT 60 Minuten

VORBEREITUNG Ausgehend von den fünf klassischen Sinnen und dem siebten Sinn der Intuition sollen unterschiedliche Gegenstände mitgebracht werden:
Visuell – Landschaftsfoto, Fernglas, Brille, Lupe, Bild eines Auges, Farbpalette …
Auditiv – Klangschale, kleine Drehspieluhr, Klangherz, Muschel …
Kinästhetisch – Feder, ein Stück Stoff, ein Stein, kleines Döschen Hautcreme …
Gustatorisch – Praline, Rosine, Nuss, Kaugummi …
Olfaktorisch – Mandarine, Lavendelkissen, japanisches Heilöl …
Siebter Sinn – unterschiedliche Herzen …
Ein Raum, der groß genug ist, um verschiedene Sinnes-Stationen aufzubauen. (Alternativ kann auch ein Tisch, der groß genug ist, mit den Sinnes-Stationen bestückt werden.)
Wichtig ist, dass die Sinn(es)-Reise schon vor Beginn der Trauerbegleiteinheit vorbereitet ist.

ZIEL Die Trauernde soll mit Hilfe sinnlicher Erfahrungen ihre eigenen Sinnspuren finden und auf diese Weise wieder in ihre Beweglichkeit, auf ihren Weg kommen.

DURCHFÜHRUNG Die Trauerbegleiterin spricht einleitende Worte zum Thema »Sinn und Sinne«. Dann lädt sie die Trauernde ein, entlang dieser Sinn(es)-Stationen zu spazieren. Hier können Bilder erzeugt werden, etwa durch ein Haus mit verschiedenen Zimmern oder eine Landschaft mit verschiedenen Vegetationsabschnitten zu *gehen*.

Bei den unterschiedlichen Reisestationen können die entsprechenden Sinnesweisen angesprochen werden: »Schauen Sie sich um – gibt es etwas zu sehen? Was gibt es da zu hören? Was bewegt Sie an dieser Stelle? Strömt hier ein Duft aus? Erinnern Sie sich an den Geschmack bestimmter Dinge? Wie fühlt sich dies alles hier an?«

Die Trauerbegleiterin ist Reisezeugin und hört zu, welche Gedanken kommen. Hier lässt sich die Begleitende ebenfalls auf das Abenteuer der Reise ein. Sie hört zu, stellt Fragen, schweigt, fasst zusammen, ist präsent. Es kann sein, dass die Trauernde an einer Station länger verweilt, viele Assoziationen hat und an einer anderen vielleicht vorbeigeht, weil keine Resonanz erzeugt wird. Dies sollte nicht kommentiert werden. Lassen Sie die Trauernde frei sinnieren.

Die Übung wird beendet, wenn die Reise vorbei ist oder die Reiselust der Trauernden sich erschöpft hat.

Am Schluss wird nur die Frage gestellt: »Gibt es etwas, dass Sie von dieser Reise als Weggedanken oder Wegweiser mitnehmen wollen?«

▷ Beachte: In dieser Übung geht es nicht darum, einen trauernden Menschen in die Sinnsuche zu zwingen (»Alles hat seinen Sinn im Leben!«). Dies erzeugt das Gefühl der Abwertung und Druck. Wenn die Trauernde an ihrem Gefühl der Sinnlosigkeit festhält, dann ist es wichtig, »Zeugin der Sinnlosigkeit« zu sein. Diese Übung eignet sich für Menschen, die »im Aufbruch« sind, oder um zu prüfen, ob »Aufbruch« möglich ist beziehungsweise ansteht. Die Trauerbegleiterin ist auf diesem Wegabschnitt »Aufbruchszeugin«.

Spiel

Einführung

Es mag befremdlich sein, im Zusammenhang von Trauer dem Begriff des Spiels zu begegnen. Landläufig sehen wir das Spiel als etwas Heiteres, eine Freizeitbeschäftigung, vornehmlich von Kindern in ihrer Unbekümmertheit verwendet. Das Spiel kann aber auch gesehen werden als ein Leitgedanke über dem ganzen Leben. Im Volksmund sprechen wir davon, dass sich etwas im Leben eines Menschen »abspielt«. Alles, was zum Leben gehören kann, kann demnach Bestandteil des Spiels sein. Dann ist nicht mehr nur Leichtigkeit oder Heiterkeit angesagt. Spiel umfasst alle Dimensionen des Lebens – so auch das Erleiden von Verlust und das Durchleben der Trauer. Spiel wird zu einer Denkfigur, das Leben zu beschreiben und begreifbarer zu machen. Von Friedrich Schiller stammt die Aussage: »Der Mensch spielt nur, wo er in voller Bedeutung des Wortes Mensch ist, und er ist nur da ganz Mensch, wo er spielt.«[22] Ziehen wir auch noch die Bedeutung des Wortes »Spiel« in der deutschen Sprache zu Rate, dann kommt »Spiel« aus dem Althochdeutschen »Spil« und benennt »lebhafte Bewegung«[23]. Das Spiel als Modell zur Deutung dessen, was im Leben geschieht. So wie sich Leben auch in der Trauer ausspielt.

Das Spiel hat unter anderen das Wesensmerkmal der Probierhaltung. Spiel kann sich annähern, Spiel ist ernst, muss aber nicht der unausweichliche Ernstfall sein. Im Spiel lassen sich verschiedene Zugangswege ausprobieren – sie sind nicht endgültig festlegend. Auf dem Weg der Trauer gibt es viele Situationen, in denen es hilfreich ist, ausprobieren zu können. Oft gibt es in der Biografie bisher keine Erfahrung mit dem Durchleben von fundamentalen Verlusten.

Das Spiel ist keine Leichtfertigkeit. In einem gewissen Stadium des Trauerweges kann der Grundgedanke der spielerischen Annäherung an neue Lebensperspektiven hilfreich sein. Spiel ist eine Einladung, dem Leben in seiner Vielfalt und in seinen unterschiedlichsten Schattierungen zu begegnen. Dann heißt es, einzutreten in neue Empfindungen, neue Begegnungen, in neue Orte – sich annä-

---

22 Friedrich Schiller (1795). Briefe über die ästhetische Erziehung des Menschen. 15. Brief.
23 Vgl. Friedrich Kluge, Elmar Seebold (2002). Etymologisches Wörterbuch der deutschen Sprache. 24., durchges. und erw. Auflage. Berlin: de Gruyter, S. 865.

hernd, ohne endgültig festgelegt zu sein. Probieren, was geht und was (noch?) nicht geht, ist ausdrücklich gewollt.

Ein weiteres Merkmal des Spiels ist die Verlässlichkeit des Regelwerkes für das jeweilige Spiel. Strukturgabe, in Freiheit gewählte Regelwerke können hilfreich sein, sich in einem Leben mit beziehungsweise nach Verlust neu einzufinden.

Spiel ist zudem ein kommunikativer Prozess und kann so hilfreich sein, das soziale Umfeld in einen verlebendigen Blick zu nehmen.

In der Begleitung kann der Deutungsrahmen des philosophischen Gedankens vom »Leben als Spiel« Stärkung sein, den Schritt in einen neuen Lebensabschnitt anzugehen: durch Probieren, durch in Freiheit erstelltes Regelwerk und durch belebende Kommunikation.

Impulszitate

»Der Mensch ist nur da ganz Mensch, wo er spielt« (Friedrich Schiller, Briefe über die ästhetische Erziehung des Menschen. 15. Brief).

»Es tut so gut, es einfach mal auszuprobieren und doch nicht festgelegt zu sein«, sagte Frau M., als sie sich allmählich wieder dem eigenen Leben zuwenden kann.

»Ich brauche eine gewisse Sicherheit, um mich neu auszuprobieren. Da hilft mir ein Konzept, wie ich mich neu wage«, sagt ein 70-jähriger Pensionär, der nach drei Jahren intensiver und selbst gewählter Isolation in der Trauer wieder Lebensmut findet.

Übung: Einladung zum nächsten Schritt

ZEIT 60 Minuten

VORBEREITUNG Bunte Tücher und ein Raum, in dem Bewegung möglich ist.

ZIEL Die Trauernde erfährt die Einladung, sich auszuprobieren. Dabei wird ihr das Denkmodell des »Lebens als Spiel« als Deutungsrahmen angeboten. In der Übung spürt sie die Ermutigung, auf dem Weg des Probierens neue Lebensräume betreten zu lernen.

DURCHFÜHRUNG   Die Begleiterin bietet der Trauernden das Denkmodell des »Leben als Spiel« an – im Sinne der in der Einleitung beschriebenen weiten Deutung des Spielbegriffs. Sie betont, dass in dieser Denkhaltung das Spiel als ein Begriff für das ganze Leben angesehen wird – in allen Farben und Schattierungen. Die Trauernde nimmt diesen Ausdruck »Leben als Spiel« als Grundlage ihres Trauererlebens: Was ihr alles mitgespielt hat in ihrer Verlusterfahrung. Sie wählt dazu bunte Tücher aus, die sie zu einem sich spontan ergebenden Bild formt.

Aus einem Abstand betrachten Begleiterin und Trauernde das Bild und tauschen Assoziationen aus. Die Begleiterin versucht, diesen Austausch zu bündeln. Dann fragt sie die Trauernde, was sie einmal probieren möchte – angesichts dessen, was sie als »Spiel des Lebens« vor sich sieht.

Das hier Angesprochene kann dann in einem Rollenspiel in Szene gesetzt werden: Zum Beispiel wünscht sich die Trauernde, wieder mit Menschen in Kontakt zu treten – seien es alte, aber versiegte Bekanntschaften, sei es, bewusst neue Bekanntschaft zu suchen. Wie so eine Begegnung aussehen könnte, wäre ausdrücklich in Variationen durchzuspielen. Am Ende wird die Trauernde gefragt, ob sie einen Zugang für einen nächsten Schritt auf ihrem Weg der Trauer gefunden hat.

Unter dem Gesichtspunkt der Philosophie des Spiels kann die Trauernde ermutigt werden, sich Regeln zu geben, damit die im Rollenspiel erprobten Begegnungen für sie tragbar gestaltet werden könnten: »Was möchte ich auf keinen Fall, was wollte ich, wo bin ich offen und unentschlossen?«

Da diese Übungen im Übergang zu einem Leben nach dem Trauerweg anzusiedeln sind, dürfen die Rollenspiele auch mit Humor versehen werden. Diesen Akzent kann die Begleiterin einbringen, wenn es der Situation angemessen ist. Spiel ist auch Durchspielen des Ernstes mit Humor. Humor relativiert und kann weglocken von einseitiger Sicht. Humor ist dann Ausdrucksform des Spiels, das die Trauernde zusammen mit der Begleiterin (oder mit Unterstützung einer Gruppe) durchlebt.

Diese Übung ist auch denkbar in einer Trauergruppe, die auf einem annähernd gleichen Stand des Trauerprozesses ist. Die Gruppe kann in ihrem Ausspielen den Horizont der Probierhaltungen und das Einüben von Kommunikation unterstreichen. Im Spiel in der Gruppe lernt nie nur die Protagonistin, sondern alle Mitspielenden und Zuschauenden lernen. In der Nachbesprechung einer Szene sind auch die Resonanzen bei den Mitspielenden beziehungsweise den Zuschauenden in Austausch zu bringen.

▷ Beachte: Diese Übung gehört in den Übergang aus der Trauerbegleitung in die neu angenommene Zuwendung zum eigenen Leben. Es gehört auch eine grundsätzliche Bereitschaft dazu, sich mit einem – bisher vielleicht fremden – Denkmodell auseinanderzusetzen.

In einer Trauergruppe ist zu beachten, dass die Teilnehmerinnen sich ebenso auf dem Übergang zu einem neuen Lebensabschnitt befinden.

Suchen

Einführung

Ein trauernder Mensch findet sich nach dem Tod des Nächsten in eine Welt hineingeworfen, die ohne diesen eine andere, eine finstere, eine fremde Welt ist. Dabei wird er nicht selten von dem Bedürfnis gedrängt, den Menschen, den er so sehr entbehrt, nach dem er sich mit jeder Faser seines Herzens verzehrt und sehnt, zu suchen. Betrachten wir die Sehnsucht als eine zur Liebe gehörende Ausdrucksform, die immer dann entsteht, wenn der geliebte Mensch nicht nahe ist, dann erweist sich das Suchen als eine besondere Erscheinungsform der Liebe. Der Trauernden fällt es schwer, die Möglichkeit einer Welt zuzulassen, in der der Gegenstand dieser Liebe fehlt. Es scheint unbegreiflich zu sein, dass der geliebte Mensch, der schon so oft weg war, nicht wie sonst wiederkehrt, dass der, der selbst so oft zurückgelassen wurde, bei der Rückkehr nicht – nie – mehr vorfindbar sein wird. Im Tod des geliebten Menschen wird der radikale Unterschied zwischen räumlicher, relativer Abwesenheit einerseits und jener raumlosen, definitiven Abwesenheit andererseits, die unbarmherzig mit dem Tod einhergeht, erfahrbar. In der räumlichen Abwesenheit wird der Abwesende zwar vermisst, die Zurückbleibende weiß jedoch, dass der Geliebte irgendwann zurückkommt, dass diese Trennung nur vorübergehend ist. Es ist eine unbewusste, unerschütterliche Gewissheit, dass die, die wir lieben, ebenso danach streben, sich wieder mit uns zu vereinigen, wie wir, die Zurückbleibenden, dies tun. Im Tod jedoch entzieht sich der geliebte Mensch diesem Zusammenschluss.

Das Suchen der Zurückbleibenden zeigt, dass zwar einerseits die Trennung anerkannt, jedoch (noch) nicht als endgültig angesehen wird, angesehen werden kann. Die Trauernde ist davon motiviert, weiterhin auf die Rückkehr des Verstorbenen zu warten beziehungsweise unbewusst oder halbbewusst die Suche nach ihm aktiv zu betreiben. Obwohl der Verstorbene als Ziel der Suche nicht mehr existent ist und die Suche somit als Suche ohne Ziel klassifiziert werden könnte, ist das Suchverhalten der Hinterbliebenen keineswegs ziel- oder auch gegenstandslos zu nennen. Es ist von einem konkreten Ziel getrieben, nämlich den verlorenen Menschen wieder zu erblicken, ihn wieder zu finden, sich wieder zu vereinen. Das Suchen ist demnach von einer tiefen Sinnhaftigkeit initiiert, die letztlich darin begründet ist, dass die Hinterbliebene mittels ihres Suchverhaltens immer mehr darauf vorbereitet wird, den Verlust zu akzeptieren, um ihr Leben ohne den Verstorbenen weiterzuleben zu können.

Schließlich verweist das Suchen der Trauernden auch auf die Verlorenheit, auf die Verwaistheit des eigenen Ichs. Der Ich-Verlust zeigt sich darin, dass sich die Zurückbleibende ohne den Geliebten nur noch als halben Menschen betrachtet. Das Suchen ist somit von einer Sehnsucht nach Vereinigung und Ganzheit geleitet. Die Trauernde bringt mit ihrer unstillbaren Sehnsucht den Wunsch zum Ausdruck, dass sie die Endgültigkeit des »Nie wieder« aufheben möchte beziehungsweise getrieben ist von der Sehnsucht, das gemeinsame und bisherige Glück auf ewig zu halten.

Impulszitate

»Ich möchte dich suchen […] im Norden, im Süden, in Wüsten und Steppen, in der Tiefe des Meeres, in Verliesen und Schlössern, in Höhlen und Schluchten, in Hütten auf Bergen; in Wäldern und Sümpfen, in Städten und Straßen, im Gewimmel von Menschen bis ans Ende der Welt. Deine Augen, deine Lippen, dein Lächeln, deine Wangen, dein Leben, deine Hände ... Ich möchte dich suchen bis ans Ende der Welt. Ich möchte dich suchen. *Ich* kann dich nicht finden. Ich weiß, du bist tot« (Karl Guido Rey, Du fehlst mir so sehr. Der Weg der Liebe durch Tod und Trauer. München: Kösel, 1998, S. 80).

»Der sensible Mensch leidet nicht aus diesem oder jenem Grunde, sondern ganz allein, weil nichts auf dieser Welt seine Sehnsucht stillen kann« (Jean-Paul Sartre).

»Ich danke Gott, dass er mich mein ganzes Leben hindurch einen Mann der Sehnsucht hat sein lassen« (Johann Amos Comenius).

Übung: »Treffen im Universum«

ZEIT 45 Minuten

VORBEREITUNG Den Text »Die zwei Parallelen« kopieren (▸ Download-Materialien):

Die Parallelen
War'n einst zwei Parallelen, die liebten sich gar sehr,
sie liefen schon Wochen und Monde treu nebeneinander her.
Sie liefen durch Wüsten und Länder und über das blaue Meer.
Vergebens, ach vergebens! Ihr trefft euch nimmermehr.

Sie wollten schier verzweifeln vor Wehmut und vor Schmerz,
der einen wollte fast brechen das Parallelen-Herz.

Da sprach die andre tröstend: »Lass fahren Schmerz und Leid«,
noch treffen sich Parallelen in der Unendlichkeit.
(Verfasser unbekannt; das Gedicht weist eine inhaltliche Nähe auf zu dem
Gedicht von Christian Morgenstern »Die zwei Parallelen«)

ZIEL   Die Trauernde soll in die Lage versetzt werden, ihr Suchen und ihre Sehnsucht als wichtige Seelenverfassungen ihrer Trauerarbeit zu erkennen und zu begreifen. Sie versteht, dass die Suche den Verlust würdigt und ihm gerecht wird. Sie lernt zu sehen, dass sie sich in dieser sehnenden Suche für etwas Neues aufschließt, und kann so in kleinen Schritten eine andere – möglicherweise tiefere, weitere, liebendere – Sicht auf das Leben, auf die Welt, auf den Menschen, auf sich selbst und vielleicht auch auf Gott gewinnen.

DURCHFÜHRUNG   Die Trauernde bekommt das Gedicht »Die Parallelen« ausgehändigt. Dann liest die Trauerbegleiterin diese vor. Es entwickelt sich ein Gespräch darüber, an dessen Ende möglicherweise die Erkenntnis steht, dass in dieser irdischen Welt ein Wiedersehen, eine Begegnung nicht möglich ist, dass jedoch in der Welt hinter dieser Welt vielleicht ein Wiedersehen wartet. Dieser Gedanke kann tröstlich sein.

Mögliche Impulsfragen:
- »Welche Gedanken tauchen in Ihnen auf, wenn Sie diese Geschichte hören?«
- »Gibt es bestimmte Begriffe, die Ihnen auffallen?«
- »Sehen Sie Parallelen zu Ihrem eigenen Weg?«
- »Wer könnte diese ›tröstenden‹ Worte sprechen?«
- »Was haben Sie für ein Bild von der jenseitigen Welt?«

▷ Beachte: Diese Übung ist kein Vertröstungsversuch, sondern eröffnet eine Perspektive, die über die irdische Welt hinaus weist.

Trost

Einführung

Es stimmt: Trauer führt durch Abgründe. Es stimmt aber ebenso, dass da, wo Trauer ausgelöst sein kann, Hilfe in vielfältiger Weise kommt. Der Trost stellt einen alten Weisheitsschatz dar. Trost kann aus der vertrauenden Urerfahrung ermöglicht werden, die ein Mensch in den ersten Lebenswochen durch die Mutter lernt, wenn ihm ein gesundes Aufwachsen ermöglicht werden konnte. Es ist die Kraft erster, ganz auf andere angewiesener Bedürfnisbefriedigung. Die ist gar nicht als Dauerzustand bleibender Abhängigkeit gewünscht, sondern als tief verwurzelte Grundzusage, dass jemand da ist. Trost ist die Kraft der Lebensermutigung, die Kraft der Weisen, eine Stimme des Herzens. Trost ist kein Vertrösten, kein Halten in Abhängigkeit, sondern ein Mitgehen, ein Mitbangen, ohne darin mit unterzugehen. Der Tröstende geht mit, nimmt die Rolle des Trauernden ein, um darin zu verstehen und doch wieder herauszutreten. Der Tröstende kann Spiegel werden für den Trauernden, wird Verkörperung von Wahrnehmen dessen, was ist, von Aushalten noch so abgründiger Empfindungen, von Hoffnung aus Himmel und Erde und vom Gelingen des Weges, der durch den Verlust ausgelöst wird.

Alte Weisheiten des Menschheitswissens aus verschiedensten Kulturen, Dichtung und Religionen können Tröster auf dem Trauerweg werden. Menschen, die Trauer in sich auslösten und durchlebten, können Tröster sein, ebenso Menschen, die am Ende des lebensbedrohenden Weges neue Lebensfelder sahen.

Es ist müßig, bestimmen zu wollen, was das sicherste und hilfreichste Trostwort ist und wem dieses Wort Trostwort werden konnte. Trost geschieht, durch wen und was im Himmel und auf Erden auch immer. Trost bedeutet, Vergnügen, Genuss oder Freude empfinden zu können, trotz und neben Hoffnungslosigkeit und Verzweiflung. Trost kommt zum Schmerz hinzu, geht in ihn ein, aber nimmt den Schmerz nicht weg. Das unterscheidet ihn von vertröstender Absicht.

Impulszitate

»Der größte Trost, den man einem Menschen schenken kann, ist, ihm seine Untröstlichkeit zu lassen« (Friedrich Nietzsche, Morgenröthe. Kritische Studienausgabe, 4. Buch, 3. Band. München: Deutscher Taschenbuch-Verlag, 2005, S. 247).

»Aber kommt mir nicht und sprecht von den Tröstungen der Religion, oder ich schöpfe gegen euch Verdacht, dass ihr nichts versteht« (C. S. Lewis, Über die Trauer. 3., erw. Auflage. Zürich: Benziger, 1991, S. 42).

Übung: (Sich) Trösten statt vertrösten

ZEIT 50 Minuten

VORBEREITUNG Moderationskoffer, Flipchart, Metaplanwand, gegebenenfalls CD-Player, eine Liste mit Zitaten zum Thema »Trost« (▶ Download-Materialien) und gegebenenfalls eine CD mit einem ermutigenden Lied (zum Beispiel »Gib nicht auf« von Klaus Hoffmann; Liedtext ▶ Download-Materialien).

ZIEL Die Individualität von Trost erfahren sowie die Abgrenzung zur (Selbst-)Vertröstung erkennen. Es geht darum, die Trauernde dafür zu sensibilisieren, dass Vertröstung und Trost zwei ungleiche Schwestern sind, die jedoch häufig – aus unterschiedlichsten Gründen – verwechselt werden. Die Trauernde erkennt, dass Trostworte immer genau bedacht werden müssen, bevor man sie sich selbst oder einem anderen trauernden Menschen schenkt.

DURCHFÜHRUNG
Übung 1: Die Trauernde erhält eine Liste von Trostzitaten. Sie liest sie in Ruhe durch und entscheidet sich dann für zwei: eines, das ihr zusagt, und ein anderes, mit dem sie überhaupt nichts anfangen kann. Sie kommt über diese beiden Zitate mit der Begleiterin ins Gespräch, erklärt ihre Auswahl und erzählt Gegebenheiten, in denen sie hilfreiche oder unpassende Trostworte angeboten bekommen hat oder vielleicht auch selbst weitergegeben hat. Es wird reflektiert, was in dieser Situation hilfreich und als Trost empfunden beziehungsweise was nicht nur als Vertröstung erlebt wurde. Die Begleitende legt bei Rückfragen besonderen Wert auf die Absicht, die mit diesen Worten verbunden war (Aushalt und Beistand oder schnelle Lösung beziehungsweise Sinnvermittlung).

Anschließend nimmt die Begleiterin Stellung zum Wert von Untröstbarkeit und gibt den Satz von Nietzsche (siehe erstes Impulszitat) der Trauernden mit.

Möglicherweise passt auch das Lied »Gib nicht auf« von Klaus Hoffmann, dessen Text bei Gefallen ebenfalls kopiert werden kann.

Variante für Trauergruppen: Alle Zitate sind zweimal vorhanden. Die Paare sollen einander anhand der passenden Zitate finden, einander im kurzen Gespräch ein wenig kennenlernen und sich über die »Trost- beziehungsweise Vertröstungsaspekte« in ihrem Zitat austauschen. Dann kommen nach ca. 20 Minuten alle Teilnehmerinnen zusammen, lesen ihr Zitat vor und erläutern ihre erarbeiteten Gedanken dazu.

Dann erfolgt Kleingruppenarbeit mit je vier Teilnehmenden (je zwei Paare aus der Vorübung): Die Teilnehmenden schildern einander in aller Kürze eine schwierige Situation aus ihrem eigenen Leben. Es soll dann reflektiert werden, was in dieser Situation hilfreich und als Trost empfunden beziehungsweise was nur als Vertröstung erlebt wurde. Diese Trost- und Nicht-Trost-Erfahrungen werden jeweils auf zwei verschiedenfarbige Moderationskarten geschrieben. Die beiden differierenden Erfahrungen werden in Form von zwei unterschiedlichen Spiralen im Raum ausgelegt. Die Teilnehmenden gehen um die Spiralen herum, lesen in Ruhe und Respekt die erfahrenen Tröstungen und Nichttröstungen und kommen plenar darüber in Austausch.

Übung 2 (für Gruppen): »Die Untröstlichen« – Skulpturarbeit
Es werden 2 Gruppen mit je 6 Teilnehmenden gebildet. Die Gruppenleitung lädt die Menschen aus Gruppe 1 ein, sich in eine Körperhaltung hineinzubegeben, deren Summe das Gefühl »Ich bin untröstlich« zum Ausdruck bringt.

Die Teilnehmenden aus Gruppe 2 werden aufgefordert, sich je einer Person in dieser Skulptur der Untröstlichen tröstend zuzuordnen.

Die Mitglieder der Gruppe 1 werden ermutigt, in sich hineinzufühlen, ob der Kontakt mit den Tröstenden guttut. Falls dies nicht der Fall ist, sollen sie versuchen, die Körperhaltung, also die Entfernung beziehungsweise die möglicherweise stattfindende Berührung der Tröstenden dahingehend zu verändern, dass sie sich in ihrer Untröstlichkeit unterstützt fühlen.

Jede Teilnehmerin wird nun eingeladen, ein Wort zu sprechen, das die momentane Befindlichkeit ausdrückt.

Mit einem Klangsignal wird die Skulptur aufgehoben und die Teilnehmenden werden animiert, sich ihrer Rolle zu entledigen, sich zu entrollen (aktives

Abstreifen der Rolle). Dann tauschen sich die jeweiligen Paare im Raum stehend, sitzend oder gehend aus.

Im Plenum gibt es dann noch einen kurzen Austausch bezüglich der während der Skulpturarbeit gewonnenen Erfahrungen. Jede wird eingeladen, folgenden Satz schriftlich auf vorbereitete Papierstreifen zu vollenden: »Was ich an Trost brauche oder geben kann, ist …« Abwechselnd werden diese Abschlussgedanken vorgelesen.

Auch hier möglicherweise mit einem Lied enden.

Gib nicht auf
trocknes Eis und falscher Alarm
du fingerst deinen Rest zusammen
nichts hält dich hier warm
Glockenklang, die Leute gehn vorbei
wegen dir bleibt keiner stehen

für die bist du einerlei
schwaches Leuchten, Tunnelglühn am Rand
wo ist die Antwort, wo dein Platz, an dieser Wand
doch den Schlüssel zu der Tür
das liegt ganz bei dir
den trägst du selber in der Hand
gib nicht auf
gib nicht auf
im freien Fall, es geht hinab
nimm die Beine in die Hand und lauf
gib nicht auf
gib nicht auf
nichts ist so unendlich
nichts unüberwindlich
lass den Vogel fliegen
mal runter, mal hinauf
gib nicht auf
Kolibris vertreiben dir die Nacht
morgen ist ein neuer Tag
morgen wird neu aufgemacht
jeder Schritt ein Stück ins eigne Land
lass den Mond am Himmel

nimm dein Herz in deine Hand
Mitleid ist ein uralter Absinth
der nur für Kinder die tollsten Filme spinnt
Hoffnung, sichres Boot
lieber Leben als den Tod
komm, steh auf, ein neuer Tag beginnt
(Text und Musik Klaus Hoffmann)[24]

Auf der Suche nach dem Wunderbaren
war ich meistens aller Wunder bar,
und ich musste schmerzhaft oft erfahren,
dass nur selten etwas Wunder war.
Meistens schon am nächsten schweren Morgen,
schweren Kopfes, schwer verwirrt,
wusste ich, beschwert von Sorgen:
Hab' mich wieder mal in dunkler Nacht verirrt.
Später dann, nach viel durchlebten Toden,
hab' ich mich dem Wunder ganz versagt.
Bin erklärbaren Modellen und auch Moden
ohne Tiefe hinterhergejagt.
Aber tief im Inner'n war etwas verborgen,
was sich nicht betäuben und verstecken ließ,
eine Hoffnung auf ein unerhörtes Morgen,
auf ein unerschloss'nes Paradies,
so als würd' etwas im Inner'n thronen,
was sich außen niemals offenbart,
nicht in Diademen, nicht in Königskronen,
eine Schönheit völlig andrer Art.
Auf der Suche nach dem Wunderbaren
ließ ich mich oft auf Verblendung ein,
manchmal aber durfte ich erfahren,
diesem Wunderbaren eins zu sein.
Und es ist kein Traum und auch kein Ort
und schon gar kein Taschenspielertrick,
es ist Klang und Ton, gelebtes Wort,

---

24 https://www.youtube.com/watch?v=CndTkg9zYlc

es ist einzig deine Sicht, dein Blick!
Ja – es ist der unbekannte Morgen
und das unerschloss'ne Paradies,
nicht zu kaufen und nicht mal zu borgen,
dieser Schlüssel zu dem dunkelsten Verlies,
das dein Herz und deine ungesung'nen Lieder
fest gefangen hält durch Wahn und Zwang.
Wenn du ihn gefunden hast – nie wieder
wirst du fremd dir sein. Dann bist du dein Gesang.
Wenn du ihn gefunden hast – nie wieder
wirst du fremd dir sein. Dann bist du dein Gesang.
(Text und Musik von Konstantin Wecker)[25]

Arbeitsblatt Trostzitate
(▶ Download-Materialien)

- Nur wer getröstet wurde, kann wieder trösten. Nur wer durch Leid ging, versteht den Leidenden. (Else Müller-Reinwald)

- Dort wo man Trost findet, ist man zu Hause.

- Es ist schwer, einen Menschen zu verlieren, aber es ist ein Trost zu wissen, dass viele ihn gernhatten.

- Trösten ist eine Kunst des Herzens, sie besteht oft darin, liebevoll zu schweigen und schweigend mit zu leiden. (Otto von Leixner)

- Eine Träne zu trocknen ist ehrenvoller als Ströme von Blut zu vergießen.

- Ohne das Bittere ist das Süße nicht so süß.

- Mit den Flügeln der Zeit fliegt die Traurigkeit davon. (Theodor Fontane)

- Die Zeit heilt alle Wunden.

---

25 https://youtu.be/1CIU4YfRIck

- Es gibt immer wieder ein Morgen. (Arnold Böcklin)

- Belehrung findet man öfter in der Welt als Trost. (Georg Christoph Lichtenberg)

- Von allen Trostmitteln tut Trostbedürftigen nichts so wohl als die Behauptung, für ihren Fall gebe es keinen Trost. Darin liegt eine solche Auszeichnung, dass sie wieder den Kopf erheben. (Friedrich Nietzsche)

- Würde ein Wassertröpfchen denken, es wäre unnötig, so gäbe es keinen Ozean.

- Betrachte die Dinge von einer anderen Seite, als du sie bisher sahst, denn das heißt ein neues Leben zu beginnen. (Mark Aurel)

- Beim Tode eines geliebten Menschen schöpfen wir eine Art Trost aus dem Glauben, dass der Schmerz über unseren Verlust sich nie vermindern wird. (Marie von Ebner-Eschenbach)

- Trost gibt der Himmel, von dem Menschen erwartet man Beistand. (Ludwig Börne)

- Kein besseres Heilmittel gibt es im Leid als eines edlen Freundes Zuspruch. (Euripides)

- Wer nie gelitten hat, weiß auch nicht, wie man tröstet. (Dag Hammarskjöld)

- Wir denken selten bei dem Licht an Finsternis, beim Glück ans Elend, bei der Zufriedenheit an Schmerz; aber umgekehrt jederzeit. (Immanuel Kant)

- Der Glaube tröstet, wo die Liebe weint. Nichts tut der Seele besser, als jemandem seine Traurigkeit abzunehmen. (Paul Verlaine)

Unfassbar

Einführung

Eine der häufigsten Reaktionen, wenn ein nahestehender Mensch stirbt, ist die Reaktion der Fassungslosigkeit. »Unfassbar«, »Ich kann es nicht fassen«, »Ich bin noch immer fassungslos«, »Wie kann das sein?« Dies sind nur exemplarische Varianten, das Unfassbare in Worte zu fassen. Wir Menschen leben in einer Welt, in der wir versuchen, alles zu verstehen. Wir geben uns mit Hilfe unserer Erfahrung, unseres Verstandes, unserer Lebensart selbst provisorische Antworten und glauben oft ganz naiv, dass diese auf Dauer und Haltbarkeit gerichtet sind. Dann geschieht etwas, das die sorgsam erarbeiteten Antworten ins Nichts fallen lässt. Ein Mensch stirbt. Nicht irgendein Mensch, sondern der Mensch, den ich liebe, der Mensch, der mir die Welt bedeutet, der Mensch, der mir Resonanz und Gegenüber ist, der Mensch, an dem ich, wie Martin Buber es formuliert, zum Ich werde. Der Tod beendet nicht nur das Leben des geliebten Menschen, sondern er unterbricht auch den Werdeprozess der Zurückbleibenden. Reaktionen auf diese Unterbrechungen sind oftmals hilflose Fragen nach dem »Ich«. »Wer bin ich (jetzt noch)?« Nichts hält mehr. Nichts trägt mehr. Keine Antworten mehr, sondern Leere und Abgrund. Jeder Versuch, das Geschehene zu verstehen, es zu fassen, gleicht einem hilflosen Versuch.

Immer wieder ein Gedanke: *Unfassbar!* An dieser Stelle ist es wichtig, zu erkennen, dass »unfassbar« und »fassungslos« zusammengehören. Bei dem Phänomen der Fassungslosigkeit müssen zwei verschiedene Dimensionen berücksichtigt werden: die emotionale Fassungslosigkeit und die kognitive Fassungslosigkeit. Emotionale Fassungslosigkeit zeigt sich durch haltloses Weinen, wird in der Körperhaltung deutlich, die keinen äußeren Halt mehr findet, der trauernde Mensch scheint zu zerfließen. Von dieser Fassungslosigkeit ist der ganze Mensch ergriffen, sozusagen durchdrungen: Ich *bin* fassungslos. Dieser Zustand wird von den Betroffenen häufig als Ausnahmezustand empfunden und kann auch als solcher bezeichnet werden. Die kognitive Fassungslosigkeit verweist auf das Unfassbare und zeigt sich durch Abständigkeit. »Ich kann *es* nicht fassen.« Das Unfassbare entzieht sich der Trauernden auf eine nichtverstehbare Weise und stürzt sie in eine unüberschaubare Fragewelt, die sie an die Grenzen ihrer Verstandestätigkeit führt. Da, wo vorher unhinterfragte Antworten waren, sind jetzt Leere und Fragezeichen: »Wie kann das sein?«, »Warum hat Gott das zugelassen?«, »Wieso gerade er?«, »Womit habe ich das verdient?«, »Wie kann ich weiterleben, jetzt, wo mein Kind tot ist?«, »Was hat mein Leben jetzt noch für einen Sinn?«, »Lohnt sich das alles noch und wofür?« Dies sind exemplarische Fragen, die aufzeigen, dass sich der trauernde Mensch im Modus der Unfassbarkeit befindet und sich doch auf die Suche nach Antworten macht. Das Unfassbare bleibt auf Distanz, es bleibt dem Alltag des Lebensganges fern.

Vielleicht ist das Phänomen der »Unfassbarkeit« ein Rettungsring, der es dem Hinterbliebenen ermöglicht zu überleben. Es zwingt ihn sozusagen durch die aufbrechenden Fragen in die Bewegung hinein. Das Unfassbare lockt, will verstanden werden, will ergriffen werden, will näher kommen, will Teil des Alltags werden. Und doch: Es ist für die Zurückbleibende unfassbar, dass der geliebte Mensch tot ist. Für einen Außenstehenden hingegen ist es durchaus fassbar. Er sah den Leichnam, war auf der Beisetzung, erlebt keine Einschränkungen mit Blick auf seine vorherige Wir-Welt. Die Zurückbleibende, die mit ihrer Liebe dem Verstorbenen das Seins-Kompliment aussprach, die mit ihrer Liebe sagte »Du wirst nicht sterben« (Gabriel Marcel), kann diesen Tod nicht fassen. Alle Verstehensversuche laufen ins Leere. Gerade für Trauerbegleiter/-innen ist es an dieser Stelle wichtig zu verstehen, dass voreilig gegebene Antworten, die das Ziel haben, das Geschehene fassbar zu machen, den Suchprozess und damit die Identitätsfindung behindern oder sogar stoppen.

Impulszitate

»Immer wieder schaue ich auf den Sessel. Bis Montag saß er noch da. Ich sehe es genau vor mir. Er hatte die Zeitung in der Hand und ich hörte das Rascheln. Immer wieder frage ich mich, warum es mir nicht auffiel, dass das Zeitungsrascheln aufhörte. Ich habe einfach in der Küche weiter gewerkelt. Machte das Abendessen, wie jeden Abend. Dann rief ich ihn. ›Schatz, das Essen ist fertig. Kommst du?‹ Keine Antwort. Ich habe nochmal gerufen. Wieder keine Antwort. Etwas genervt lief ich ins Wohnzimmer. Da saß er. Den Kopf zur Seite und die Augen offen. Die Zeitung hing auf seinen Knien. Ich wusste nicht, was das bedeutet. Er schlief doch sonst nie ein beim Lesen. Zittrig ging ich hin: ›Hermann, Schatz, was ist los?‹ Ganz langsam drang es in mich ein. Er schläft nicht. Aber er atmet auch nicht. Es gelang mir nicht, das Unfassbare zu denken. Ich hörte mich immer nur stammeln. ›Hermann, Schatz, was ist los?‹ Wie in Trance bin ich zur Tür gegangen und habe in den Hausflur gebrüllt. Was ich geschrien habe, weiß ich nicht mehr … plötzlich waren ganz viele Menschen da und auch irgendwann die Sanitäter und der Notarzt. Sie schickten mich raus und nach einer Weile kam der Notarzt und sagte mir, dass ich jetzt stark sein müsse, mein Mann sei tot. Ich habe den immer nur angeschaut und überhaupt nicht verstanden, was er meinte« (Anja M., 68 Jahre, ihr Mann Hermann, 71 Jahre alt, verstarb zu Hause an einem akuten Herzinfarkt).

»Das Wort, ›unfassbar‹, hatte ich oft in Todesanzeigen gelesen und nur an der Oberfläche verstanden. Selbst als Journalistin, zu deren Handwerkszeug Wörter gehören und die sehr bedacht mit Worten umgeht, hatte ich nicht vermocht, diesem Wort ganz auf den Grund zu dringen, einfach weil ich die Tiefen nicht gekannt hatte, die dieses Wort beschreibt. Jetzt plötzlich erfuhr ich die Bedeutung von ›unfassbar‹ wirklich. Im Kopf wusste ich ganz genau, dass mein Vater gestorben ist. Auch meine Seele, mein Wesen versuchte dieses Neue, nie Dagewesene zu fassen, zu begreifen, aber meine Hände fassten ins Leere. Es war unfassbar« (Franziska F., https://familienzeit. evangelisches-gemeindeblatt.de/zeitraeume-themen-fuer-familien/zeit-fuer-mich/detailansicht/ das-leben-ist-im-tod-unfassbar-1190/).

Übung: Den Fragen einen Rahmen, eine Fassung geben

ZEIT   Ca. 10 Minuten für das Sammeln der Begriffe plus variable Zeit für den Austausch

VORBEREITUNG   Flipchart-Bögen und verschiedenfarbige Filzstifte, ein leerer Bilderrahmen (größer als DIN A4).

ZIEL   Das Unfassbare in Worte kleiden, ihm Gestalt geben, damit ein Boden für die Auseinandersetzung und Annahme der »Jetzt-Situation« geschaffen werden kann. Die Trauernde dabei unterstützen zu verstehen, dass das Ganze nicht auf einmal in den Blick genommen werden kann.

DURCHFÜHRUNG   Die Trauernde bekommt Zeit und Raum, alles, was ihr unfassbar erscheint, auf das vorbereitete Flipchart-Papier zu schreiben. Sie soll ermutigt werden, sich den Raum des ganzen Bogens zu nehmen.
Wenn der Schreibfluss versiegt, wird sie eingeladen, einen Schritt zurückzugehen und alle Begrifflichkeiten laut vorzulesen.
Dann bekommt die Trauernde den leeren Rahmen und soll diesen auszugsweise über einen Abschnitt des Bogens legen.

Sie wird nun gebeten, die Begrifflichkeiten, die sich im Rahmen befinden, vorzulesen.

Die Trauerbegleiterin stellt nun zu den Begrifflichkeiten Fragen oder sie gibt erläuternde Worte zu dem, was sie wahrnimmt.

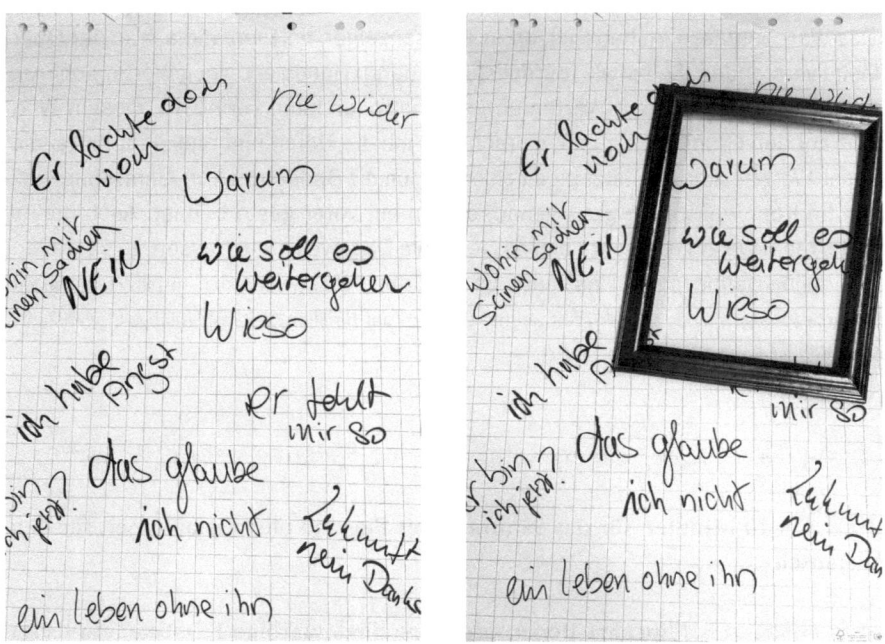

Beispiel: »Mir fällt auf, dass es in diesem Ausschnitt drei Fragen gibt. ›Warum? Wie soll es weitergehen? Wieso?‹ Was fällt Ihnen auf bei der Anordnung der Fragen? Wie wäre es, wenn Sie diese in eine andere Reihenfolge setzen? Was könnten für Sie mögliche Antworten sein?«

▷ Beachte: Die Rahmung kann immer wieder neu gewählt werden. Es kann jedoch auch beim ersten Schritt bleiben.

Untröstbarkeit

Einführung

Einen nahestehenden Menschen an den Tod zu verlieren löst in vielen Fällen zunächst Widerstand und Nichtverstehen aus. Da ist das große Nichtbegreifen, das den Verstand lähmt. Da ist die große Fassungslosigkeit, die die Gefühle außer Rand und Band bringt. Da ist das Nicht-einverstanden-Sein mit dem Widerfahrnis, das ja in den seltensten Fällen erwünscht und ersehnt wird. Da sind der Zweifel, das Klagen, das Sich-schuldig-Fühlen, das Vermissen, die Vergessensangst, die Orientierungslosigkeit in einer unbekannten Gegenwart, die Zukunftsnot, die Sinnlosigkeit, der Nie-wieder-Schmerz, der Hoffnungsverlust. Da ist die entsetzliche, immerwährende Leere. Es ist so viel, was fehlt und schmerzhaft vermisst wird, dass die einzige sinnvolle Antwort darauf Untröstbarkeit oder Trostlosigkeit zu sein scheint. Trauernde Menschen haben ein »Recht auf Untröstbarkeit«. Sie befinden sich in einem existenziellen Ausnahmezustand. Dieser wird ihnen von ihrem Umfeld auch durchaus zugebilligt, doch nach einer (un-)bestimmten Zeit erleben Trauernde immer wieder, dass ihnen – zumindest im öffentlichen Raum – »Regeln« auferlegt werden. Das soziale Umfeld erhofft, erwünscht, erwartet eine Rückkehr in die Normalität des Alltags. Doch wie soll das gehen? Normalität ist an den Klippen des Todes zerschellt. Es gibt sie für die Zurückbleibenden nicht mehr. Natürlich sind da Spuren des alten Lebens. Doch der, der den Tod miterlitten und miterfahren hat, der, der zurückbleiben musste, ist nicht mehr der Alte. Aufforderungen, die häufig im Gewand der Tröstungen ausgesendet werden, wie »du musst …«, »du sollst …«, »mach doch einfach mal …«, »versuch doch wieder«, »du hast doch noch …«, »kannst du nicht …?«, erweisen sich vielfach als weitere Verletzungen und selten als Hilfen und Unterstützung. Indem sie auf die Zukunft ausgerichtet sind, versuchen sie die Anerkenntnis des unwiderruflichen Verlustes zu verweigern. Bei Zwierlein heißt es: »Die Zeit der Vertröstungen hat begonnen. […] Die Trauer soll beschleunigt und forciert werden.«[26] Vertröstungsversuche nehmen die Trauer nicht ernst, sondern verharmlosen sie, versuchen die bittere Wirklichkeit, die diesen Menschen getroffen hat, zu vernebeln und entmündigen dadurch die Trauernde. Natürlich brauchen

---

26 Eduard Zwierlein: Denken kann trösten. Trauer verständnisvoll begleiten. Göttingen: Vandenhoeck & Ruprecht, 2014, S. 19.

trauernde Menschen Trost. Doch besteht dieser zunächst in der paradox erscheinenden These, die Untröstbarkeit anzunehmen, sie zu bejahen und ihr Sein zu würdigen. Es gilt zu verstehen, dass die Trauernde in den Abgrund des Nichts gestürzt ist und ihre Untröstbarkeit ein Ausdruck der Unersetzbarkeit des Verstorbenen und damit der gemeinsam gelebten Liebe ist.

Impulszitate

»Man wird ungetröstet bleiben, nie einen Ersatz finden [...] und eigentlich ist es recht so. Es ist die einzige Art, die Liebe fortzusetzen, die man ja nicht aufgeben will« (Sigmund Freud, 1929, neun Jahre nach dem Tod seiner Tochter Sophie. In: S. Freud/L. Binswanger, Briefwechsel 1908–1938. Hrsg. von G. Fichtner. Frankfurt a. M.: S. Fischer, 1992, S. 222).

»Den tiefsten Trost aus jener Zeit will ich nennen, es waren Freunde und Freundinnen, die mich oft besuchten und die den Schmerz ehrten. Sie haben keine tröstenden Worte gefunden, sie waren da und haben sich von meinem Unglück nicht vertreiben lassen [...]. Der Trost der Freunde war ihre Anwesenheit, keine klugen Worte und kein Versuch, mich aus meinem Abgrund zu retten [...]. Einen Menschen trösten, heißt ihn bedürftig sein zu lassen« (Fulbert Steffensky, Trost – das Mütterlichste aller Wörter. In T. R. Peters, C. Urban [Hrsg.], Über den Trost. Für Johann Baptist Metz. Ostfildern: Matthias-Grünewald-Verlag, 2008, S. 52–56).

»Ja, ich suhlte mich in meinem Schmerz. Jeder, der mir das nehmen wollte, bekam meine ungebremste Wut zu spüren. Sie sollten mich einfach lassen. Das Einzige, was mir noch blieb, war es, untröstlich zu sein über seinen Tod. Heute ist das anders. Doch die ersten Wochen war es das Einzige, was mich aufrechterhielt. So verrückt das auch klingen mag« (Verena H., 54 Jahre, 17 Monate nach dem Tod ihres Mannes, der an einem plötzlichen Herztod verstarb).

Übung: »Ich bin untröstlich, weil«

ZEIT 45 Minuten

VORBEREITUNG Ein DIN-A3-Blatt, Stifte, das Impulszitat von Fulbert Steffensky als Papierausdruck (▶ Download-Materialien).

ZIEL Diese Übung dient dazu, dem Trauernden eine Erlaubnis zu geben, untröstbar zu sein. Sich nicht verkehrt zu fühlen, weil sie den Schmerz fühlen wollen.

DURCHFÜHRUNG Die Trauernde wird eingeladen, auf die Mitte eines DIN-A3-Blatts den Satz zu schreiben: »Ich habe ein Recht auf meine Untröstbarkeit, weil …«

Dann wird sie darum gebeten, sich Begründungen oder Erlaubnisse für ihre Untröstbarkeit zu geben und diese unzensiert auf das Blatt zu schreiben. Wenn der Schreibfluss versiegt, liest die Trauerbegleiterin der Trauernden die geschriebenen Begründungen vor mit den Worten: »Sie haben ein Recht auf Ihre Untröstbarkeit, weil …«. Zum Abschluss wird das Zitat von Fulbert Steffensky vorgelesen.

▶ Beachte: Es geht nicht darum, die Trauernde in ihrer Untröstbarkeit zu fixieren, sondern ihre Untröstbarkeit als Ausdruck ihrer Liebe anzuerkennen.

Verdrängung

Einführung

In der Trauer sucht das menschliche Gemüt einen Weg, die Bewusstwerdung des Verlustes zu verwirklichen. Die Endgültigkeit des Verlustes ist nicht von Anfang an verstehbar oder annehmbar, sie muss erst zur Wirklichkeit werden. Dieser Weg ist keineswegs geradlinig, sondern verwinkelt, unterbrochen, mit seitlich abgehenden Sackgassen versehen und von zahlreichen Umleitungen durchsetzt. Die seelische Anpassung an die Verlustwirklichkeit, an den Schmerz und die Empfindung der Leere, geschieht nur äußerst zögernd und in einem Rhythmus von Hinschauen und Wegschauen. Der erste Aufprall der Begegnung mit dem Tod eines geliebten Menschen ist derart überwältigend, dass innerpsychisch eine Art von natürlichem Ausklinken der Wahrnehmung, ein Abkoppeln, eine Art Stilllegung erfolgen muss. Hinterbliebene oder Menschen, denen man eine schlimme Nachricht überbringt, funktionieren manchmal wie Opfer nach einem Autounfall: Nach dem Zusammenstoß steht der Verletzte auf, geht weg und sagt: »Wer, ich? Verletzt? Es geht mir gut.« Aber nach einiger Zeit holt der Schmerz ihn ein.

Seit Sigmund Freud sind die Begriffe »Verleugnung« und »Verdrängung« negativ belegt. Er beschreibt es als Verweisung einer peinlichen, schmerzlichen, sich selbst nicht eingestehen wollenden Vorstellung aus dem Bewusstsein ins Unbewusste. Freud sieht als einzige Möglichkeit, eine Störung abzuwenden oder aufzulösen, die – wenn nötig sogar erzwungene – Rückholung des Themas in das Bewusstsein. So richtig das als Ziel der Akzeptanz des Unausweichlichen sein mag, so wichtig ist es aber auch, diese Rückholung dem jeweils ureigenen Tempo zu überlassen und nicht zu überstürzen oder zu erzwingen.

In der Trauerbegleitung erleben wir den Prozess des Nicht-wahrhaben-Wollens als eine Abwehr, die den trauernden Menschen davor schützt, bestimmte Affekte oder Impulse innerhalb des Bewusstseins anzusiedeln. Häufig ist es der grundsätzlich heilsame Versuch, das Nichtaushaltbare vorläufig aushaltbar zu machen. Ebenso wie mancher Sterbende angesichts seines unausweichlich auf ihn zukommenden Endes dieses von Zeit zu Zeit gedanklich und gefühlsmäßig ausblenden muss, um sich ihm dann wieder – seelisch erholt – zu stellen, reden sich Hinterbliebene – vorübergehend durchaus erfolgreich und sinnvoll – ein, dies alles sei nur ein schlimmer Traum oder ein böses Missverständnis. Dieser Akt, eine Art künstlich herbeigeführte Ohnmacht der Seele, ist ein großer Kunstgriff menschlicher Möglichkeiten, der ob seiner schöpferischen Kraft eher Bewunderung verdient als einen Verweis.

Die menschliche Seele ist in der Lage, auch die unvorstellbar schlimmsten Erfahrungen auszuhalten, nur nicht alle auf einmal. Sie teilt sich das große Leid sozusagen in Bewältigungshappen auf, indem sie zwischenzeitlich die Wirklichkeit ausschaltet und das Bewusstsein erst kurz darauf wieder auf einen kleinen Teil, einen Ausschnitt des Leids, richtet.

Trauernde und Begleiter sollten darauf achten, dieses Vorgehen nicht zu verwerfen und nicht auf einem Aufdecken zu beharren, sondern es wertzuschätzen als Selbstregulierungsprozess, der Kraft und Mut zeitigt. Die vorübergehende Verleugnung in der Gegenwart kann den Antrieb verursachen, in die Zukunft einzutreten. Natürlich birgt dieser Prozess, so er sich nicht im Rhythmus von Verweigern und Wieder-darauf-Zugehen abspielt, auch die Gefahr, die Energie von der Gegenwart und Realität abzuziehen und den trauernden Menschen in eine Scheinwelt flüchten zu lassen. Die wichtigste Aufgabe des nun in seine Trauer eintretenden Menschen ist es, langsam das Schreckliche zu begreifen und als wirklich geschehen anzusehen.

Eine liebevolle Umwelt, die für das Verleugnungsverhalten Verständnis zeigt und den Realisierungsprozess nicht sofort einfordert, die Veröffentlichung der Trauer durch eine Zeitungsanzeige, gegebenenfalls auch durch die Kleidung, die Grabgestaltung und nicht zuletzt die Rituale werden dem Trauernden bei dieser Aufgabe helfen.

Die Erfahrung zeigt, dass die Verleugnung ihre heilende Wirkung vollziehen kann, je weniger sie als Fehlhaltung bekämpft und je weniger ihr widersprochen wird. Eine erschwerte Trauer wird eventuell nur dann ausgelöst, wenn die Trauernde in ihrem Prozess hängen bleibt.

Impulszitate

»Indes Schmerz und Unglück zwingen mich, diese Rede zu schließen. Wie lange noch soll ich mich verstellen; wie lange halte ich in mir das Feuer nieder, das mir doch die wehe Brust versengt [...] Eingeschlossen kriecht der Brand weiter, wütet er stärker [...] Bisher tat ich meinen Gefühlen Gewalt an und konnte mich bis jetzt beherrschen [...] Ich aber – rang mit dem ganzen Aufgebot meines Glaubens gegen meine Gefühle [...] Den Tränen konnte ich gebieten, der Traurigkeit nicht [...] Doch der unterdrückte Schmerz trieb seine Wurzeln umso tiefer in meine Seele [...] Es muss hinaus, was ich innen leide« (Die Schriften des honigfließenden Lehrers Bernhard von Clairvaux, Sämtliche Werke. Übers. von A. Wolters, hrsg. von der Abtei Mehrerau durch Dr. P. Eberhard Friedrich. Wittlich: Georg Fischer Verlag, 1934, Predigten 5, S. 210).

»Eigentlich komme ich ja ganz gut zurecht. Aber die in meiner Gruppe sagen: ›Du verdrängst.‹ Was kann ich denn tun?« (Wigbert D., sieben Wochen nach dem Tod der Zwillingsschwester und während des dritten Treffens der geleiteten Trauergruppe).

Übung: Der Eisberg

ZEIT 50 Minuten

VORBEREITUNG Skizze eines Eisbergs vorbereiten, ein Drittel über Wasser, zwei Drittel unter Wasser. Im unteren Teil werden verschieden große leere Kästchen zum späteren Ausfüllen eingezeichnet (▶ Download-Materialien).

ZIEL Die Trauernde versteht, dass Verdrängungen ihren Sinn und ihre Notwendigkeit haben. Ohne diese oder andere Abwehrmöglichkeiten wäre sie der Trauer schutzlos ausgeliefert. Gleichzeitig ist ihr deutlich, dass die ins Unterbewusste gedrängten Gefühlsanteile nicht fort sind, sondern ein mitunter großes Gefahrenpotenzial haben. Sie ist ermutigt, die rechte Zeit im Blick zu halten, wann die Verdrängung langsam gelöst werden könnte.

DURCHFÜHRUNG Die Trauerbegleiterin zeigt das auf DIN A3 oder DIN A2 vergrößerte Eisbergbild.

Sie fragt die Trauernde, was sie über Eisberge wisse oder zu wissen glaube (zum Beispiel das Kalben der Gletscher, das Unglück der Titanic etc.). Dann erkundigt sie sich, ob es einen Bezug zur Trauer geben könne. Die nächste Frage betrifft die Spitze des Eisbergs. »Wenn Ihre Trauer Bezüge oder Ähnlichkeiten mit einem Eisberg aufweisen würde, was wäre dann die Spitze Ihres Trauereisberges?« Und etwas später: »Glauben Sie, bei Ihrem gäbe es auch einen Teil, der unter der Wasseroberfläche liegt? Wie groß wäre dieser Teil auf den ganzen Berg gesehen?«

Bei Bestätigung dieser Frage werden in einem weiteren Schritt die verschiedenen Kästchen angesprochen und nachgefragt, ob die Trauernde eines von ihnen oder einige benennen könnte (Wut, Enttäuschung, Verletztheit ...). Die Trauernde kann gefragt werden, welche Botschaften diese so schwierig empfundenen Anteile haben könnten – falls das aussprechbar wäre. Wenn diese Anteile nicht aussprechbar sind, kann die Trauernde sie auf kleine Zettel schreiben, die sie zusammenfaltet und verklebt und auf das Bild des unteren Anteils des Eisberges legt. Die Begleitende kann anbieten, diese verschlossenen Anteile für die Trauernde aufzubewahren. Zur gegebenen Zeit kann die Trauernde bestimmen, ob sie sich einen der Anteile anschauen möchte.

Die Begleiterin äußert ihr Verständnis, dass manche Anteile im Moment besser unter der Oberfläche bleiben müssen.

▸ Beachte: Es geht keinesfalls darum, die Verdrängung aufzulösen oder aufzubrechen, sie mit Macht ins Bewusstsein zu zwingen. Es geht um Würdigung und mögliche Eröffnung der Zuwendung zu diesen Anteilen der Verdrängung.

Verliebt

Einführung

Wenn der Partner oder die Partnerin stirbt, ist es für den zurückbleibenden Menschen, als sei sein Herz in zwei Hälften gerissen. Gedanken daran, dass es jemals wieder jemand anderen im eigenen Leben geben würde, sind gerade in der ersten Zeit nach dem Tod gar nicht vorhanden, und wenn sich die Gedanken dann dennoch ins Bewusstsein drängen, dann erscheinen sie abwegig, verwerflich, rufen Schuldgefühle hervor, machen ein schlechtes Gewissen und können sogar als Verrat am Verstorbenen empfunden werden. Das Gedankenkarussell dreht sich: »Was bin ich für eine? Mein Mann ist tot, und ich stelle mir schon einen anderen vor?«, »Wie kann ich es wagen, so etwas auch nur zu denken?«, »Was sollen bloß meine Kinder von mir halten, wenn ich mich wieder auf jemanden einlasse?«, »Das ist nicht in Ordnung. Ich will ihn doch nicht betrügen.«

Und doch. Je nachdem, auf welchem Abschnitt des Trauerweges die Hierbleibende steht, je nachdem, wie weit sie ihre eigene Ich-Identität wiedergefunden hat, je nachdem, ob und wie sie ihrem Leben und Alltag wieder eine bewusste Gestaltung gegeben hat, kann es sein, dass sich Gefühle, Empfindungen und Eindrücke ins Leben und Erleben der Trauernden drängen, die sich langsam zu Gedanken an einen neuen Menschen an ihrer Seite formen. Wann das sein wird, dafür gibt es keine Regel. Es können wenige Tage, Wochen oder Monate sein oder es können Jahre vergehen, bis dieses Gefühl das Herz wieder erreicht oder diesem entspringt. Der Wunsch nach einem neuen Partner kann sich langsam und schleichend bemerkbar machen. Da ist die Sehnsucht, nicht mehr allein zu sein. Der Alltag möchte wieder mit jemandem geteilt werden. Der Körper sehnt sich nach Berührung und Kontakt. Der sich dem Leben und einer Beziehung neu öffnende Mensch möchte wieder begehrt und berührt werden. Das Herz möchte wieder fühlen und fühlen lassen. Da ist der Wunsch nach Unbeschwertheit, nach Resonanz und Zukunft. In dieser Situation beginnen Menschen zu überlegen, wo sie eventuell einen neuen Partner kennenlernen können. Es werden Dating-Portale angeschaut oder es wird im realen Leben Ausschau nach einem Mann gehalten.

Hier in der Begleitung aufmerksam die Signale wahrzunehmen und behutsam darauf zu reagieren, kann die Trauernde stärken und ermutigen. Signalsätze können beispielsweise sein: »Wenn ich daran denke, dass ich die nächsten dreißig Jahre allein sein muss, wird mir ganz anders.«, »Das Alleinsein ist so schwer. Manchmal wünschte ich mir, dass es aufhört.«, »Wenn ich andere Paare sehe, überkommt mich der Wunsch, auch wieder Hand in Hand zu gehen.« Die Reaktion auf den ersten Satz könnte sein: »Sie stellen sich vor, die nächsten dreißig Jahre allein zu sein. Wie wäre es, wenn Sie den Satz einmal umformulieren: Wenn ich daran denke, dass ich die nächsten dreißig Jahre wieder jemanden an meiner Seite habe, wird mir ... Vielleicht mögen Sie den Satz mal sprechen und vollenden. Es geht darum, dass Sie sich zunächst einmal Gedankenexperimente erlauben, gemäß dem Liedtext ›Die Gedanken sind frei‹ ...«

Es kann jedoch auch sein, dass die Begegnung mit einem Mann plötzlich und unerwartet den Wunsch hervorruft, ihn zu berühren. Manchmal ist es ein Mann, der schon lange im Leben ist und blitzartig mit anderen Augen gesehen wird. Manchmal ist es ein unbekannter Mann, der begegnet. Auf einmal eröffnen sich neue Gedanken: »Wie wird es sein, ihn zu berühren, ihn zu küssen? Kann ich das überhaupt (noch)? Ich will ihn wiedersehen. Kann ich ihm sagen, was ich empfinde? Es ist so schön, mich wieder zu spüren. Wird er mich attraktiv finden? Wie wird sich seine Haut auf meiner Haut anfühlen?« Und dann geschieht es. Die Anziehungskraft ist beidseitig. Trauernde berichten oft zunächst von der Zwiespältigkeit ihrer Gefühle. Die Schuldempfindungen, das schlechte Gewissen, die eigenen Bewertungsmuster und Ängste lassen sich nicht einfach abschütteln. Hier Raum und Möglichkeit zu schaffen, dass die eigene Lebendigkeit in all ihren Facetten Platz haben darf, dass Verliebtsein oder die neu erblühte Liebe zu jemand anderem kein Treuebruch am Verstorbenen darstellt, ist von großer Bedeutsamkeit.

Trauernde[27], die das Gefühl des Verliebtseins wieder empfinden können, öffnen sich auf neue Weise für das Leben. Farben werden wieder wahrgenommen, der Frühling wird begrüßt, die ganze Welt erscheint in einem anderen Licht, und die eigene Lebendigkeit kann als Kraftquelle empfunden werden.

---

27 Die Trauernde steht hier an der Schwelle zu einem »Neu-Leben«. Wir haben uns dennoch entschieden von der Trauernden zu sprechen, da sie sich zu diesem Zeitpunkt auch noch in der Trauerbegleitung befindet.

Impulszitate

»Woher sind wir geboren?
Aus Lieb.
Wie wären wir verloren?
Ohn Lieb.
Was hilft uns überwinden?
Die Lieb.
Kann man auch Liebe finden?
Durch Lieb.
Was läßt nicht lange weinen?
Die Lieb.
Was soll uns stets vereinen?
Die Lieb.« (Johann Wolfgang von Goethe an Charlotte von Stein)

»Der Freund meines Mannes hat mir viel geholfen in dieser schweren Zeit. Er war immer für mich da. Ich habe ihn letzte Woche zum Essen eingeladen und was Schönes gekocht. Es gab Lasagne, Salat und ein Dessert, wir tranken Wein und haben uns während der ganzen Zeit angeregt unterhalten. Die Stimmung war so schön und vertraut. Am Ende des Abends, als wir uns verabschiedeten, umarmte er mich, schaute mich an und sagte ganz leise: ›Du bist eine tolle Frau.‹ Dann ging er. Ich blieb zurück mit Herzklopfen und spürte, dass auch ich ihn toll und auch anziehend finde. Puh … und jetzt?« (Sabrina P., 57 Jahre, dreizehn Monate nach dem Tod ihres Ehemanns).

Übung: »Meine zwei Liebes-Räume«

ZEIT 60–90 Minuten

VORBEREITUNG Stäbe oder Schnüre, die lang genug sind, zwei begehbare Räume von mindestens einem Quadratmeter zu schaffen. Eine Zitatkarte mit folgendem Text (▶Download-Materialien): »Der, der mich geliebt hat und den ich geliebt habe, ist doch der, der mir immer das Beste wünschen würde. Wenn nun eine neue Liebe das Beste für mich sein könnte? …« (© Eduard Zwierlein).

ZIEL Die Trauernde erfahren lassen, dass es kein Entweder-oder in der Liebe gibt, sondern ein Und-und möglich und erlaubt ist. Beide Lieben dürfen nebeneinander existieren und haben ihren eigenen Raum.

DURCHFÜHRUNG Auf den Fußboden werden mit Stäben oder Schnüren zwei gleich große quadratische Räume gelegt. Der eine ist der Raum der Liebe zum Verstorbenen. Die Trauernde wird eingeladen, diesen Raum zu betreten und ihn gedanklich einzurichten. Beispielhaft können ein Bild des Verstorbenen und Bilder aus der gemeinsamen Zeit aufgestellt werden. Es können Blumen davor dekoriert sein, ein Sessel zum Verweilen kann hineingestellt werden oder anderes, so wie es der Hinterbliebenen einfällt.

Wenn der Raum eingerichtet ist, wird die Trauernde eingeladen, einmal nachzuspüren und ihre Gefühle zu diesem Raum zu benennen. Die Trauerbegleiterin hört sich diese kommentarlos an und merkt abschließend an, dass dieser Raum immer da sein wird. Es ist ein Liebes-Erinnerungsraum, der jederzeit offen für die Begegnung mit dem Verstorbenen ist.

Nun wird die Trauernde eingeladen, den Liebes-Erinnerungsraum zu verlassen und einen visualisierten Flur zu betreten. Nach drei tiefen Atemzügen betritt sie jetzt den Raum des Verliebtseins. Auch dieser wird gedanklich gestaltet: vielleicht Bett, Ofen, Teppich, Musik, Tulpenstrauß – je nach Ideen und Einfällen der Trauernden.

Erfahrungsgemäß braucht es ein paar kleine Impulse seitens der Trauerbegleiterin: »Ich sehe anregende Farben und höre liebevolle Stimmen.« Fast immer entstehen nun innere Bilder, Geräusche und Gerüche bei der Trauernden, und sie beginnt, den Verliebtheits-Raum einzurichten. Auch hier werden nach dem imaginären Einrichtungsprozess die Gefühle der Trauernden erfragt. Die Trauerbegleiterin gibt der Trauernden wieder, was sie an Bewegung und Mimik wahrgenommen hat.

Dann bittet sie die Trauernde, auch diesen Raum zu verlassen. Sie macht darauf aufmerksam, dass die Trauernde den Schlüssel zu beiden Räumen besitzt. Beide Räume haben keinen gemeinsamen Zugang miteinander, sondern ihre jeweiligen Türen sind zu einem visualisierten Flur gelegen.

Die Übung wird beendet mit einem Gedankenexperiment, das durch die Begleiterin in Form eines Textes gesprochen wird: »Der, der mich geliebt hat und den ich geliebt habe, ist doch der, der mir immer das Beste wünschen würde. Wenn nun ein neue Liebe das Beste für mich sein könnte? …« Dieser Satz wird der Trauernden mitgegeben.

▶ Beachte: Es kann sein, dass es ein mehrmaliges Hin und Her zwischen den Räumen gibt. Dann gilt es, hierfür ausreichend Zeit einzurichten. Die Trauernde hat jederzeit das Recht zu spüren, dass es noch nicht der richtige Zeitpunkt ist, den neuen Raum zu betreten.

Verschiedensichtlichkeit und Ungleichzeitigkeit
1. Aspekt des Themas

Einführung

Man sollte meinen, dass Menschen, die einen gemeinsamen Angehörigen verloren haben, sich gegenseitig besonders liebevolle und verlässliche Stütze in der Trauer geben können, weil sie einander näher rücken und sich ihre Erinnerungen und akut erlebten Trauergefühle mitteilen können. Das Gegenteil ist häufig der Fall. Über die vereinzelte Trauer, die nicht mitgeteilt und geteilt wird, entsteht eine Atmosphäre der Vereinsamung und des Sich-auseinander-Schweigens. Familienmitglieder rücken voneinander weg, der gemeinsam Verlorene wird nicht gemeinsam betrauert. Dem gleichen Verlust folgt offensichtlich nicht die gleiche Trauer. Die Lücke in der Mitte wird zum Familienabgrund, häufig verbunden mit Familienlügen und familiären Schweigeabkommen.

Familien zerbrechen manchmal nicht zuletzt an ihrer Trauer, weil sie sich auf kein einheitliches Bild des Verstorbenen einigen konnten, dies aber missverständlich als zu leistende Aufgabe sehen und fordern. Eine solche Übereinstimmung im Andenken des Verstorbenen ist aber sicher nur ein Wunschdenken und der Sehnsucht nach stärkendem Zusammenschluss zuzuordnen. Da aber das Verlusterleben aus der persönlichen Anlage und Beziehung zum verlorenen Menschen erwächst und sich die Trauer daraus speist, ergibt es sich von allein, dass auch nur ein sehr persönliches Bild von ihm betrauert werden kann und kein Kollektivbild.

Impulszitate

»Wenn meine Schwester von unserer toten Mutter spricht, meine ich manchmal, wir hatten nicht die gleiche. Ihre war sanftmütig und zugewandt, meine herrisch und egozentrisch« (eine 27-jährige Frau, die nach dem Tod der Mutter mit ihrer Schwester zerstritten war).

»[…] sosehr jeder seine Trauer erlebt als die ihm ganz eigene, als die einzige, die einmalige, gibt es doch eine Gleichheit im Leiden« (Liliane Giudice: Ohne meinen Mann. Aufzeichnungen einer Witwe. Stuttgart: Kreuz-Verlag, 1970, S. 119).

Übung: Meinen wir den Gleichen?

ZEIT 60 Minuten

VORBEREITUNG Ein großer, weicher (schon geschlagener) Tonbarren, Plastikunterlage, gegebenenfalls Spachtel, Modellierholz und ein Modellierwerkzeug aus Metall für Detailarbeiten, ein Drehteller.

ZIEL Die Trauernde lernt, dass verschiedene Sichtweisen auf den Verlorenen kein Versagen ist, sondern eine Einladung, den je eigenen Trauerweg zu gehen und gehen zu dürfen. In dieser Abgrenzung, dem Zulassen der »anderen Brille« und dem nicht das eigene Bild einfordernden Austausch darüber liegt das Wesen eines bergenden und schützenden Beistandes füreinander in Familie und Freundeskreis.

DURCHFÜHRUNG Die Begleiterin stellt den Tonbarren mit der Scheibe auf den Tisch vor die Trauernde und bittet sie, auf der einen ihr zugewandten Seite das Gesicht des verstorbenen Menschen, so gut es irgend geht, zu modellieren. Die anderen drei Seiten sind mit einem Tuch abgedeckt. Sie wird aufgefordert, über die persönlich erlebten Eigenschaften dieses Menschen zu erzählen und was genau sie durch sein Fortgehen vermisst.

Nach einer Weile wird dieses Gesicht mit dem Tuch verhüllt, und die Trauernde wechselt die Position und modelliert ein weiteres Gesicht dieses Menschen, wie es möglicherweise jemand anderes im Familien- oder Freundeskreis erlebt hat. Auch hierzu werden Eigenschaften dieser anderen Seite benannt. Dies kann bis zu drei Mal geschehen, an zwei oder jeder Seite des Tonklotzes befindet sich nun ein unterschiedliches Porträt. Nun zieht die Begleiterin das Tuch weg und bittet die Trauernde, das Tongebilde langsam zu drehen oder drum herum zu gehen und die verschiedenen Gesichter zu betrachten. Anschließend kommen beide ins Gespräch über ihre Empfindungen beim Tun und beim Anschauen.

Denkbar wäre auch, dass die Begleiterin die Trauernde auf zwei/drei/vier einzelnen Reliefprofilen (Tonplatten) die unterschiedlichen Züge modellieren lässt. Dann wird die Trauernde gebeten, diese zu einem Kopf zusammenzufügen – diesen Teil der Übung könnte auch die Begleitende machen –, und dann wie beschrieben das Umrunden oder Drehen des Gebildes zur Anschauung.

2. Aspekt des Themas

Einführung

Eine andere Schwierigkeit in der Trauer um denselben Menschen liegt in der Vorstellung, dass man zeitlich parallel trauern, sozusagen Schritt für Schritt gemeinsam auf dem Trauerweg voranschreiten könne. Das Erleben der Ungleichzeitigkeit von Verlustarbeit ist ein ebenso stark verunsicherndes Moment wie die geschlechts-, alters-, und rollenbedingten Trauerstile der jeweiligen Familienmitglieder oder der Freunde. Der eher passive, auf das Zulassen von Gefühlen bedachte und Unterstützung suchende Stil von Frauen und der eher auf aktive Problemlösung und auf Spannungsabbau hinarbeitende handlungsorientierte Trauerstil von Männern enthüllen ein erhebliches Konfliktpotenzial. Die Partner fühlen sich voneinander im Stich gelassen, ja sogar verraten. Sie ziehen sich zurück, was nur den Schmerz und die Vereinsamung erhöht in einer Situation, wo gerade gegenseitige Zuwendung und Unterstützung lebensnotwendig sind, wo sie in einem Zustand tiefster Verwundbarkeit und äußerster Hilflosigkeit aufeinander angewiesen sind.

Auf diesem Boden von entfremdendem Missverstehen und Argwohn und den ausgesprochenen oder nur gedachten Vorhaltungen, der andere trauere »falsch« oder gar nicht, haben Trauerbegleiterinnen und Trauerbegleiter die Aufgabe der Übersetzung. Ihre Funktion ist es so manches Mal, die verschiedenen Trauerstile und Traurabläufe in die Sprache und Welt des jeweils anderen zu übertragen.

Wenn es richtig ist, dass sich Trauer in Phasen und Wellen vollzieht, dann liegt es auf der Hand, dass diese Phasen bei mehreren trauernden Personen nicht parallel ablaufen können. Begleitung in einer Familie könnte zum Beispiel bedeuten, einer trauernden Tochter zu erklären: »Schauen Sie, wo Ihre Mutter jetzt im Trauerverlauf steht, da haben Sie sich vor einigen Monaten auch schon einmal aufgehalten, als Sie so voller Zorn darüber sprachen, dass Ihr Vater Sie im Stich gelassen hat. Sie sind nun an einer anderen Stelle, nicht unbedingt weiter, wo Sie versuchen, mit seiner Melodie in sich weiterzuleben. Vielleicht treffen Sie Ihre Mutter einmal an diesem Ort, aber nur vielleicht. Reisende in einem Trauerprozess verpassen einander leicht.« Eine solche Hilfestellung kann viel von dem Gram nehmen, man traure eigentlich ganz allein.

Trauer zu dolmetschen heißt, einer Mutter zu verdeutlichen, dass es eine Strategie, nicht eine bessere oder schlechtere, der jüngsten Tochter ist, nach dem Verlust des Vaters fast allabendlich auszugehen und in den wenigen Zeiten zu Hause laut stampfende Musik zu hören. Zu erklären, dass man auch in einer Disko den Vater im Herzen haben kann und dass sich gerade bei dieser Hardrock-Musik für eine 15-Jährige wunderbar und innig weinen lässt. Und die Tochter damit in Kontakt zu bringen, dass es Mutters Methode ist, eine Kerze anzuzünden und stundenlang regungslos in den dunklen Garten zu schauen, so dass die Tochter sich ausgeschlossen fühlt und nicht wagt, sie anzusprechen. Und dass keins von beiden besser oder schlechter wäre, nur die jeweilige Möglichkeit für den jeweils anderen ist.

Übung: Verbeugung vor anderen Strategien

ZEIT 40 Minuten

VORBEREITUNG Verschiedenfarbige Moderationskarten.

ZIEL Die Übung kann dazu verhelfen, sich miteinander in einer gemeinschaftlichen, aber nicht einheitlichen Trauer zu begreifen und den beginnenden Graben zwischen Angehörigen und Freunden wieder aufzuschütten. Gegebenenfalls kann die Trauernde jetzt oder später einmal selbst die Rolle der Dolmetscherin übernehmen.

DURCHFÜHRUNG Die Trauernde erklärt die verschiedenen Umgangsweisen der Mittrauernden, die sie im Umfeld mit ihrem Verlust erlebt. Sie findet Begriffe für diese Strategien und schreibt sie je einzeln auf ein Kärtchen (zum Beispiel Rationalisieren, Beschwichtigen, Vertuschen …). Sie benennt auch ihr Unverstehen einiger dieser Umgangsweisen oder sogar Kränkungen, die sie dadurch erlebt. Dann werden die Kärtchen kreisförmig auf den Boden gelegt. Sie wird gebeten, sich zu einzelnen Karten zu stellen und in der Ich-Form, also in einem Rollentausch, eine Aussage darüber zu formulieren, warum ihr gerade als eine diese Strategie wählende Person (nur) dieser Umgang möglich oder hilfreich ist.

Am Ende kann die Begleiterin vorschlagen, ob es ihr möglich ist, sich gemeinsam mit ihr vor diesen Kärtchen zu verneigen als Zeichen des Respekts vor der notwendigen und sogar einander fördernden Ungleichzeitigkeit der Ausdrucksformen von Trauer.

▷ Beachte: Es ist nicht das Ziel, dass es unbedingt zu der Verneigung kommt. Im Einfühlen in andere, fremde Strategien kann schon ein erweitertes Verständnis erwachsen sein.

Versteinerung

Einführung

Verluste – vor allem durch Tod – können einen Menschen so überfordern, dass er sich emotional gänzlich zuschließt. Das ist meist kein gewollt herbeigeführtes Geschehen, sondern ein spontan eintretender Schutzreflex der Seele: »Wenn ich die Gefühle zuließe, die dieser Verlust für mich bedeutet, könnte ich mich nicht mehr im Leben halten.« Die Versteinerung ist Ausdruck dieser gefühlsmäßigen Überforderung, die Folgen des erlittenen Verlustes als Aufgabe der Lebensbewältigung anzunehmen. Versteinerung als Schockreaktion beim Eintritt des Verlustes trifft sehr viele. Das ist der spontan eintretende Schutz, der es der Seele möglich macht, sich nach und nach der Wirklichkeit des Verlustes anzunähern.

Das Leben wird zunehmend beeinträchtigt, wenn die Versteinerung andauert, länger als ein viertel oder halbes Jahr währt. Dann besteht die Gefahr, dass die Kraft zum eigenen Leben mehr und mehr aufgezehrt wird. Die Trauer, die sich als Patin in der Hin- und Annahme des erlittenen Verlustes versteht, hat keine Bewegung. Damit versteinert mehr und mehr die Vitalität.

Es gelingt nicht immer, eine Versteinerung lockern zu helfen. Es kommt vor, dass selbst das Gespür für die Macht der Versteinerung nicht mehr fühlbar wird. Manche Versteinerung bleibt auch zeitlebens und ist so gewollt. Sozial hat das Konsequenzen, die aber von der Trauernden dann auch in Kauf genommen werden und die Isolation der Versteinerung verfestigen.

Es liegt nicht im Ermessen der Begleitenden, eine Versteinerung im Trauerleben aufzubrechen. Da, wo Versteinerung als Lebenshinderer wahrgenommen wird, kann die Begleitung versuchen, diese Enge mehr und mehr weiten zu lernen.

Impulszitat

»Ich fühle gar nichts. Ich stehe am Grab und fühle nichts. Ich schau die Blumen auf dem Grab an – ich sehe keine Farbe. Ich bewege mich, wie wenn ich nicht in mir bin. Nicht ich, sondern es bewegt sich mit mir« (eine Witwe nach über einem Jahr des Verlustes).

Übung: Versteinerung als Schutz und Verhinderer – annähernde Bewegung als Öffnung zu mehr Lebendigkeit

ZEIT   mehrere Sequenzen zwischen 30 und 45 Minuten

VORBEREITUNG   Raum, der Bewegung (Umhergehen) zulässt. Eventuell ein Spiegel, in dem sich die Trauernde anschauen kann.

ZIEL   Die Trauernde erkennt, wozu ihr die Versteinerung nützlich ist und war, und würdigt sie als eine begrenzte Notwendigkeit, um mit dem Verlust halbwegs zurechtzukommen. Die Trauernde erfährt die Ermutigung und innere Erlaubnis, die Starre in Bewegung angestoßen zu sehen.

DURCHFÜHRUNG   Die Begleiterin ermutigt die Trauernde, für ihren inneren Seelenzustand eine Körperhaltung anzunehmen. Die Trauernde verharrt eine kurze Zeit in dieser Haltung. Dann befragt die Begleiterin einzelne Körperteile, die zur Bewegung nötig sind: Kopf, Hals, Arm, Hände, Rücken, Beine, Füße. Die Trauernde spricht aus, was die einzelnen Körperteile (alle oder exemplarische) zu ihr sagen: »Ich, Fuß, sage dir, N. N.: …«

Die Begleiterin wiederholt diese Aussagen und fragt die Trauernde als den jeweiligen Körperteil dann: »Willst du mich so? Warum?« Die Trauernde hat Möglichkeiten, hier das zu benennen, was sie mit ihrer Starre geschützt sehen will. Zum Beispiel: »Füße, ich will euch so unbeweglich. Ich trau mich nicht mehr ins Leben.« Oder: »Kopf, ich brauche dich so starr nach vorne sehend, sonst habe ich keinen Halt mehr.«

Die Begleiterin bewahrt diese Anteile der Schutzfunktion der Versteinerung und wiederholt sie in Schwerpunkten am Ende der Kommunikation mit den Körperteilen.

Eine Variante kann sein, dass die Trauernde (so das für sie überhaupt ginge!) sich nach der Übung vor einen Spiegel stellt und der Begleiterin zuhört, die die Botschaften der einzelnen Körperteile wiederholt.

Im Gespräch können Trauernde und Begleitende diese Schutzfunktion würdigen und mit der Frage enden, ob dieser Schutz in der Erstarrung so noch nötig ist und ob kleine Möglichkeiten des Versuchs von Bewegung vorstellbar sind.

In einer späteren Begegnung kann dieses Thema weiter bedacht sein. Die Trauernde kann die im ersten Übungsteil angesprochenen Körperteile bewusst in Bewegung setzen – erst in kleinen Bewegungen, dann vielleicht in sich ausweitendem Bewegungsradius. Beispiel: Erst einen Fuß eher schleifend ein wenig nach vorne ziehen, dann ihn leicht anheben und wieder absetzen, dann ihn ein wenig weiter nach vorne bewegen – und abwarten, ob die Bewegung eine eigene Dynamik aufgreift.

Die Begleiterin fragt nach der Bewegungsübung, wie sich das für die Trauernde anfühlt, ob es angemessen oder zu früh gewesen sei; ob sich emotional etwas ereignete.

Fortsetzung der Übung (eventuell zu einem späteren Zeitpunkt), um sich die innere Erlaubnis zuzusprechen, durch die Lösung der Starre sich in ein Leben trotz des Verlustes bewegen zu dürfen. Die Begleiterin stellt die Frage, was ihr Verstorbener sagen würde, wenn er sie in diesem Prozess erlebte. Die Begleiterin nimmt die Rolle der Trauernden ein, steht erst in der Versteinerungshaltung am Anfang der Übung und geht nach und nach in Bewegungen, wie sie die Trauernde selbst vollzogen hat. Die Trauernde sieht sich diese Szene aus der Perspektive ihres Verstorbenen an und nimmt dazu Stellung. Die Begleiterin verlässt ihre Rolle und bittet die Trauernde, die folgenden Fragen aus der Rolle des Verstorbenen zu beantworten: »N.N., ist es recht, wenn ich mich ganz allmählich wieder ins Leben bewege? Glaubst du mir dann meine Liebe noch?« Die Trauernde kann sich, wenn sie mag, die Antworten aufschreiben und mit nach Hause nehmen.

Am Ende der Übungssequenzen kann es hilfreich sein, den Entwicklungsprozess dieser Übungen noch einmal zu reflektieren, um die Versteinerung einerseits als sinnvoll gewürdigt zu sehen, andererseits ihre Überwindung als eine (womöglich ausdrücklich vom Verstorbenen gewollte) Bewegung in ein eigenes Leben wahrzunehmen.

▷ Beachte: Die Versteinerung ist Ausdruck einer großen Not und braucht ein sehr geduldiges Mitgehen. Es kann sein, dass die Begleiterin im Prozess der Begleitung den Eindruck bekommt, dass die Übung anstehen könnte. Manchmal muss ein Versuch unternommen werden, ob die Zeit dafür reif ist. Es muss auch nicht der Fall sein, dass die Abfolge der Übungssequenzen direkt hintereinander angemessen ist. Dann wird die Begleiterin den Prozess der Lösung aus der Starre mit im Blick halten und sensibel probieren, wann ein nächster Schritt zur größeren Befreiung aus der Enge der Versteinerung möglich erscheint. Versteinerung kann und darf nicht gewaltsam aufgebrochen werden.

Warum?

Einführung

Wer trauernde Menschen begleitet, dem begegnet eine schier unendliche Fragewelt. Gerade in Grenzsituationen kommen die Fragen ans Licht, die alles menschliche Leben begleiten und unbewusst immer präsent sind. In der Konfrontation mit Leid jedoch werden sie laut, drängen sie sich dem Menschen auf. Können nicht länger überhört oder ignoriert werden. Angesichts des Todes eines nahestehenden Menschen schreit die geschundene Seele ein fassungsloses »Warum?« heraus. Auf einmal weiß sie nichts mehr, ist nicht nur emotional, sondern auch kognitiv fassungslos: »Warum hat er mich verlassen?«, »Warum konnte meine Liebe ihn nicht halten?«, »Warum tut das so weh?«, »Warum haben die Ärzte nichts getan?«, »Warum hat meine Mutter ihre Medikamente so schludrig genommen?«, »Warum hat Gott kein Einsehen gehabt?« Das Erfahren der Endgültigkeit von Tod verändert, macht anders, lässt die Zurückbleibenden mit und in aller Fraglichkeit zurück. Der trauernde Mensch fühlt sich plötzlich außen vor, ist sich selbst fremd. In dieser Situation hat er nicht nur Fragen, wirft nicht nur Fragen auf, sondern wird sich selbst – so formulierte es einst der Heilige Augustinus angesichts des Todes seines Jugendfreundes – zur großen Frage, zur magna quaestio. Der Verstand eines trauernden Menschen gerät angesichts des erlebten Todes an seine Grenzen und lässt ihn im Stich. Das Warum ist nicht länger eine rhetorische Frage, sondern in ihr sind das ganze Nichtwissen und Nichtverstehen aufgehoben. Das Warum ist eine große Klage, die der Trauernden erlaubt sein muss. Erst wenn sie ihre Warum-Klage herausschreien darf, kann sie auf ihrem Weg weitergehen. Die Konfrontation mit dieser Fragewelt ist oft schwer auszuhalten und so besteht seitens der Begleitenden die Verführung, in den Antwortmodus zu gehen. Das jedoch würde bedeuten, den im Fragen initiierten eigenen Suchprozess der Trauernden zu behindern oder zu stoppen. Trauernde müssen die Möglichkeit haben, ihre eigenen Fragen zu stellen und ihre eigenen Antworten darauf zu suchen. Dies ermöglicht ein langsames und selbstbestimmtes Ankommen in der »unbekannten Welt«.

Impulszitate

»Mein Gott, mein Gott, warum hast du mich verlassen?« (Mk 15,34; Mt 27,46).

»Meine Mutter war immer ein sehr geduldiger und ruhiger Mensch. Sie hat vieles unhinterfragt akzeptiert und sprach gerne mal in abgeklärten Sätzen wie ›Der Mensch denkt und Gott lenkt‹ oder ›Wenn du Gott zum Lachen bringen willst, dann erzähl ihm deine Pläne‹. Sie fand, ich solle nicht so viel nach dem Warum fragen, das sei vergebene Mühe. Jetzt ist sie tot und ich versuche mich mit ihren Worten über Wasser zu halten. Es gelingt mir nicht. Immer wieder drängt sich die Frage nach dem Warum auf. Ich hätte so gerne Antworten auf so vieles, was ich nicht verstehe«
(Claudia M., vier Monate nach dem plötzlichen Tod ihrer 68-jährigen Mutter. Claudia M. hat vierjährige Zwillinge, und ihre Mutter hat sie täglich mit der Versorgung und Betreuung der Kinder unterstützt).

Übung: Warum? – Erlaubtes Klagen!

ZEIT 90 Minuten

VORBEREITUNG Arbeitsblatt »Warum? – Erlaubtes Klagen« (► Download-Materialien).

Warum bin ich so fröhlich
so fröhlich so fröhlich,
bin ausgesprochen fröhlich,
so fröhlich war ich nie

ich war schon öfter fröhlich,
ganz fröhlich ganz fröhlich,
doch so verblüffend fröhlich
war ich bis heut noch nie

(Herman van Veen)

Warum bin ich so traurig
so traurig so traurig,
bin ausgesprochen traurig,
so traurig war ich nie

ich war schon öfter traurig,
ganz traurig ganz traurig,
doch so verblüffend traurig
war ich bis heut noch nie

Frage: »Warum bist du so traurig, so traurig, so traurig, warum bist du so traurig, so traurig warst du nie …«

Antwort: »Ich bin so schrecklich traurig, weil …«

- ……………………………………………………………………………………
- ……………………………………………………………………………………
- ……………………………………………………………………………………
- ……………………………………………………………………………………
- ……………………………………………………………………………………
- ……………………………………………………………………………………
- ……………………………………………………………………………………
- ……………………………………………………………………………………
- ……………………………………………………………………………………
- ……………………………………………………………………………………

Frage: Mit welcher dieser Antworten möchten Sie sich nun näher beschäftigen?

Antwort:
……………………………………………………………………………………
……………………………………………………………………………………
……………………………………………………………………………………

ZIEL In dieser Übung geht es nicht um Antworten und Lösungen, sondern nur darum, dem Menschen einen Klageort zu geben beziehungsweise Klagemauer zu sein, damit er gegebenenfalls in seine eigenen Deshalb-Antworten (Sinn-Antworten) hineinwachsen kann.

DURCHFÜHRUNG Die Trauerbegleiterin erzählt kurz von dem Lied von Herman van Veen: »Warum bin ich so fröhlich?« oder hat es als CD beim Arbeitsmaterial und spielt es vor.

Dann gibt sie der Trauernden das Arbeitsblatt, auf dem in der ersten Spalte der Originaltext steht und daneben in einer zweiten Spalte findet sich der gleiche Liedtext, jedoch ist das Wort »fröhlich« durch das Wort »traurig« ersetzt.

Die Trauerbegleiterin bittet die Trauernde, diese beiden Spalten einmal vorzulesen.

Danach bekommt die Trauernde von der Trauerbegleiterin die Erlaubnis zu »klagen«.

Die Trauerbegleiterin fragt die Trauernden »Warum bist du so traurig, so traurig, so traurig, warum bist du so traurig, so traurig warst du nie ...«

Die Trauernde antwortet mit dem vorgegebenen Satzanfang »Ich bin so schrecklich traurig, weil ...«

Die Trauerbegleiterin schreibt diese Antworten jedes Mal auf und kommentiert nicht.

Nach jedem Satz wird die Frage erneut gestellt. Wenn das Frage-Antwort-Gespräch ins Stocken gerät, dann wird die Schreibübung geschlossen.

Die Trauerbegleiterin bedankt sich bei der Trauernden und liest das Ergebnis vor. Jeder Satz wird eingeleitet mit den Worten: »Ich bin so schrecklich traurig, weil ...«

Die Trauerbegleiterin bittet die Trauernde nun einen Antwortsatz herauszusuchen, mit dem sie sich im weiteren Verlauf der Begleiteinheit beschäftigen will. Beispielhaft: »Ich bin so schrecklich traurig, weil ich jetzt alles alleine machen muss.«

Ab hier werden nur noch Fragen gestellt:
- »Was heißt ›alles‹? Können Sie ein paar Beispiele geben?« (Ziel: das »alles« zu zergliedern und damit überschaubarer und handhabbarer zu machen)
- »Was bedeutet ›jetzt‹ in diesem Zusammenhang?« (Ziel: die Realisierung des Todes zu unterstützen)
- »Ich höre ›alleine machen muss‹ – was genau heißt das?« (Ziel: die inneren Antreiber herauszuhören; wie leicht kann Hilfe angenommen werden? etc.)

Die Übung wird beendet, indem die Trauerbegleiterin nochmals darauf hinweist, dass die Frage nach dem Warum Ausdruck von Schmerz und Nichtverstehen ist, dass sie gleichzeitig ein Motor sein kann, der die Trauernde auf die Antwortsuche und damit auf den Weg schickt.

▷ Beachte: Die Übung lebt davon, dass sie schnell geschieht und immer in diesem Rhythmus von Frage und Antwort bleibt.

Weinen/Tränen

Einführung

Mit dem Tod eines nahestehenden, eines geliebten Menschen gerät die Zurückgebliebene in eine unbeantwortbare Lage und somit an die Grenzen ihres bisherigen Verhaltens. An dieser Grenze, dieser Schranke erfährt sie ein Gefühl der Ohnmacht. Die hier erlebte Ohnmacht ist zu verstehen als ein Mangel an Distanz zu dem, was die Trauernde im Gefühl ausfüllt, sie hochreißt und erschüttert. Nichts hat mehr eine Bewandtnis, nichts bietet ihr mehr Anknüpfungsmöglichkeiten. Alles Vertraute ist außer Verhältnis geraten und sie schafft es nicht mehr, sich zu den Dingen oder zu sich selbst zu verhalten. Es ist wie ein innerer Akt der Kapitulation, dem ein Moment der absoluten Vereinsamung anhaftet. Dieser existenzielle Zusammenbruch bedarf einer Form, eines Weges, dem Verlust des sicheren und gesicherten Verhaltens Ausdruck zu verleihen. Eine Möglichkeit, den inneren Schmerz zu entäußern, ist das Weinen. Das Weinen kann als eine Ausdrucksform bezeichnet werden, die den geregelten Gang des Lebens unterbricht. Im trauernden Weinen artikuliert sich die menschliche Schwäche, werden Verletzlichkeit und Schmerz sichtbar.

Für viele Trauernde wird das Weinen erlebt als Moment der Schutzlosigkeit, des Ausgeliefertseins und der Verwundbarkeit. Es besteht eine unerklärliche Angst davor, dass die Tränen nie mehr aufhören und man sich mit ihnen verströmen würde. So wird oft alles versucht, die Tränen zu kontrollieren. Und gleichzeitig schildern viele Trauernde, dass die so sehnlich herbeigewünschte Möglichkeit der Selbstbeherrschung außer Kraft gesetzt ist. Trauernde werden plötzlich von den Tränen übermannt. Es kommt ein plötzlicher Gedanke, ein Wort wird gesagt, ein unvermuteter Geruch trifft die Nase, eine wertvolle Erinnerung steigt auf, löst unvermittelt das Gefühl der Rührung, Ergriffenheit, Erschütterung oder Fassungslosigkeit aus und führt den Verlust der Selbstbeherrschung unmittelbar herbei. Gerade für Männer ist dieser Zustand häufig unhaltbar, da sie sich vielfach eher als Frauen scheuen, ihre Tränen in der Öffentlichkeit zu zeigen, und dennoch geschieht es immer wieder.

Nach Helmuth Plessner kann das Weinen wie eine Gebärde, wie eine sinnvolle Reaktion verstanden werden – als »einzig passende Antwort«[28] in dieser Grenzlage. Ralf Jerneizig, Arnold Langenmayr und Ulrich Schubert[29] machen darauf aufmerksam, dass das Weinen der Abfuhr gestauter vegetativer Erregung dient, wahrscheinlich das Immunsystem anregt und in der sozialen Umwelt Mitleid und helfende Reaktionen auslöst. Wenn in der Trauerbegleitung Tränen begegnen, dann ist es wichtig, einen schützenden Raum zu schaffen, in dem die Tränen ungehemmt und ungehindert fließen dürfen. In der Praxis wird häufig erlebt, dass Trauernde, wenn sie weinen, zwar gesagt bekommen: »Weinen Sie ruhig, es ist gut, dass Sie weinen«, und gleichzeitig wird erlebt, wie – meistens unbeabsichtigt – den Tränen Einhalt geboten wird, indem beispielsweise das Taschentuch schon gereicht wird, bevor die erste Träne die Wangenmulde erreicht hat. Ruhig sitzen bleiben, Nähe bezeugen, abwarten, ob sich der weinende Mensch zu einem von ihm selbst gewählten Zeitpunkt ein Taschentuch nehmen will, kann einen trauernden Menschen in seiner Selbstkompetenz stärken. Trauernde werden durch das Weinen nicht zusätzlich geschwächt, sie lösen sich nicht im Fluss der Tränen auf. Der Tränenfluss kommt von selbst zu einem natürlichen Ende, wird rückblickend sogar oft als erleichternd und reinigend erlebt, wenn die Scham vor dem Zuschauer dies nicht verbietet.

Impulszitate

»Aber in den ersten beiden Monaten nach Moshes Tod weinte ich oft aus heiterem Himmel. Ich brach plötzlich in Tränen aus [...]. Die Tränen rannen dann unkontrollierbar; oft war es für mich sehr peinlich, weil es in der Öffentlichkeit stattfand, aber ich konnte den Tränenfluß einfach nicht bremsen. [...] Nichts und niemand hätte mich in solchen Momenten trösten können, war ich doch Moshes beraubt«
(Goshen-Gottstein, Als der Tod uns trennte. Das Weiterleben als Witwe. Göttingen: Vandenhoeck & Ruprecht, 1997, S. 39).

---

28 Helmuth Plessner: Ausdruck und menschliche Natur. Gesammelte Schriften, Band VII. Frankfurt a. M.: Suhrkamp, 1982, S. 274.
29 Ralf Jerneizig; Arnold Langenmayr; Ulrich Schubert: Leitfaden zur Trauertherapie und Trauerberatung. 2. Auflage. Göttingen/Zürich: Vandenhoeck & Ruprecht, 1994.

»›Indianer weinen nicht‹: Herr Weber sitzt mir gegenüber und ringt um Fassung. Warum lässt er nicht seinen Tränen freien Lauf, weint seinen nicht Schmerz heraus, spült ihn aus? Es fällt ihm sichtlich schwer. Seine Mundwinkel zucken, das Sprechen gelingt nur mühsam, die Hände und der Blick sind fahrig. Er beginnt zu erzählen, stockend, Nase schniefend. Und dann kommen die Tränen doch. Heiß laufen sie ihm über seine Wange, werden mehr und mehr. Zwischendrin setzt er immer wieder zu Erklärungsversuchen an. Weshalb es ihm so schwer fällt zu weinen und dass das hier einer der ganz seltenen Augenblicke ist, in denen er dann doch weinen kann. Dass viele sich schon zu wundern scheinen über sein Nicht-weinen-Können. Der Tod seiner Frau habe ihn unter einer Glocke der Gefühllosigkeit zurückgelassen. Seit ihrem Tod fühle sich alles so taub, so unwirklich an. Oft werde er morgens wach und glaubt, alles sei nur ein böser Traum. Dann kommt das Erinnern und er weiß, dass es wahr ist, und seine Frau sei tot. Dann sagt er sich, dass das Leben weitergehen müsse, schließlich ist da noch sein Job, die Familie, die Freunde, das Leben halt. Da ist dann zwar ein Kloß im Hals, doch weinen könne er nicht. Dabei sehne er sich so sehr danach zu weinen, erzählt er mir, und trocknet seine Tränen«
(über Herrn Weber, 57 Jahre, sechs Monate nach dem Tod seiner Frau).

Übung: Akrostichon »TRAENEN«

ZEIT 20 Minuten

VORBEREITUNG Das Akrostichon auf etwas festerem, schönem Papier ausdrucken (▶ Download-Materialien). Es kann auch auf eine Postkarte geschrieben werden.

ZIEL Die Trauernde ermutigen, die Kostbarkeit ihrer Tränen zu erkennen und ihr Fließen anzunehmen.

DURCHFÜHRUNG Die Trauernde bekommt von der Trauerbegleiterin das Blatt mit dem Akrostichon »TRAENEN«. Der Trauernden wird dieser Text langsam Satz für Satz vorgelesen. Anschließend fragt die Trauerbegleiterin sie, wie diese Worte auf sie wirken. Es folgt ein Gespräch. Abschließend wird die Trauernde eingeladen die Sätze in der Ich-Form vorzulesen.

T raue und vertraue deinen Tränen.
R espektiere deine Tränen.
A chte deine Tränen.
E rinnere dich mit Hilfe deiner Tränen an deinen verstorbenen Menschen.
N egiere deine Tränen nicht.
E rlaube dir deine Tränen.
N atürlich sind deine Tränen und ein Ausdruck deiner Liebe.

Alternativ kann das Akrostichon auch von der Trauernden selbst erstellt werden.

▶ Beachte: Diese Übung kann dann ihren Einsatz finden, wenn das Thema »Weinen« reflektiert wird und es sinnvoll erscheint, dass die Tränen nicht nur Ablehnung erfahren, sondern auch in ihrer Sinnhaftigkeit und Kostbarkeit erkannt und angenommen werden. Es ist keine Übung, die im Prozess des Weinens eingesetzt werden soll.

Weltverlust

Einführung

Wenn ein nahestehender Mensch stirbt, dann stirbt mit ihm eine ganze Welt sowie die darin enthaltenen Möglichkeiten, Träume, Pläne, Wünsche, Hoffnungen und Sinnzuschreibungen. Welt kann in Anschluss an den Philosophen Georg Scherer verstanden werden als »das gegliederte Ganze der Verhältnisse, in denen ein Mensch lebt«[30]. In dieser Welt versteht der individuelle Mensch die Bedeutung der jeweiligen Dinge, erkennt er Ordnungen, Wert und Unwert, nimmt er seinen je eigenen Ort und seine je eigene Zeit ein. Im Be- und Erleben der Welt erschließt er sich die allgemeine Welt als seine individuelle Welt. Welt kann somit verstanden werden als der Horizont, vor dem sich ein Mensch seine Wirklichkeit abbildet und verlebendigt, seine Lebenspraxis leitet und gestaltet, sich den Sinn seines Seins erschließt, seine Welt im Rahmen der übergreifenden Zusammenhänge verwirklicht und gliedert sowie seinen individuellen Bezug zu dieser Welt herausbildet.

Mit dem Tod des geliebten Menschen bricht die Je-eigene-Welt der Zurückbleibenden zusammen und geht unter. Gleichzeitig erscheint dem zurückbleibenden Menschen die Welt als Ganzes vernichtet. Alles, was die gemeinsame Welt ausmachte, alles, was ihr Wert und Sinn gab, scheint entschwunden. Der Tod hat alle Lebendigkeit getötet. Begraben wird nicht nur der Leichnam, sondern mit ihm die ganze gemeinsame Welt mit all ihren Träumen und Visionen. Bitter ist die Erkenntnis, dass sich die Welt entleert hat, und furchtbar das Erleben, dass sie sich weiterdreht, obgleich alles Lebenswerte erloschen ist. Aller einstige Weltreichtum ist der inneren und äußeren Armut gewichen. Viele Trauernde artikulieren dies mit den Worten: »Alles ist zerstört und untergegangen.« Die Hinterbliebene empfindet sich nach dem Tod des nahestehenden Menschen als Fremde in einer fremden Welt, die vom Tod geprägt ist und deren Wirklichkeit allein aus Schmerz besteht. Die Welt, in der sich die Zurückbleibende einst sicher, geborgen und behaust gefühlt hatte, scheint von einem Moment zum anderen der Vernichtung anheimgefallen und wird ihr erbarmungslos zu einer grausamen und brutalen »Todes-Welt«, unter deren Trümmern ihre Welt

---

30 Georg Scherer: Sinnerfahrung und Unsterblichkeit. Darmstadt: Wissenschaftliche Buchgesellschaft, 1985, S. 64.

mit allen einst darin enthaltenen Möglichkeiten von Erfahrung, Handlung und Werten begraben liegen.

Der Mensch empfindet sich angesichts der über ihn hereingebrochenen Leere als haltlos und einsam: Er ist »weltlos« geworden. Es gibt nicht mehr »unsere« Welt, es gibt nicht mehr »meine« Welt. Mit dem Verstorbenen scheinen nicht nur die Vergangenheit und Gegenwart, sondern auch die eigene Zukunft mit ihren Perspektiven gestorben, all die gemeinsam geschmiedeten Pläne, die Erwartungen, die an den Verstorbenen geknüpft waren, all dies ist im Abgrund des Todes versunken. Es gibt keinen Bezug mehr zu dieser Welt, kein gemeinsames Erleben mehr, denn derjenige, der all dies möglich machte, wird nie wieder kommen. In der Bewusstwerdung des Endgültigen und Unwiderruflichen manifestiert sich auch der radikale Unterschied zum Sterbeprozess, der doch bis zum letzten Augenblick noch von Hoffnung getragen ist, und sei diese auch noch so verzweifelt. Das »Nie wieder« beinhaltet den unausgesprochenen Anschlusssatz des »wie bisher«. Nie wieder können wir – wie bisher – miteinander leben, zusammen lachen, weinen, genießen. Nie wieder wird es eine leibliche Begegnung geben. Mit dem Tod des geliebten Menschen und ohne dessen leibliche Gegenwart, mit der dieser die gemeinsame Welt durchwohnte, verliert die Welt für die Zurückbleibende ihre Einheit und Ganzheit und so auch ihren Sinnhorizont. Indem die Einheit des Zusammenhangs verloren gegangen ist, verweist sie auf die sie umgebende Beziehungslosigkeit in all ihren Facetten. Die Zurückbleibende hat ihre Welt, ihre Heimat verloren, ist ohne Bleibe und wird in ihrer Einsamkeit in erschütternder Weise auf sich selbst zurückgeworfen.

Impulszitate

»Im Prinzip habe ich fast alles verloren, als ich plötzlich und gewaltsam und ohne Möglichkeit der Gegenwehr aus meiner Welt hinausgeworfen wurde. Für mich fast nicht erträglich ist das Erleben, dass es die Welt nicht kümmert. Sie dreht sich einfach und ohne Zögern weiter« (Liliane G., 54 Jahre, nach dem Tod ihres 24-jährigen Sohnes, der an Leukämie starb).

»Die Welt heißt das, worin wir geborgen sein können, oder das, was uns fremd sein kann. Die Welt, in der wir geborgen sind, ist das Nahe, Vertraute, Zugehörige, unsere Heimat. [...] Die Welt aber, die uns fremd bleibt, ist das, was als das schlechthin Andere uns schaurig kalt, feindselig oder mit erbarmungsloser Gleichgültigkeit anblickt« (Karl Jaspers, Philosophische Logik, Bd. 1: Von der Wahrheit. S. 94 © 1958 Piper Verlag GmbH, München).

Übung: Zwei Welten

ZEIT 60 Minuten

VORBEREITUNG Arbeitsblatt mit dem Zitat von Karl Jaspers kopieren (▶ Download-Materialien), Stifte (rot und grün).

ZIEL Der Trauernden einen Blick dafür ermöglichen, was in der Fremdwelt noch an Vertrautem vorhanden ist und möglicherweise haltgebend sein kann. Die Trauernde wird dafür sensibilisiert, dass ihr Blick auf die Welt eine Bedeutung hat.

DURCHFÜHRUNG Die Trauerbegleiterin liest das Zitat von Karl Jaspers vor. Sie verdeutlicht, dass die zwei Welten, die Jaspers darstellt, auch die der Trauernden sind.

Dann bittet sie die Trauernde, in die linke Spalte mindestens drei Dinge zu schreiben, die ihr jetzt in der gegenwärtigen Situation noch fremd sind und sie ängstigen. Hier können sowohl diffuse Aspekte als auch konkrete benannt werden.

Die Trauerbegleiterin bittet die Trauernde, in die rechte Spalte mindestens drei Dinge zu schreiben, die ihr in der veränderten Welt noch vertraut und haltgebend sind. Auch hier kann sowohl Abstraktes als auch Konkretes benannt werden.

Die Trauerbegleiterin fragt die Trauernde, warum wohl sowohl auf der Verlustseite als auch auf der Habenseite das Wort »noch« steht. Im dann gemeinsamen Gespräch soll deutlich werden, dass das »noch« auf Bewegung verweist, dass es sowohl möglich sein kann, sich das Fremde vertraut zu machen, als auch dass in allem Verlust und Fremdempfinden etwas geblieben ist, das vertraut ist.

Das Arbeitsblatt kann als Hausaufgabe mitgegeben werden mit der Bitte, dies beim nächsten Mal wieder mitzubringen.

Arbeitsblatt (▶ Download-Materialien)

»Die Welt heißt das, worin wir geborgen sein können, oder das, was uns fremd sein kann. Die Welt, in der wir geborgen sind, ist das Nahe, Vertraute, Zugehörige, unsere Heimat. […] Die Welt aber, die uns fremd bleibt, ist das, was als das schlechthin Andere uns schaurig kalt, feindselig oder mit erbarmungsloser Gleichgültigkeit anblickt« (Karl Jaspers, Philosophische Logik, Bd. 1: Von der Wahrheit. München: Piper, 1958, S. 94).

Impulsfrage: Benennen Sie jeweils drei Aspekte, die das »noch Fremde« und das »noch Vertraute« in Ihrer gegenwärtigen Trauersituation kennzeichnen.

Das *noch* Fremde	Das *noch* Vertraute
…………………………………………	…………………………………………
…………………………………………	…………………………………………
…………………………………………	…………………………………………

Wüste

Einführung

Trauer fühlt sich für manche Menschen wie ein Gang durch die Wüste an. Das, was wir gewöhnlich mit Wüste verbinden, ist Leere, Öde, Mühen, Qual, Anstrengung, extreme Kälte in der Nacht, sengende Hitze am Tag, austrocknender Boden, der weder Vegetation noch Wachstum möglich macht, Einsamkeit, das Gefühl des Verlassenseins und kein Ende in Sicht. Aller Lebensfluss scheint versiegt, das, was wachsen wollte, verschließt sich: Leere, wohin der Blick auch fällt. Die Wüste erschwert und bedroht das Leben. Trauernde Menschen benennen häufig die Metapher der Wüste, um ihre Situation zu verdeutlichen und aufzuzeigen, wie sehr ihr Leben gefährdet erscheint, wie sehr sie sich in »Lebens-Gefahr« befinden. Der Tod hat den zurückbleibenden Menschen ohne sein Zutun in die Wüste des Nichts katapultiert. Der Tod eines nahestehenden Menschen hat alles Lebendige mitsterben lassen. Das Vergangene ist erstarrt, die Gegenwart ein Gefängnis und das Zukünftige ist nicht mehr möglich. Für den, der solche Wüstenzeit erlebt, ist es schwer bis unmöglich, an eine Quelle zu glauben. Und doch. Die Wüste ist kein Platz, in der die Trauernde verweilen kann. Dauerhafter Aufenthalt wäre tödlich. Der Weg hindurch muss gegangen werden, auch wenn er lange dauern kann.

Impulszitate

»Allerdings: Wer durch die Wüste hindurchgegangen ist, wird die dabei gemachten Erfahrungen nicht mehr missen wollen. Das Leben ist anders danach. Das Selbstverständliche ist dann nicht mehr so selbstverständlich, das Gewöhnliche nicht mehr so gewöhnlich. Wüstenzeiten schärfen die Aufmerksamkeit für das meistens übersehene Wunder des Alltäglichen. Die Erinnerung an die Wüste hilft, das Wesentliche vom Unwesentlichen zu unterscheiden« (Lorenz Marti, Wie schnürt ein Mystiker seine Schuhe? Die großen Fragen und der tägliche Kleinkram. Freiburg: Herder, 2004, S. 25f.).

»Das Bild, das ich gerade von meinem Leben habe, ist das einer Wüste. Ödnis und Leere, Einsamkeit und eine mangelnde Ausrüstung, dadurch zu kommen. Alle andern haben gut reden. Offensichtlich wissen sie, wie es geht. ›Du musst dies.‹ ›Du solltest jenes.‹ ›Mach doch einfach mal.‹ Das höre ich besonders gern: ›Mach doch einfach mal.‹ Wenn es einfach wäre, hätte ich es längst probiert. Bin ja nicht blöd. Doch es ist alles andere als einfach. Ich habe das Gefühl, in der Wüste sitzen gelassen worden zu sein und die Karawane ist weitergezogen, weil ich ihren Rhythmus störte. Na ja …« (Claudia W., 23 Jahre, acht Wochen nach dem Unfalltod ihrer 42-jährigen Mutter).

Übung: Wachsen in der Wüste – Die Rose von Jericho

ZEIT 60–90 Minuten

VORBEREITUNG Eine oder mehrere Rosen von Jericho, Teller, Pipette, Gießkanne für Zimmerpflanzen, Wasser, Geschichte der Rose von Jericho als Kopie zum Mitgeben (▶ Download-Materialien).

ZIEL Die Trauernde erfährt in und mit dieser Übung, dass auch in der scheinbaren Leblosigkeit Lebendigkeit wartet.

DURCHFÜHRUNG Die Trauernde bekommt eine kleine Gießkanne und wird eingeladen, etwas Wasser über die Rose zu gießen. Dann wird von der Trauerbegleiterin die Geschichte der Rose von Jericho erzählt (nicht statisch vorlesen). Im günstigen Fall verändert sich die Rose schon während des Erzählens.

Impulsfragen:
- »Was sind Ihre Gedanken, wenn Sie diese Geschichte hören?«
- »Wie muss Ihr Gießwasser beschaffen sein, damit Sie sich wieder mit dem Grund verbinden können?«
- »Was ist es für ein Gefühl, wenn Sie sich vorstellen, wieder zu ›blühen‹?«

Die Trauernde bekommt sowohl die Geschichte als auch die Rose mit nach Hause.

Die Rose von Jericho
Das, was Sie hier sehen, ist die Rose von Jericho. Vielleicht fragen Sie sich jetzt, wieso trägt dieses vertrocknete, hässliche Ding den Namen »Rose«? Eine Rose blüht doch und ist stolz und erobert die Herzen der Menschen mit ihrer Schönheit und ihrer Farbenpracht. Sie steht für Liebe und Leidenschaft. Davon ist diese angebliche Rose offensichtlich weit entfernt, denken Sie. Sie ist vertrocknet, leblos, hässlich und dürr. Sie repräsentiert vielleicht gerade all das, was Sie für sich selbst in Anspruch neh-

men, wie Sie sich selbst fühlen. Schauen wir uns mal den Lebensraum dieser Rose an. Ihre Heimat ist die Wüste, also ein Ort, an dem es lange und oft trocken ist. Die lebensräumlichen Bedingungen sind auf den ersten Blick katastrophal, unzumutbar, alles andere als lebensdienlich. Die Rose von Jericho hat in diesem Lebensraum keine Möglichkeit, Wurzeln zu schlagen, sondern sie wird willkürlich vom Wind hin und her geworfen. Mal in die eine Richtung, mal in die andere. Sie schützt sich und ihren Samen, indem sie sich bei Trockenheit völlig »einknäuelt«. Beginnt es jedoch zu regnen oder findet die Rose eine Höhlung, in der sich Feuchtigkeit bilden und Wasser ansammeln kann, dann kann sie ganz zarte Wurzeln ausbilden, sich mit dem Grund verbinden und ihren Samen freigeben. Dann öffnen sich ihre Zweige und färben sich zu einem saftigen Grün: Sie erwacht zum Leben.

▷ Beachte: Es wäre gut, diesen Vorgang vorher einmal selbst auszuprobieren.

Wut

Einführung

Es sind nicht nur zahme oder gebrochene Gefühle, die den Trauerweg säumen. Im Leben der Trauer liegen auf der Seele auch Schatten wie Wut und Ohnmacht. Bei allem Schmerz des Verlustes kann es sein, dass die Trauernde gerade den Verlorenen anklagt mit Vorhaltungen wie: »Warum hast du mich verlassen? Warum hänge ich mit all unseren Sorgen alleine hier – mit dem Haus, mit den noch nicht erwachsenen Kindern, mit der ungeklärten Situation? Warum hast du dich aus dem Staub gemacht und mir jede Möglichkeit genommen, mit dir klärend, konfrontierend reden zu können? Warum machst du mir einen Strich durch meine blühenden Zukunftswünsche? Warum lässt du mich mit den zerstrittenen Kindern allein, denen ich – wie du genau weißt – nicht gewachsen bin? Warum lässt du mich ohne gesicherte Versorgung auf der Welt zurück? Warum muss ich alle Verantwortung für das Aufwachsen unserer minderjährigen Kinder alleine tragen? Warum muss ich alleine fertig werden mit der Einsamkeit, mit der Isolation, mit meiner Verunsicherung, meiner Liebe, meinen Schuldgefühlen? Ich hasse dich, weil du mir zu Lebzeiten das Leben schwergemacht, mich nicht anerkannt hast, mich nach deinem Bilde schaffen wolltest. Ich kann dir so schwer verzeihen, dass es dir gefallen hat, auf meinen Schwächen herumzutreten. Ich habe so viel Energie verwenden müssen, die Kinder vor deinem Jähzorn und deiner Ungerechtigkeit zu schützen. Ich habe unter deiner pedantischen Kleinkrämerei gelitten. Es hat mir sehr wehgetan, wenn du Gefühle nicht mit mir teilen wolltest, wenn du meine Nähe ablehntest, mich wie eine Hilfskraft behandeltest. Ich habe viele Zumutungen deines Stolzes ertragen müssen.«

Das sind keine freundlichen Gefühle, das sind Worte voller Zorn und ohnmächtiger Hilflosigkeit, denn der Verlorene gibt dazu keine Antwort mehr, was den Zorn weiter aufstacheln kann und die Trauernden so hilflos in die Verlassenheit zurückzwängt. Trauernde wollen diese Schatten ihrer Trauer nicht, weil sie wie eine noch größere Entfernung von den Toten wirken. Manche peinigen sich für solche Empfindungen mit heftigen Schuldgefühlen: »Wie kann ich nur so über ihn denken/reden ...« Die gängige Moral macht ihren Machtanspruch geltend und lässt die Trauernde gedemütigt und verletzt zurück. Die Trauernde erkennt nicht, dass diese Moral eine Schimäre ist. Daher auch hier die nötige Erdung, die Einordnung in das, was im normalen Trauerverlauf geschieht: Es ist im Chaos der Trauer eine ganz normale, sogar heilsame Regung, auch diesen Schatten Raum zuzugestehen. Es ist nicht richtig, dass man über Tote nie etwas Böses sagen darf. Wenn in ihnen Ungutes steckte, dann muss es benannt sein dürfen. Wenn das Böse das Leben der Zurückgebliebenen quälte, ist es gut, dass auch das eine Sprache finden darf. Wenn beim Trauernden die Verlassenheit in der Wut auf den Verlorenen Ausdruck finden muss, dann ist das echt und darum angemessen. Im Gesamten gesehen sind diese Ausbrüche kein Beschmutzen der Verbindung mit dem Toten, sondern ein realer, ein aushaltender, ein überaus vertrauender Blick auf und mit ihm. Viele haben zu Lebzeiten in ihren Beziehungen nicht gelernt, mit diesen Schattenkräften der Seele umzugehen. Die Unterdrückung, ja sogar die Abwertung solcher Empfindungen staut eine Aggression gegen sich selbst oder andere auf, die irgendwann, auch im Trauerzusammenhang oder viel später an einer Stelle, wo niemand mehr an die Trauer als Auslöser denkt, explodiert.

Impulszitate

»Manchmal nehme ich dir übel, dass du gestorben bist. Du bist desertiert, du hast mich im Stich gelassen« (Anne Philipe, Nur einen Seufzer lang. 21. Auflage. Reinbek: Rowohlt, 2001, S. 41).

»Mich packte eine sinnlose Wut. Oki war nicht mehr da – sein Hut hing in der Garderobe. Die Dinge, die er zurückgelassen hatte, überdauerten, als wollten sie mich höhnen« (Liliane Giudice, Ohne meinen Mann. Aufzeichnungen einer Witwe. Stuttgart: Kreuz-Verlag, 1970, S. 32).

Übung: Der Vulkan

ZEIT 50 Minuten

VORBEREITUNG Die Zeichnung eines Vulkans (▶ Download-Materialien) auf DIN A3 oder DIN A4 vorhalten.

ZIEL Der Wut aus der Unterdrückung verhelfen und ihr durch Versprachlichung eine Kanalisierung ermöglichen.

DURCHFÜHRUNG Die Trauernde ist gebeten, in das Bild des Vulkans einige ihrer Wutanteile, die nicht mehr mit dem verlorenen Menschen besprechbar und somit mit ihm klärbar sind, hineinzuschreiben (Beispiele: sein Nicht-Ernstnehmen der ersten Krankheitssymptome, seine starke, unduldsame Ichbezogenheit in den letzten Lebenswochen etc.).

Begleiterin und Trauernde besprechen anhand des Bildes, was mit diesen Wutanteilen geschehen könnte, wenn sie im Innern des Berges verweilen, und sie suchen Möglichkeiten, einen gesamtzerstörerischen Ausbruch des Vulkans zu verhindern. Die Trauernde entwickelt kreative angemessene Entweichungswege ihres Ärgers und zeichnet zu ihren Anteilen an Wutenergie entsprechende eigene Ventil-Wege in den Vulkan ein. Die Übung endet mit der Frage, ob es denkbar ist, dieses am Bild entwickelte Vorgehen in den Alltag mitzunehmen.

XY-Ungelöst

Einführung

In der bekannten Fahndungssendung »Aktenzeichen XY … ungelöst« geht es um ungelöste Kriminalfälle, bei der die Polizei die Bevölkerung um Aufklärungsmithilfe bittet. Manche Fälle werden auf diese Weise gelöst, indem es hilfreiche Hinweise gibt, andere bleiben dennoch – vielleicht für immer – ein Rätsel, und die daran Beteiligten müssen es lernen, mit der Ungewissheit zu leben. Wenn ein nahestehender Mensch stirbt, kommt es immer wieder vor, dass die An- oder Zugehörigen mit ungeklärten und offenen Fragen zurückbleiben. Fragen, auf die es zunächst keine oder nur unbefriedigende Antworten gibt: »Was waren seine letzten Gedanken?«, »Musste er leiden?«, »Wo finde ich die Papiere fürs Auto?«, »Wo kann ich mir Hilfe holen, um das Finanzielle zu regeln?«, »Wie ist das mit den Behörden? Welche Schritte sind zu tun?«, »Meine Frau hat immer die Flüchtlingshilfe unterstützt, soll ich das jetzt weitermachen?«, »Was soll ich mit dem ganzen Werkzeug anfangen?« Die mit diesen ungeklärten Fragen entstehenden und einhergehenden Gefühle und Gedanken können nicht in bestehende Kategorien des Verstehens eingefügt werden. Die Welt scheint durcheinandergeworfen, die alte (vielleicht auch Illusion von) Ordnung ist erschüttert.

Mit dieser Ordnung ist nicht ein starres Schema gemeint, das alle Erfahrungen in vorgeordnete Schubladen presst, sondern diese Ordnung verweist auf das menschliche Grundbedürfnis nach Verstehen, nach einem Verständnis von Phänomenen und deren Einordbarkeit in Kategorien, die das Verständnis erleichtern sollen. Unzählige Fragen, hilflose Antwortversuche, die wieder neue – noch ungelöste – Fragen hervorbringen, sind eine beständige Begleiterscheinung der Trauer. Die Fragen sind sowohl existenzieller Natur als auch auf das Lebenspraktische gemünzt. Und doch. Mit dem Tod sind viele Antwort- und Lösungsversuche, mit Hilfe der Menschen aus dem Beziehungsumfeld oder allein, nur noch »aus zweiter Hand« möglich. Eine alte Volksweisheit sagt: »Der Tod hat harte Kinnbacken.« Er gibt sein Geheimnis, seine Geheimnisse nicht preis. Er lässt sich nicht enträtseln oder gar lösen. Daran können trauernde Menschen zunächst verzweifeln. Und gleichzeitig lassen sie sich nicht davon abhalten, weitere Anstrengungen zu unternehmen, ihre persönlichen »ungelösten XY-Fragen« aufzuhellen, um Antworten und Lösungsansätze zu finden. Erst dann gelingt es ihnen, Sinndeutungen und Verstehensansätze zu generieren, die sie benötigen, um Halt in dieser haltlosen Zeit zu empfinden.

Impulszitate

»Meine Mutter hat sich das Leben genommen. Sie hat uns zurückgelassen mit einem Berg voller ungelöster Fragen. Ich könnte manchmal verrückt werden. Warum hat sie das bloß getan? War sie so verzweifelt oder waren wir ihr schlichtweg scheißegal? Ich weiß es nicht. Egal, wen ich frage. Die Antwort bleibt offen und ungelöst« (Barbara Z., 36 Jahre, vierzehn Monate nach dem Suizid ihrer Mutter).

»Wie die Stunden vergingen, wurde klar, [...] dass wir von ihr niemals mehr ein Wort oder ein Zeichen erhalten würden. Wenngleich wir es schon in den vergangenen Tagen gewusst hatten. Jetzt wurde es endgültig. Keine neuen Möglichkeiten wird es mehr geben, Dank oder Bedauern, Freude oder Trauer auszudrücken. Keine Gelegenheiten werden mehr bestehen, etwas zu ändern. Niemals mehr. [...] Es gibt so viel Dunkelheit, die es zu vertreiben, so viel Täuschung, die es aufzudecken, so viel Ungewissheit, die es zu klären gilt« (Henri Nouwen, Sterben, um zu leben. Abschied von meiner Mutter. Freiburg u. a.: Herder, 1995, S. 37 f.; 54).

Übung: Spurensuche – den Hinweisen nachgehen

ZEIT 45 Minuten

VORBEREITUNG Weggedanken oder Wort-Lose (verdeckt gekennzeichnete Zettel mit Zitaten, die selbst gestaltet oder käuflich erworben werden können).

ZIEL Zum einen soll gezeigt werden, dass manch offene Fragen mit Hilfe von Außenstehenden beantwortet werden können (dies sind die sogenannten Sach- und Informationsfragen). Zum anderen soll die Trauernde sich ihren eigenen ungelösten Fragen nähern und eine Möglichkeit der Lösung oder des Umgangs damit finden.

DURCHFÜHRUNG Zunächst versucht die Trauerbegleiterin mit der Trauernden deren ungelösten XY-Fragen herauszuarbeiten.
Dann wird unterschieden in Sach- oder Informationsfragen einerseits und in existenzielle Ungewissheiten andererseits.

Die Sach- oder Informationsfragen können mit entsprechenden Informationen und Hilfestellungen gelöst werden.

Für die existenziellen Fragen hat die Trauerbegleiterin eine Dose/einen Umschlag/ein Gefäß mit sogenannten Weggedanken oder Wort-Losen. Sie bittet die Trauernde, sich ein Los zu ziehen, dieses zu öffnen und vorzulesen. Dann lädt sie die Trauernde ein, zu dem gefundenen Gedanken frei zu assoziieren, ob und inwiefern ihr eigenes XY-Ungelöst mit Hilfe des Weggedankens oder Wort-Loses einer Lösung näher kommt. Es kommt hier darauf an, die Trauernde einzuladen, ihre Gedanken durch die Worte, die »Hinweise« eines anderen Menschen inspirieren zu lassen.

Beispielhaft soll hier ein Gesprächsauszug mit der Trauernden Barbara Z. (siehe erstes Impulszitat) dargestellt werden:

Trauerbegleiterin: Frau Z., Sie beschäftigt die Frage, ob Sie – ich zitiere – Ihrer Mutter schlichtweg scheißegal waren? Das ist für Sie eine offene, ungelöste Frage, ein sogenanntes XY-Ungelöst. Mögen Sie sich damit beschäftigen?
Trauernde: Ja, gern.
Trauerbegleiterin: Es gibt Fragen, da kriegen wir keine reale Antwort mehr, weil der Mensch, der sie uns geben könnte, verstorben ist. Und doch. Wir können uns auf Antwortsuche machen, indem wir beispielsweise andere Denker bitten, uns einen Hinweis zur Lösung zu geben. Ich habe hier einige Hinweise und bitte Sie jetzt, sich einen davon auszusuchen und ihn vorzulesen.
Trauernde (liest vor): »Jenseits von richtig und falsch gibt es einen Ort. Hier können wir uns begegnen« (Rumi).
Trauerbegleiterin: Können Sie etwas mit diesem Hinweis von Rumi, einem islamischen Mystiker und berühmten persischen Dichter des Mittelalters, anfangen?
Trauernde: Hmmm. Vielleicht, dass es keinen Sinn macht, der Frage nach richtig oder falsch nachzugehen.
Trauerbegleiterin: Sondern?
Trauernde: Ja, dass ich meine Mutter vielleicht nicht verurteile für das, was sie tat.
Trauerbegleiterin: Was könnten Sie stattdessen tun?
Trauernde: Vielleicht darauf vertrauen, dass sie ihre Gefühle mir gegenüber nicht so zeigen konnte. Vielleicht war ich ihr ja doch nicht scheißegal?
Trauerbegleiterin: Wie fühlt sich das an?
Trauernde: Entspannter.
Trauerbegleiterin: Entspannter als?
Trauernde: Als ihr das zu unterstellen.
Trauerbegleiterin: …

▷ Beachte: Wichtig bei dieser Übung ist die assoziative Spurensuche. Es werden Hinweise gegeben, doch ob diese zur Lösung des Falls führen, kann nur die Trauernde selbst bestimmen. Der stetige Gebrauch des Wortes »vielleicht« bei der Trauernden zeigt an, dass es noch viel Unsicherheit in ihr gibt.

Zeit

Einführung

Menschliches Leben findet im stetigen Ablaufen der chronologischen Zeit statt. Eine Woche hat sieben Tage. Ein Tag hat 24 Stunden. Eine Stunde hat 60 Minuten. Eine Minute hat 60 Sekunden. Die Uhr zeigt an, dass die Zeit vergeht. Die Natur zeugt ebenfalls davon, und auch der Kalender gibt Hinweise. Mal vergeht die Zeit schnell – wie im Flug –, und der Mensch wünscht sich, mehr Stunden zur Verfügung zu haben. Mal zieht sie zäh dahin, und es entsteht der Wunsch, sie möge endlich vergehen. Der Tod eines nahestehenden Menschen hebelt alles Zeitgefühl aus: Die Welt steht still und dreht sich gleichzeitig ungerührt weiter. Trauer ist ein dynamischer, schmerzhafter Wandlungs- und Werdeprozess, der in der vergehenden Zeit stattfindet. Um mit den radikalen Lebensveränderungen und dem dadurch ausgelösten Trauerleid umgehen zu können, benötigt der Zurückbleibende Zeit. Zeit, um in der gänzlich veränderten Situation anzukommen. Zeit, um sich Schritt für Schritt in diese einzufinden. Zeit, um überhaupt weitergehen zu können.

Dies bedeutet nicht, auf die allen Schmerz nehmende und Wunden heilende Zeit zu warten, oder auf die Zeit, die alles Schwere wieder vergessen macht. Es ist ein Trugschluss anzunehmen, die Zeit würde den Schmerz heilen. Bei Henri Nouwen heißt es: »Wahrer Schmerz wird von der Zeit nicht geheilt.«[31] Die Zeit selbst ist keine Heilerin, sondern sie schenkt der Trauernden, während sie dahinfließt, Raum und Möglichkeiten, wieder Kraft zu gewinnen, um dann selbst den rechten Augenblick – den Kairos – zu erkennen, der es ihr ermöglicht, mit Bewusst- und Entschiedenheit in die veränderte Situation einzutreten, um Schmerz, Leid, Unsicherheit und viele der anderen chaotischen Gefühle zulassen zu können. Nur die Trauernde selbst kann diesen Moment erfassen. Kein Außenstehender kann und darf dies forcieren, denn, so formuliert es Romano Guardini, »sobald man Lebendiges zwingen will, verkümmert es. Es muss Zeit haben«.[32] Wird es der Trauernden ermöglicht, ihren eigenen Zeitfluss zu leben, ohne Druck von außen, kann es ihr gelingen, trotz und mit dem Schmerz ihre

---

31 Henri Nouwen: Sterben, um zu leben. Abschied von meiner Mutter. Freiburg u. a.: Herder, 1995, S. 63.
32 Romano Guardini: Briefe über Selbstbildung. 6. Auflage. Mainz: Matthias-Grünewald-Verlag, 2001, S. 128.

jetzige Lebensperspektiven anders zu betrachten. Im Lichte der (neu) gewonnenen Erkenntnisse sieht sie sich in die Möglichkeit hineingestellt, ihre Lebensweise sowie ihre Beziehung zu dem verstorbenen Menschen und zu sich selbst zu ordnen und zu deuten. Auf diese Weise wandelt sich der vielschichtige Trauerschmerz (manchmal so kleinschrittig, dass es von der Trauernden kaum wahrgenommen wird) in Lebendigkeit.

Das Zeiterleben ist für jeden Trauernden anders, und es wird für die Menschen im Beziehungsumfeld unterschiedlich wahrgenommen. Während die Zeit für die Trauernde oftmals langsam vergeht und als klebrige Masse erscheint, läuft die Zeit für die Menschen im Umfeld relativ schnell weiter. Diese Diskrepanz führt dazu, dass Trauernde Sätze hören wie:»Das ist doch schon ein Jahr her, du musst mal wieder rausgehen.«, »Also langsam wird es Zeit, dass du mal wieder nach vorne schaust.« Bei der Trauernden hingegen ist ein anderes Empfinden: »Es ist doch gerade mal erst ein Jahr her. Das ist, als wäre es gestern geschehen.«, »Wie soll ich nach vorne schauen, wenn ich da nichts sehe.« Für Trauernde kann es eine große Erleichterung sein zu erfahren, dass ihre Trauer keiner zeitlichen Beschränkung unterliegt und dass das sogenannte Trauerjahr ein Mythos ist. Trauer kann viele Jahre dauern. Fast immer lässt ihre Heftigkeit und Intensität jedoch nach, und gleichwohl kann sie den trauernden Menschen noch nach Jahren überfallsartig heimsuchen, auch wenn dies gar nicht mehr erwartet wurde.

Impulszitate

»Meine Freundin ist vor vier Jahren auf einer Palliativstation verstorben. Ich habe sie dort oft besucht und auch ihren vorletzten Lebenstag sehr intensiv mit ihr verbracht. Als ich auf dieser Station einen beruflichen Termin plante, habe ich natürlich an meine Freundin gedacht und daran, wie ihre Zeit dort war. Womit ich jedoch nicht gerechnet hatte, war die Wucht des Schmerzes, der mich überwältigte, als ich die Station betrat. Mein Herz raste, mir wurde schwindlig und schlecht, und ich konnte nur noch weinen. Die Trauer hatte mich für diesen Augenblick so fest im Griff, als hätte sie mich nie verlassen« (Gertrud F., 53 Jahre, vier Jahre nach dem Tod ihrer 50-jährigen Freundin).

»Zu Ende, für immer zu Ende. Die Wellen der Zeit überschlugen sich. Ertrinken oder atmen – aber ich wollte weder das eine noch das andere, ich lehnte die Entscheidung ab. Das Leben war ein Tyrann: ›Du lebst oder stirbst‹ sagte es« (Anne Philipe, Nur einen Seufzer lang. 21. Auflage. Reinbek: Rowohlt, 2001, S. 97).

Übung: Im Wandel der Zeit

ZEIT 60 Minuten

VORBEREITUNG Unterschiedliche Postkarten oder Kalenderblätter mit Naturbildern aus verschiedenen Jahreszeiten.

ZIEL Der Trauernden die Möglichkeit geben zu verstehen, dass auch sie – symbolisch gesprochen – wieder und wieder die Jahreszeiten durchläuft, jedoch ohne dass diese einer zeitlichen Begrenzung unterliegen.

DURCHFÜHRUNG Die vier Jahreszeitkarten werden vor der Trauernden ausgelegt, und sie wird eingeladen, diese zu betrachten.

Impulsfragen:
- »Was sind Ihre Gedanken, wenn Sie auf diese Karten schauen?«
- »Welche Karte entspricht Ihrer momentanen Situation am ehesten?«
- »Erzählen Sie, was Ihnen dazu einfällt.«
- »Wie würde es Ihnen gehen, wenn Sie sich zum Beispiel in diese Karte einfühlen?«
- »Was brauchen Sie, um Veränderung zuzulassen?«

Abschließend kann die Trauerbegleiterin zusammenfassen und auch darüber sprechen, dass es kein dauerhaftes Verweilen in den Jahreszeiten gibt, sondern wir Menschen immer in der Zeit unterwegs sind. Und dass der oft benutzte Satz von der »Zeit, die alle Wunden heilt« nicht im Geringsten stimmt.

Beispielhafter Auszug aus einem Begleitgespräch:
Trauerbegleiterin: In welcher dieser Karten würden Sie sich am ehesten wiederfinden?
Trauernde (überlegt, zeigt dann auf einen Acker, auf dem ein kahler Baum steht): Hier.
Trauerbegleiterin: Erzählen Sie Ihre Gedanken dazu.
Trauernde: Na ja, da ist halt viel Brachland, und der Baum ist kahl. Genauso fühle ich mich.
Trauerbegleiterin: Was heißt Brachland?
Trauernde: Das weiß ich nicht genau. Aber es liegt halt alles brach.
Trauerbegleiterin: Alles? Was ist alles?
Trauernde: Na ja, mein ganzes Leben.

Trauerbegleiterin: Ich habe gehört, dass Brachland unbestelltes Land ist, das aus regenerativen Gründen nicht genutzt wird. Es könne jedoch auch wieder bestellt werden. Wie klingt das für Sie?
Trauernde: (schweigt, nickt …)
Trauerbegleiterin: Wie ist es mit dem Baum? Was kommen Ihnen da für Gedanken?
Trauernde: Der könnte wieder ausschlagen, wenn das Land wieder bestellt wird …
Trauerbegleiterin: Wenn Sie sich einmal mit dem Baum vergleichen. Was würde ausschlagen?
Trauernde: Bewegen. Ich will mich wieder bewegen. Will irgendwann wieder leben.

Zukunft

Einführung

Der Tod setzt nicht nur einen Schlusspunkt hinter die Vergangenheit. Er stürzt nicht nur die Gegenwart in Finsternis und Unübersichtlichkeit, sondern er löscht zunächst auch die eigene Zukunft aus. Nach Sigmund Freud, dem 1939 verstorbenen Begründer der Psychoanalyse, ist die Zukunft für den Zurückbleibenden arm und leer, wenn ein nahestehender Mensch stirbt. War das Leben vor dem Tod des geliebten Menschen vielleicht noch zukunftsfreudig und zukunftsoffen, fühlt es sich jetzt leer und gelähmt, verengt und verschlossen an. Alles, was entworfen wurde, alles, was an Plänen, Möglichkeiten und Visionen auf ein »Morgen« gerichtet war, ist unmöglich geworden. Zukunft erscheint im Trauererleben oft als ein Konstrukt, dessen sich die Zurückbleibende nicht mehr sicher ist. Wie soll ein Leben, ohne diesen Menschen, der so sehr geliebt wurde und selbstverständlicher Part der gemeinsamen Welt war, aussehen? Wie soll sich jemals wieder eine Zukunft entwerfen lassen? Jeder Annahmeversuch, dass es Zukunft geben kann, wird dadurch gestoppt, dass sich die Vergangenheit vor das innere Auge schiebt. Immer wieder kehren die Gedanken zurück, zu dem Gewesenen. Kehren zurück zu dem, was einst so lebendig war und ab jetzt für immer tot sein soll. Und obwohl der Mensch zu jedem Moment seines Lebens die drei Zeitmomente Vergangenheit, Gegenwart und Zukunft in sich trägt, ist der trauernde Mensch in seiner Wahrnehmungsfähigkeit, zumindest gerade am Anfang des Trauerweges, fast immer rückwärts-, vergangenheitsgerichtet. Die Vergangenheit, die nur noch im Geiste, im Herzen, in der Erinnerung lebendige Wahrheit ist, schmerzt die Zurückbleibende und zieht sie doch gleichzeitig an. Das, was sie dort sieht, ist für sie das, was Wirklichkeit war. Ist das, woraus und wofür sie gelebt hat. Ist das, woraus sie sich gespeist hat. Sie »weiß«, dass die gemeinsame Vergangenheit nicht mehr ist, und doch gehen der Blick und das Sehnen immer wieder dorthin zurück. Die Trauernde will das, was war, wiederhaben, will sich in diese vergangene Welt flüchten und ist doch der Macht der Gegenwart ausgesetzt, die überschattet ist vom Tod und die mit ihren unzähligen Hindernissen, Herausforderungen und Prüfungen so viel Qual und Schmerz bedeutet. Die Gegenwart wird als Gefängnis erlebt, aus der es keinen Durchgang, keinen Herausgang in die Zukunft zu geben scheint. Immer wieder berichten trauernde Menschen, dass sie sich eine Zukunft einfach nicht mehr vorstellen können, dass ihnen jegliche Perspektive abhandengekommen und ihnen sowohl der Sinn für den gegenwärtigen Moment als auch für die Zukunft verborgen ist. Die Folge ist, dass Angst, Resignation und unzählige Fragen ihr Dasein beherrschen: »Das hat doch alles keinen Sinn mehr. Wie soll das gehen? Wie soll ich jemals wieder glücklich werden?« Und wenn sie sich in Momentaufnahmen eine Spur von Zukunft vorstellen, schiebt sich sofort die Frage dazwischen: »Darf ich das überhaupt? Begehe ich da nicht Verrat?« Und so wird Zukunft eine angstbesetzte Leerstelle, die schwerlich mit Leben befüllt werden kann.

Impulszitate

»Mir macht eigentlich alles Angst. Jeden Tag aufs Neue versuche ich meine Angst zu überleben. Wo immer ich hinschaue, tauchen Mauern auf. Ich kann nicht drüberblicken. Und schlimmer noch: Ich will es auch gar nicht. Alles, was dahinter liegen könnte, ist fad und blass gegen das, was war. Zukunft? Gibt's nicht. Zumindest für mich nicht. Vielleicht für Sie und für all die anderen Glücklichen. Für mich ist sie mit meinem Sohn gestorben« (Susanne F., 47 Jahre, Mutter von Sven, der mit 22 Jahren verstorben ist).

»So lassen Sie mich Ihnen nur so viel sagen, […] dass ich die wehe Erfahrung, die auch mir zugemutet worden ist, so groß als möglich zu fassen und zu erleben versuche. Indem ich wehmütig und weh bei den Erinnerungen verweile, in denen die Gestalt des Verewigten mir teuer und lebendig ist, ahne ich schon die Versetzung und Verwandlung jener Beziehung ins Unbedrohte« (Rainer Maria Rilke, Briefe aus den Jahren 1907 bis 1914. Leipzig: Insel, 1933, S. 33).

Übung: Zukunftslinien entwerfen

ZEIT 60 Minuten

VORBEREITUNG UND MATERIALIEN Zwei unterschiedliche Wollknäuel, sowohl farblich als auch von der Wollart her; Schere, kleine Post-it-Zettel in Gelb, Weiß und Rot, Stift.

ZIEL Nimmt die Trauerbegleiterin eine Öffnungsbereitschaft für die Zukunft wahr, kann die Trauernde ermutigt werden, den eigenen Lebens-Weg, der mit dem Tod des geliebten Menschen ins »Nirgendwo« zu führen schien, wieder in Richtung Zukunft vorstellbar zu machen.

DURCHFÜHRUNG Die Trauernde bekommt zwei verschiedenfarbige Wollknäuel in die Hand.
Impuls- und Anleitungsfragen der Trauerbegleiterin:
- »Schauen Sie sich die beiden Wollknäuel an und betasten Sie sie.«
- »Welche Gedanken gehen Ihnen durch den Kopf? Welche Assoziationen haben Sie?«
- »Entscheiden Sie nun einmal fiktiv, welches der beiden Knäuel für die Vergangenheit steht und welches für die Zukunft.«
- »Was hat Sie so entscheiden lassen?«

»Wickeln Sie nun ein Stück Wollfaden von dem Knäuel ›Vergangenheit‹ ab und legen diesen auf den Tisch. Das Knäuel links und der Faden rechts. Wenn Sie auf diesen Faden schauen, welche Gefühle oder Gedanken tauchen nun in Ihnen auf?«

Die Trauerbegleiterin schreibt jedes Gefühl auf gelbe Post-it-Zettel und legt diese anschließend auf die Linie. Dann liest sie die Gefühle und Gedanken vor.

»Nun nehmen Sie das Zukunftsknäuel und wickeln Sie ein Stück Wollfaden ab. Legen Sie dies auf den Tisch mit dem Knäuel nach rechts und dem abgewickelten Faden nach links. Wenn Sie auf diesen Faden schauen, welche Gefühle oder Gedanken tauchen nun in Ihnen auf?«

Die Trauerbegleiterin schreibt jedes Gefühl auf weiße Post-it-Zettel und legt diese anschließend auf die Linie. Dann liest sie die Gefühle und Gedanken vor.

»Nun bitte ich Sie die beiden Fäden miteinander zu verknüpfen. Wenn Sie nun auf die Verbindungsstelle schauen, welche Gefühle oder Gedanken tauchen in Ihnen auf?«

Die Trauerbegleiterin schreibt jedes Gefühl auf rote Post-it-Zettel und legt diese anschließend auf und um die Verbindungstelle herum. Dann liest sie die Gefühle und Gedanken vor.

Zusammenfassende Gedanken: Die Vergangenheit wird immer Teil meiner Gegenwart und meiner Zukunft sein. Ich muss nicht in der Vergangenheit leben, um sie nicht zu vergessen, sondern ich darf sie mit allem, was mich stärkt, mit in die Zukunft nehmen.

▷ Beachte: Diese Übung findet in einem flüssigen Gespräch statt. Die Fragen sind Impuls- und Anleitungsfragen. Es geht nicht darum, dass die Trauernde »Zukunft entwerfen muss«, sondern sie kann und darf sich unzensiert eine Zukunft vorstellen.

Alle Menschen lachen und weinen in derselben Sprache ...

(Willy Meurer)

Zusammenfassende Ergebnisse aus der Studie »TrauErLeben«[33]

Wer begleitet?

In diesem Projekt haben 319 Trauerbegleiterinnen und -begleiter einen Fragebogen zu den erlebten und beobachteten Wirkungen bei der Trauerbegleitung bei tiefgehenden und komplizierten Trauerprozessen beantwortet. Der Anteil der männlichen Teilnehmer lag bei 13,8 %, der Frauenanteil bei 83,1 %; 3,1 % haben keine Angaben zum Geschlecht gemacht. Das Durchschnittsalter betrug 54,1 Jahre, mit einer Spannweite von 27 bis 78 Jahren. Es haben Begleiter/-innen aus allen Bundesländern sowie städtischen und ländlichen Handlungsräumen teilgenommen. 41 % der Begleiterinnen sind in ehrenamtlicher Funktion, 30 % in hauptamtlicher Funktion (davon 8 % in Stellen mit mehr als 50 % Umfang; 22 % mit unter 50 % Umfang), 16 % als freiberuflich Mitarbeitende und 10 % auf Honorarbasis in Anbindung an hospizliche oder andere Organisationen tätig.

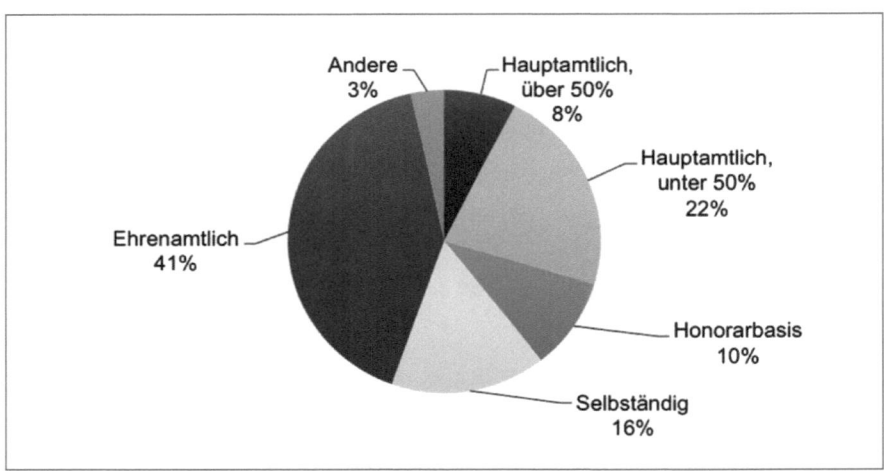

Abbildung 1: Arbeitsrechtlicher Rahmen der Begleiterinnen

---

33 TrauErLeben (2013). Wirkungen von Trauerbegleitung im Rahmen der emotionalen und sozialen Bewältigung von tiefgehenden und komplizierten Trauerprozessen [TrauErLeben]. Institut für Angewandte Forschung (IAF), Hochschule Ravensburg-Weingarten. Leitung: Prof. Dr. Michael Wissert. www.projekt-trauerleben.de/Wirkungen_der_Trauerbegleitung.pdf

Die berufliche Grundqualifikation der Begleiterinnen ist in Abbildung 2 zu erkennen. Mit »Grundqualifikation« ist die im Selbstverständnis der Begleitenden wichtigste berufliche Grundausrichtung gemeint. Viele Begleiterinnen gaben weitere, ergänzende Aus- und Fortbildungen an. Jeweils ein Viertel kommt aus der Sozialarbeit beziehungsweise der Pflege; auffallend ist der hohe Anteil der Begleiterinnen (39 %) mit einer beruflichen Grundqualifikation, die nicht in sozialen oder gesundheitsbezogenen Handlungsfeldern liegt.

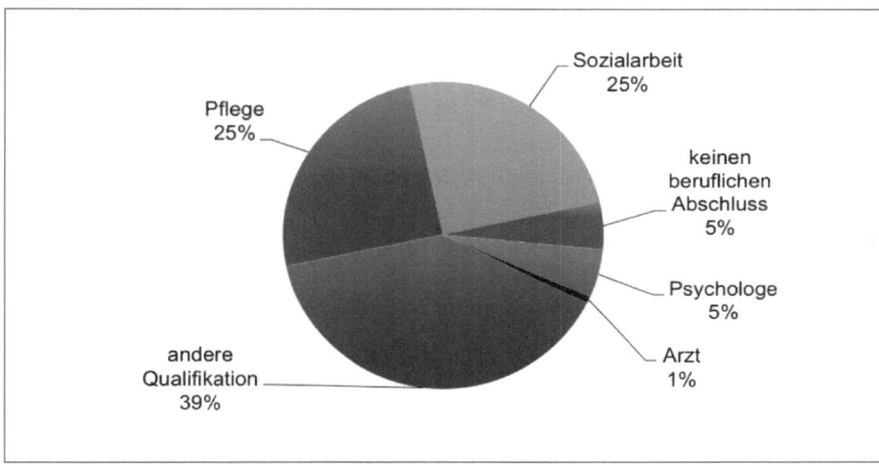

Abbildung 2: Berufliche Grundqualifikation der Trauerbegleiterinnen

Die Befragten gaben an, pro Woche durchschnittlich 5,2 Stunden in der eigentlichen, personenbezogenen Trauerbegleitung tätig zu sein und 4,5 Stunden mit organisatorischen Aufgaben im Rahmen der Trauerbegleitung zu verbringen.

Die antwortenden Begleiterinnen haben eine durchschnittliche Erfahrung von insgesamt 5,7 Jahren in der Durchführung von Trauerbegleitung. Die Arbeitserfahrung nach Abschluss einer Qualifizierung zur Trauerbegleitung beträgt 4,2 Jahre. Das heißt, dass relativ viele Begleiterinnen ihre Qualifizierungen im Verlauf ihrer Tätigkeit der Begleitung abschließen.

Die Durchschnittswerte für die bisher begleiteten Trauernden lagen bei rund 154 Trauernden in den Einzelbegleitungen, bei rund 149 in den Gruppenbegleitungen und bei rund 61 Trauernden im Trauercafé.

Abbildung 3 zeigt, in welchem organisatorischen Kontext die Begleitungen geleistet werden. Über die Hälfte der antwortenden Begleiterinnen sind bei Hospizdiensten tätig, ein Viertel bei kirchlichen oder anderen Beratungsstellen.

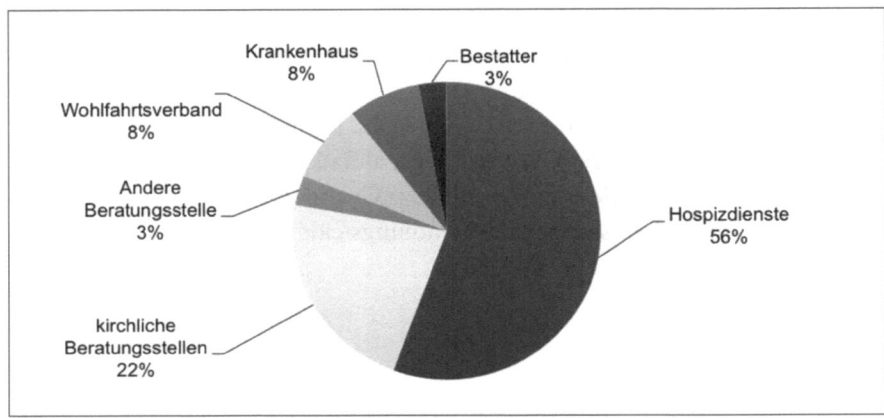

Abbildung 3: Institutionelle Anbindung der Begleiterinnen

Die Zielgruppen der jeweiligen Angebote für die Trauerbegleitung der befragten Begleiterinnen sind in Abbildung 4 dargestellt.

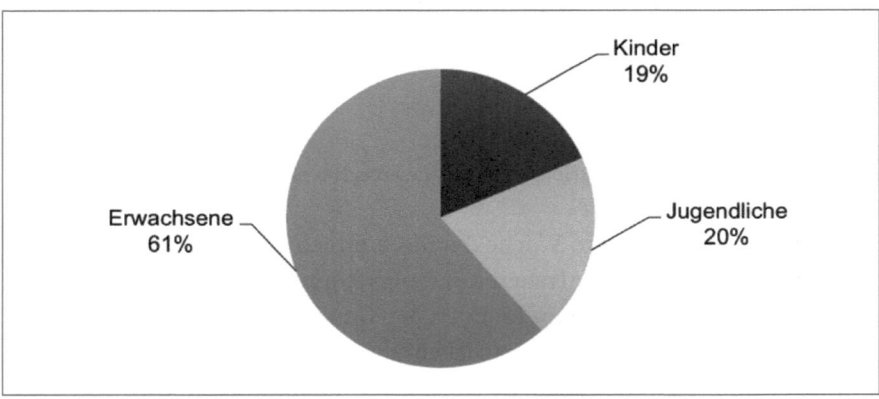

Abbildung 4: Zielgruppen der Trauerbegleitung der befragten Begleiterinnen

Wirkung von Trauerbegleitung

Unter Wirkungen von Trauer verstehen wir alle durch Trauer ausgelösten Effekte im gesamten Bereich des Lebens. Dies betrifft in einem umfassenden Sinn vielfältige kognitive, körperliche, psychisch-seelische, soziale und spirituelle Aspekte des Lebens. Fast immer erleben wir diese Effekte als Beeinträchtigungen der

Lebensqualität und Belastungen, wenngleich Trauer ein normaler Bestandteil des menschlichen Lebens ist.

Trauerbegleitung versucht individuell abgestimmt in all diesen Bereichen Wirkungen zu erzielen, ist aber keinesfalls direktiv und monokausal ausgerichtet, sondern absichtslos begleitend. Das heißt, dass der trauernde Mensch seinen Trauerprozess inhaltlich selbst bestimmt und die Trauerbegleitung mit dem Wissen über die möglichen Symptome von Trauer und die zum Teil verschlungenen Trauerprozesse vielfältige Optionen der Unterstützung für den Umgang mit der Trauer anbietet.

Die positiven subjektiven Aussagen von Trauernden und die starke Nachfrage nach Begleitungsangeboten sind noch kein Wirksamkeitsnachweis für Trauerbegleitung, deuten jedoch auf positive Effekte hin – zumindest aus der Sicht der an Trauerbegleitung interessierten Menschen.

Die Forschungsergebnisse von Michael Wissert erlauben folgende Aussage: Für die Trauernden mit Trauerbegleitung liegen die durchschnittlichen Werte der Gesamtbelastung (auf einer Skala von 1 bis 4) bei 2,88 (kurz nach dem Todesfall) und bei 1,80 (aktuell). Für die Trauernden ohne Trauerbegleitung liegt der Gesamtmittelwert der Belastung bei durchschnittlich 2,42 (früher) und 1,71 (aktuell).

Direkt nach dem Todesfall waren Trauernde, die (dann später) Begleitung genutzt haben, signifikant stärker belastet als Trauernde ohne Begleitung; der Unterschied der beiden Belastungsniveaus beträgt rund 19 %.

Zum aktuellen Zeitpunkt gibt es jedoch keine statistisch signifikanten Unterschiede mehr. Das bedeutet zum einen, dass Menschen, die Trauerbegleitung nutzen, in der Zeit nach dem Todesfall einen höheren Belastungsdruck durch Trauer empfunden haben. Zum anderen ist der Rückgang des Belastungsniveaus bei Menschen mit Trauerbegleitung beträchtlich höher: Das Belastungsniveau verbessert sich um rund 37 %, während es für Trauernde ohne Begleitung nur um rund 29 % zurückgeht. Dies ist ein relativ starker empirischer Hinweis auf die Wirkungseinflüsse von Trauerbegleitung.

Hierbei steht die subjektive Einschätzung des Leids durch den Trauernden im Vordergrund, nicht unbedingt die objektive Symptomatik (Zech, 2010, S. 110). Zech schlägt deshalb vor, dass Interventionen für Trauernde sich auf die zugrundeliegenden Prozesse, die die Symptomatik aufrechterhalten, fokussieren sollten (S. 119). Hierbei können verschiedene Prozesse unterschieden werden:

Emotionale Reaktionen: Emotionen sind im Trauerprozess natürlich nicht per se problematisch, sondern nur, wenn diese nicht benannt und bearbeitet werden können; zum Beispiel weil verschiedene Emotionen gleichzeitig präsent oder unbewusst sind. Ein Verlust kann nicht nur Traurigkeit, sondern auch Angst und Wut auslösen. Es wird deshalb vorgeschlagen, verschiedene Reaktionen im Trauerprozess unterschiedlich zu behandeln. So können angstbezogene Emotionen durch Konfrontationsstrategien und andere Emotionen durch Verstehen und Akzeptanz behandelt werden. Eine differenzielle Bearbeitung von Emotionen erscheint angemessen und hat sich in der (psychotherapeutischen) Praxis bewährt.

Erschütterte Modelle der Welt: Nach einem Trauerfall können bestimmte Einstellungen oder Annahmen über die Welt bedroht werden, wie zum Beispiel die Annahme, dass die Welt gerecht, vorhersehbar oder kontrollierbar ist. Aber auch der Selbstwert und die Selbstwirksamkeit können erschüttert werden (Janoff-Bulman, 2002). Diese existenziellen Annahmen können zu Symptomen der Depression oder Angst führen. Eine Trauerbegleitung macht diese existenziellen Fragen beim Trauernden bewusst, und in einem zweiten Schritt mögen Trauernde eigene Annahmen so verändern können, dass sie flexibler werden und der Realität angemessener handeln können. Hierbei handelt es sich also um Aspekte der konstruktivistischen Perspektive.

Gedanken: Zech (2010, S. 110) schlägt vor, zwei unterschiedliche Gedankenprozesse zu differenzieren. Auf der einen Seite gibt es die Form des Grübelns (Intrusion), die eine übertriebene gedankliche Beschäftigung mit dem Verlust darstellt. Dieses Grübeln ist dysfunktional, weil es lediglich aus einem Teufelskreis von negativen Gedanken besteht. Vergleichbar ist dieses Muster mit einer einseitig starren Verlustorientierung im Dualen Prozessmodell (Schut u. Stroebe, 2011). Auf der anderen Seite stehen die durch Vermeidung verursachten Intrusionen: Eine Verdrängung negativer Gedanken kann zu einem plötzlichen, unkontrollierten Einfall von aversiven Gedanken führen, der durch minimale Auslöser in Gang gesetzt werden kann. Dieses Muster kann mit der (einseitigen) Wiederherstellungsorientierung im Dualen Prozessmodell verglichen werden. Es folgt daraus für Zech (2010) eine differenzielle Herangehensweise bei Trauernden, je nach Bearbeitungsstil und erlerntem Umgang mit Trauer. Bei grübelnden Trauernden könnte ein (gemeinsames) Ziel sein, eher den Teufelskreis der negativen Gedanken zu durchbrechen und positive Kognitionen zu fördern (S. 116). Bei emotionsvermeidenden Trauernden mit intrusiven Gedanken kann eine Akzeptanz von negativen Gedanken und Gefühlen zu einer besseren Bearbeitung der Trauer führen (S. 116). Diese Schlussfolgerungen entsprechen im Wesentlichen den Vorschlägen von Stroebe, Schut und Boerner (2010, S. 266).

Bindungen: Zech (2010, S. 116) hebt außerdem die Rolle der Bindung zur verstorbenen Person und den allgemeinen Bindungsstil der Person (Bowlby, 1980) hervor. Genau wie Stroebe, Schut und Boerner (2010, S. 266) schlussfolgert sie, dass je nach Bindungsstil mehr ein Lösen oder ein Annähern an die Beziehung zum Verstorbenen förderlich ist.

Die Besonderheit der konstruktivistischen Perspektive liegt auch in der Rolle der Beziehung zwischen Begleiterinnen und Trauernder. Sie stellt den Kern des klientenzentrierten Ansatzes von Rogers (1975) in der Psychotherapie dar. Die therapeutische Beziehung sollte hier durch Variablen (Haltungselemente, zentrale Haltungsaspekte) der Empathie, Authentizität und Wertschätzung geprägt sein. Die Bedeutsamkeit von Beziehung ist in der Psychotherapieforschung allgemeiner Konsens – in der Trauerbegleitung kann mit Sicherheit von einem ähnlichen Effekt ausgegangen werden. Eine gute Beziehung zwischen Begleiterinnen und Trauernden erhöht die Bereitschaft zum aktiven Mittun der Trauernden und bietet eine andere, stützende, nährende, sichere, stabile Erfahrung nach dem Verlust einer wichtigen Bindung.

Wirkfaktoren aus Sicht der Trauernden

Auffallend ist die große Bedeutung, die Trauernde dem Zuhören, der Akzeptanz ihrer Trauer und dem Austausch miteinander als Wirkungsfaktoren geben.

Das Wissen über Trauerprozesse und Symptome der Trauer sowie methodische Aspekte der Begleitung (zum Beispiel Verwendung von Ritualen oder Schreiben als Ausdruck der Trauer) haben geringere Werte erreicht. Hierbei muss jedoch angemerkt werden, dass alle im Fragebogen angeführten möglichen Wirkfaktoren durchschnittlich weit höher als der statistische Skalenmittelwert »5« bewertet worden sind. Aus Sicht von Trauernden haben folglich alle in der Trauerbegleitung integrierten Wirkfaktoren relativ große Effekte.

Wirkungen der Trauerbegleitung aus Sicht der Begleiter/-innen

Die Wirkbereiche aus Sicht der Begleiterinnen sind in Abbildung 5 in absteigender Reihenfolge dargestellt. Die Einschätzung wurde nach dem Prinzip der Punktevergabe durch die freie Verteilung von insgesamt 50 Punkten auf 11 Wirkbereiche vorgenommen. Abbildung 5 zeigt die arithmetischen Mittel (Durchschnittswerte) dieser Punktvergabe.

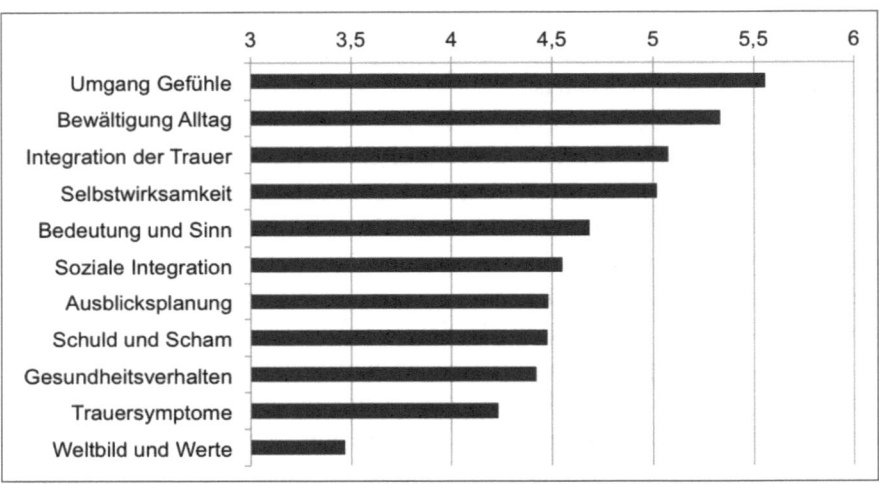

Abbildung 5: Wirkbereiche der Trauerbegleitung aus Sicht der Begleiter/-innen

Auffallend sind die relativ hohen Punktwerte für den Umgang mit Gefühlen und die Bewältigung des Alltags sowie die relativ geringen Werte für den Wirkbereich des Gesundheitsverhaltens, das heißt unter anderem, sich um sein Wohlergehen und die Gesundheit zu kümmern, etwa durch Arztbesuche oder das Genießenkönnen von Freizeit und Hobbys.

Ein Vergleich der Bewertung dieser Wirkbereiche durch die Trauernden zeigt einige deutliche Unterschiede, vor allem mit Blick auf die Bedeutung des Gesundheitsverhaltens, der Ausblickplanung (Pläne, Zukunftsvorstellungen) und des Umgangs mit Gefühlen. Die Trauernden wurden mit Blick auf die elf Wirkbereiche gefragt, ob und wie sehr sie sich in diesen Bereichen belastet gefühlt haben, und zwar in der Zeit unmittelbar nach dem Todesfall und zum Zeitpunkt des Ausfüllens des Fragebogens.

Abbildung 6 zeigt die Veränderungen der bewerteten Belastungen zu diesen beiden Zeitpunkten von allen antwortenden Trauernden insgesamt (mit und ohne Trauerbegleitung). Die Abfrage der Bereiche wurde durch Aussagen gemacht, bei denen die Trauernden jeweils in einer Skala von vier Abstufungen von »stimmt« (Punktwert = 1) bis »stimmt nicht« (Punktwert = 4) ihre Bewertungen zu den jeweiligen Belastungen angegeben haben. Die Abbildung zeigt die Mittelwerte der abgegebenen Einschätzungen. Es gab in allen Wirkbereichen eine durchschnittliche Verringerung der Belastungen durch die Trauer im Verlauf der Zeit. Im Diagramm sind diese als Verbesserungen rechnerisch in einem positiven Wertebereich veranschaulicht worden, das heißt, je höher der Wert beziehungsweise die Säule, desto stärker haben sich im jeweiligen Wirkbereich »Entlastungen« eingestellt.

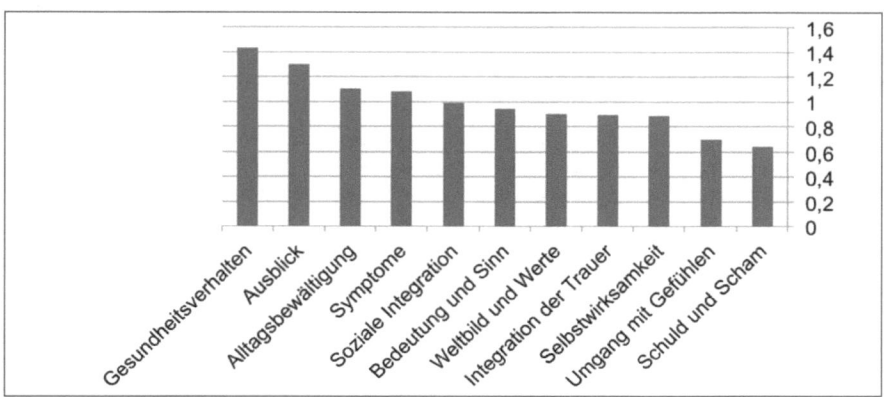

Abbildung 6: Entlastungen in den Wirkbereichen aus Sicht von Trauernden

Ferner haben wir die Begleiterinnen auch nach der Bedeutsamkeit von Kompetenzen für die Trauerbegleitung befragt. Die Skala bei den Antworten reichte von 1 (unbedeutend) bis 10 (sehr bedeutsam). Abbildung 7 zeigt das nach Höhe der Durchschnittswerte geordnete Balkendiagramm. Bei den insgesamt relativ hohen Werten (alle Mittelwerte liegen über 6,0) fällt auf, dass der Reflexionsfähigkeit, den eher generellen Fähigkeiten zur Begleitung von Menschen und der Fähigkeit zur Beziehungsgestaltung eine sehr hohe Bedeutsamkeit zugeschrieben wird, während methodische Kompetenzen und (Theorie-)Wissen eher relativ gering bewertet werden.

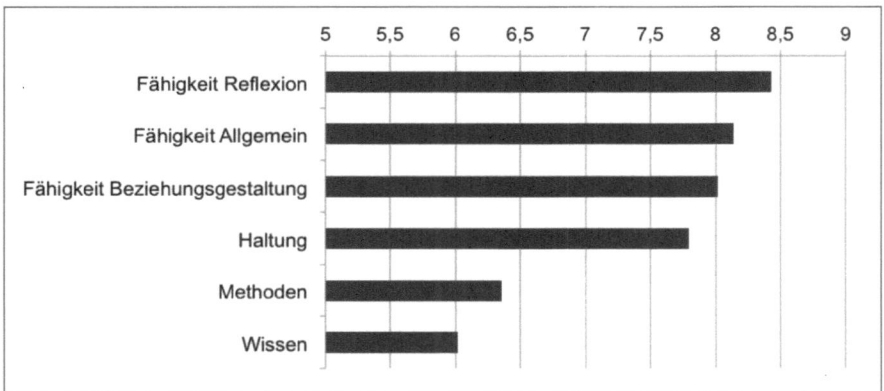

Abbildung 7: Bedeutsamkeit der Kompetenzen aus Sicht der Begleiter/-innen

Literatur

Bowlby, J. (1980). Bindung. Eine Analyse der Mutter-Kind-Beziehung. München: Kindler.

Janoff-Bulman, R. (2002). Shattered assumptions: Towards a new psychology of trauma. New York, NY: The Free Press.

Rogers, C. R. (1975). Die klientenzentrierte Gesprächspsychotherapie. München: Kindler.

Schut, H., Stroebe, M. (2011). Challenges in evaluating adult bereavement services. In: Bereavement Care, 30, S. 5–9.

Stroebe, M., Schut, H., Boerner, K. (2010). Continuing bonds in adaptation to bereavement: Toward theoretical integration. In: Clinical Psychology Review, 30, 2, S. 259–268.

Zech, E. (2010). Improving the efficacy of intervention for bereaved individuals: Toward a process-focused psychotherapeutic perspective. In: Psychologica Belgica, 50 (1–2), 103–124.